KB079178

송석구 교수의 율곡철학 강의

강의총서 6

송석구 교수의 율곡철학 강의

지은이 송석구
펴낸이 오정혜
펴낸곳 예문서원

편집 김병훈 · 유미희
인쇄 및 제본 주) 상지사 P&B

초판 1쇄 2015년 7월 10일

출판등록 1993년 1월 7일(제307-2010-51호)
주소 서울시 성북구 안암로9길 13, 4층(안암동 4가)
전화 925-5914 | 팩스 929-2285
홈페이지 http://www.yemoon.com
전자우편 yemoonsw@empas.com

ISBN 978-89-7646-339-5 93150

YEMOONSEOWON #4 Gun-yang B.D 41-10 Anamdong 4-Ga Seongbuk-Gu Seoul KOREA 136-074
Tel) 02-925-5914 Fax) 02-929-2285

값 29,000원

강의총서 6

송석구 교수의 율곡철학 강의

송석구 지음

예문서원

개정판 서문

喜壽! 이제 철이 들었나 보다.

내 삶에서 가장 어려웠고 슬펐던 한 세월, 나에게 희망과 용기, 자긍심을 심어 주었던 나의 아내 정현혜 여사에게 이 책을 드린다.

2015년 6월 18일

삼각산 香林精舍에서

초판 서문

나는 어렸을 때 제사祭祠를 모시러 오신 아저씨한테서 들은 율곡선생栗谷先生의 이야기를 잊을 수 없다. 나와 율곡선생의 인연은 긴긴 겨울밤 이불 속에서 들은 이야기 '율곡선생전栗谷先生傳'에서 비롯된다고 볼 수 있다.

불교에 심취한 이후에도 율곡만은 불교적이라는 생각을 버릴 수 없었다. 대학원 석사 과정에서 연구 제목을 잡을 때에도 윤리학을 선택하면서 동·서양철학을 놓고 한때 고심한 적이 있었다. 그러나 일단 서양철학적인 방법론을 좀 더 천착하고 동양철학 분야를 하자는 생각에서 석사는 율곡을 선택하지 못하였다.

그러나 내 마음의 밑바탕에는 언제나 성리학과 불교를 함께 공부할 수 없을까 하는 간절한 소원이 깔려 있었다. 이를 위해 다시 대학 때부터 때 묻었던 율곡전서를 재차 통독하기 시작했다.

그 중에서 특히 나의 혼란된 마음을 가라앉힐 수 있었던 것은 『성학집요聖學輯要』에 나타난 수기론修己論이었다. 정심正心을 앞에 놓고 입지立志를 주장하고 교기질嬌氣質을 강조하는 면과 함께 그것을 통하여 인간은 누구나 성인聖人이 될 수 있다는 데서, 나는 자신과 용기 그리고 마음의 안정과 평화를 찾을 수 있었다.

따라서 그의 성의정심誠意正心이 더욱 돋보였다. 천리天理 · 천도天道는 곧 내 마음의 바름과 그 뜻을 참되게 하는 데 있다는 선언은 나로 하여금 고향으로 돌아오게 하였다. 그러나 그것이 왜 그러한 것이냐 하는 것은 리기론理氣論의 구조構造로 설명되어야 한다.

리기론理氣論의 이해는 논리적論理的으로만 되지 않았다. 한고비 한고비마다 대종大宗을 파악하는 체험體驗이 있어야 했다.

1981년 초의 대만의 날씨는 유난히도 맑았다. 20년의 학문을 최종적으로 점검하는 학위논문을 쓰고 있을 때였다.

모든 논리가 잘 진행되고 있는데 리통기국理通氣局에 와서 의심이 나기 시작하면서 도저히 풀리지 않았다. 근 보름을 거의 식음을 전폐하다시피 생각하고 생각해도 알 수가 없었다. 심지어 나는 학문할 자질이 없는가 보다, 이곳이 풀리지 않으면 단 한 자도 나갈 수 없는데 이번 기회에 학위논문을 낼 수 없는가 보다, 죽고 싶다는 말이 실감이 났다. 그렇게 폐침망식廢寢忘食하다 한순간 이것도 생각으로 얻어지는 것이 아님을 알았을 때 밝은 태양이 가슴속에 들어오면서 자신을 갖게 되었다.

이렇게 해서 이 책은 쓰였고 그 후 율곡에 관한 발표논문을 부록에 넣어 세상에 내놓게 되었다.

이제부터가 율곡을 통하여 한국적 성리학의 독자성을 추구하는 첫 단계의 작업의 시작이라고 본다. 율곡성리학의 특성이 그가 정주성리학의 모방이 아니라 그 자신 성리학에 영향을 주었던 불교적 체계에도 이미 해박한 지식을 가지고 있었다는 점을 착안할 때 한국적 성리학의 특성을 이해하는 데 시사되는 바가 많다고 보인다.

보잘것없는 이 책을 학계에 내놓는 뜻은 선배 및 동학의 기탄없는 질정을 바라면서 조금이라도 학계에 보탬이 되었으면 하는 바람이 있기 때문이다.

출판계의 어려운 여건을 감수하고 출판해 주신 형설출판사 여러분께 감사드린다.

1986년 12월 22일 동지

水踰洞 杏村精舍

차례

■■ 제1장 서론

유학이 지향하는 바 사상적 최종 목표는 '천인합일天人合一'을 성취하는 데 있다. 특히 성인을 추구한다는 점에서 '성학聖學'이라고 부르기도 한다.

이러한 성학의 정치적 성향은 통치와 관련해서 내성외왕內聖外王으로 대칭代稱되기도 하지만, 이때 내성의 내면적 심화가 곧 위기지학爲己之學을 자처하게 하는 수기修己, 정덕正德의 측면이요, 외왕의 현실적 실현은 경세지학經世之學으로서의 안인安人 또는 이용후생利用厚生의 측면이다.

따라서 유학이 결국 '수기로서의 성학'과 '안인으로서의 경세'가 불가분의 중심 과제로 되어 왔음을 고려할 때, 유학의 연구를 수기의 측면이나 안인의 측면으로 꼭 구분하여 논한다는 것은 그렇게 간단한 문제가 아니다. 왜냐하면 이 둘은 수레의 바퀴와 같이 상자相資, 상보相補의 긴밀한 관계를 갖고 있어서 어느 하나든지 결缺해서는 안 되기 때문이다.

그러나 한편 역사적으로 유학이 현실적인 정치와 관련된 안인, 후생의 측면이 농후하게 요구되어 왔다 하더라도, 그것은 수기의 측면이 전제되어야 하기 때문에, 먼저 '성인'이 되는 공부인 수기가 선행적 과제로 전개됨도 부정할 수 없다.

위기지학으로서의 유학이 먼저 난제로 당면하는 이론적 장애는 천인합일에 있어서 인간성의 완전한 실현 여부의 표준을 어째서 자연自然(天)에 두었는가 하는 진리의 표준 설정에 관한 객관적 타당성의 문제가 제기된다.

따라서 송대의 성리학자들은 이러한 객관적 타당성에 관한 이론적 근거를 확립하기 위하여 종래 선진先秦의 유학적 개념으로서는 그러한 회의에 대한 만족할 만한 논거를 제시할 수 없음을 깨닫고, 새로운 철학적 개념을 도입, 창출하게 된다.

여기에서 송대의 성리학자들은 이와 같은 유학 자체가 가지고 있는 이론적 난제를 자각함과 동시에, 당대의 노불계통老佛系統의 형이상학적 이론에 대항하여 선진의 단순한 실천유학을 이론유학으로 재체계화再體系化함으로써 유학의 시대적 문제의 해결과 그 적응을 추구하여 유학의 재구성을 꾀하게 되었다. 종래에 다양하게 이해되었던 천天의 개념을 진리의 척도로서의 '리理'라는 개념으로 해석한 것이 그 좋은 증례이다.

따라서 송학이 성리학으로서 '성즉리性卽理'라는 이해를 통해 인성 분야까지도 우주론적으로 도식화하게 되고, 성즉리를 해명하는 데서 철학적 체계가 본격적으로 전개되었다.

성즉리란 모든 존재자는 그 본성을 '리理'라 하여, 리理를 변화 속의 항존성恒存性의 본질적인 개념으로 보는 견해이다. 따라서 송학은 성리학으로 모든 존재를 근원과 심성에 이르기까지 리理와 기氣의 개념으로 해석하고 동시에 인간의 특성을 리理로 보아 이러한 본래적인 '인성人性'(仁義禮智로서의 性, 절대적 善)의 회복을 추구하는 것을 인간의 이상으로 정립하게 되는 것이다. 한편 인성의 특성을 '리理'와 '기氣'의 개념으로 파악함과 동시에, 그 리기 개념으로 파악한 심心(人性)을 천인합일의 매개로 삼게 되는 것이다.

따라서 성리학은 천인합일인 유학의 궁극적 목표를 '리理'와 '기氣'의 두 개념을 이용하여, 천인합일의 객관적 타당성을 이론화하게 된다. 그러나 성리학이 비록 선진실천유학을 이론화했다고 하여 그것이 객관적 이론만을 전개한 것은 아니다. 왜냐하면 이미 유학의 궁극 목표가 천인합일이라고 할 때 그것은 본질적으로 근원적 진리와 '나'와의 하나가 '됨'의 문제이기 때문에, 비록 이론화되었다 하더라도 그것은 '나'의 '됨'에의 지향이라는 측면에서 볼 때 결국 실천적 위기지학을 벗어날 수 없기 때문이다. 다시 말해 천인합일이라는 말은 이미 인간 전체가 궁극적 진리를 체험하여 그대로 활용하기를 표방하는 말이지만, 그것은 실제적으로 불가능하기 때문에 인간 각자의 실존적 결단이 요구되는 위기지학의 전통적 유학의 범주를 벗어날 수 없는 것이다. 이러한 면에서 성리학은 인간의 내면성을 중요시하고 그것을 해명함으로써 인성론적인 성리학의 발달을 가져오게 된 것이다.

율곡의 철학사상을 연구한다는 것은 전술한 바 성리학의 근본정신을 어떻게 율곡이 스스로의 독자적인 사색을 통하여 독창화했는가 하는 문제를 해명하는 것이라 생각된다. 그럴 때 당연히 율곡은 성리학의 목표인 천인합일과 내성외왕의 이념을 어떻게 체계화하고 전개시켰는가 하는 문제에 귀착하게 되리라 믿는다.

따라서 논자가 율곡의 철학사상 중 수기修己의 측면인 '성의정심誠意正心'을 중심으로 논구한다고 할 때, 그것은 율곡철학의 전체 체계 중 일부분만을 논한다는 비판을 받을 소지가 충분히 있다. 특히 율곡은 경세의 측면에도 많은 관심을 쏟아 뛰어난 업적을 많이 남겼고, 또 성의정심이란 『대학』의 '팔조목八條目' 중의 하나로 '격물치지格物致知'로서의 '궁리窮理'와 떨어질 수 없는 것인데도 불구하고, 성의정심만 떼어서 그것을 중심으로 논한다는 것은 율곡철학의 전체를 볼 수 없다는 반론에 직면

할 수도 있다.

그러나 논자가 수기修己의 방법에 지나지 않고, 또 때로는 수기의 목적이 되는 성의정심을 중심으로 고찰하는 이유가 없지는 않다.

그것은 첫째, 유학에 있어서 수기의 근본이 거경居敬, 궁리窮理, 역행力行을 벗어날 수 없다고 할 때에 '거경'에 대하여 '성誠'을 내세우는 율곡의 철학사상을 보다 뚜렷이 하는 이론적 체계를 리기론적으로 확립하고 체계화하자는 의도이고 둘째, 비록 수기안인修己安人이라 하여 경세적 측면을 중요시했던 율곡이지만 언제나 그는 성인을 준칙으로 삼아 천인합일에의 실천적 의지가 강하고 끝까지 문제가 되고 있음을 볼 때 그의 성誠이 곧 성의정심에 있고, '안인'도 곧 이러한 정신이 근본적 동기가 되어 사회적, 정치적으로 구현되기 때문이다. 셋째, 성리학을 논하는 데 있어서 '태극론太極論', '리기론理氣論', '심성론心性論'이 어떻게 수기론修己論으로서 실천에 연계되는가 하는 그 유기적 관계를 해명하는 데는, 율곡에게 있어서 바로 성의정심의 수기론이 가장 적절한 방법으로 전개되었기 때문이다. 넷째, 안인론安人論 즉 경세론을 빼놓은 것은 이 수기론의 연장이 경세론이기 때문에 먼저 수기론인 성의정심을 이해하고 그 성의정심을 통하여 이루어지는 경세론은 다른 곳에서 본격적으로 다루려는 의도가 있기 때문이다.

사실 성의정심은 천인합일, 즉 유학의 이상적 가치를 실현하는 방법론이다. 이미 율곡은 실리實理는 천도天道요, 실심實心은 인도人道라 하였다. 실리와 실심의 일치, 그것은 인간의 측면에서는 성인(자연과 인간의 합일에의 경지에 든 인간의 상징)이다. 성인은 실심을 통하여 실리를 완전히 터득하여 일체를 이른바 활연관통豁然貫通한 인간이기 때문이다. 따라서 성의정심은 이미 실심 또는 성誠으로 압축, 집약되는 활연관통의 방법적 조건이 되는 것이다.

따라서 율곡의 철학사상 중 성의정심을 중심으로 연구한다는 것은 성학聖學으로서의 성리학의 이상인 천인합일을 이루게 되는 실심 파악을 위한 접근법 중의 하나이다. 율곡은 그의 저술 가운데 우계牛溪[1])와 리기론에 관해 본격적으로 토론한 것도 있지만 그가 그의 독자적인 리기론의 이해를 통하여 『성학집요聖學輯要』를 저술한 것을 보면, 그가 비록 경세에 많은 업적을 남겼다 하더라도 그의 이상은 언제나 위기지학으로서의 성학이었음을 알 수 있는 것이다.

그리고 그가 『성학집요』에서 전통적인 수기의 방법인 거경에 관하여 그 명칭을 수렴收斂이라고 대칭하고 따로 「정심장正心章」을 두어 성誠을 논한 것을 보면, 그가 정심과 성誠을 얼마나 중요시하였는가를 이해할 수 있다. 그러므로 그것은 (비록 율곡의 『성학집요』가 『대학』을 중심으로 節目을 짜고 『中庸』을 설명했다 하더라도) 율곡이 성의정심을 성학의 근본적 방법으로 간주하였음을 짐작하게 하는 증거인 것이다.

이러한 입장에서 논자는 율곡의 성학으로서의 실천 방법은 성의정심으로 특징을 삼게 되는 것이고, 성의정심이 『대학』의 팔조목의 하나라는 범론泛論에서 율곡에게 있어서는 수기의 중심이 된다고 이해하는 것이다.

---

1) 成渾: 조선 선조 때의 유학자(1535~1598). 자는 浩原, 호는 牛溪·默庵.

성의정심은 성론誠論이요 정심론正心論인 것이다. 여기에서 성의와 정심이 어째서 천인합일로서의 수기의 근본이 되는가를 율곡철학의 중심개념인 리기론理氣論과의 관계를 통하여 해명하고자 하는 것이다.

따라서 논구論究의 방법에 있어서도 율곡의 태극론太極論, 존재론(리기론), 심성론心性論의 리기론적 구조를 밝혀 가면서 성의정심이 율곡에게 수기의 근본이 될 수밖에 없는 필연적인 이론적 근거를 체계화하고자 한다.

이때 우리가 당면하는 문제는 율곡이 성리학자로서 송대의 정주程朱계통의 철학을 계승하고 그들의 이론에 아주 많은 영향을 받고 있는데 이것들과의 관계에 대한 처리 문제이다. 이 문제에 있어서 논자는 논문의 도입부에서 정주의 기초적 리기론을 약술하고 각 장에 들어가서는 부분적으로 필요할 때마다 그리고 율곡의 독자성을 돋보이게 한다든가 또는 개념에 있어서 정주의 이해가 필요할 때마다 간략하게 비교 서술하기로 하겠다. 그러나 철저한 비교 연구는 본론의 주제를 넘어서기 때문에 깊이 있게 다루진 않겠다.

따라서 우리의 논구는 율곡의 리기론의 특징을 심성론에 적용하여 성의정심의 수기 방법이 어느 정도 합리화될 수 있는가 하는 점에 초점을 맞추어 진행해 갈 것이다. 그리고 끝으로 율곡의 성의정심이 그의 무실적務實的 수기론과 어떻게 연결되는가를 밝혀 그가 적어도 전통적인 성리학자이면서 그 시대의 가장 영향력 있고 또 교조적敎條的으로까지 이해될 수 있었던 정주의 리기론을 어떻게 조화, 극복하고 무실의 실학적 이론을 잉태시킬 수 있었던가 하는 그 저변의 이론적 근거를 파헤쳐 보고자 한다.

적어도 율곡은 '성즉리'의 성리학을 계승하면서 '심시기心是氣'라고 하여 주기적主氣的 경향의 성리학을 독자적으로 발전시키게 되면서, 그 귀결로는 거경의 동기 위주의 행위론에서 성誠의 동기와 결과가 함께 포괄되는 실천론의 이론적 근거가 밝혀지기를 기대하는 것이다.

따라서 오늘의 윤리학적 행위론의 동기주의와 결과주의의 일방적 독단의 늪을 건너는 이론을 찾아볼 것이며, 우리는 율곡이 지향하는 바 성성成聖으로서의 내성외왕과 천인합일의 인간 권위의 회복 및 인간의 도덕적 주체성과 자율성을 보게 될 것이다. 그리고 율곡의 경우를 통하여 우리는 성리학이 공리공론적空理空論的 사변철학이 아니라 오히려 참다운 인간학이요 또한 실제적인 학문이라는 것을 인식하게 되는 부수적 효과를 얻게 될 것을 기대한다.

여기에서 우리는 율곡이 심성정의일로心性情意一路의 지론持論을 성誠으로 승화시키고, 동시에 정심正心을 주장함으로써 참된 '인간됨'의 행위의 객관적 척도를 확립하였음을 알 수 있을 것이다.

오늘날 물질문명의 발달과 학문의 분석화는 행위에 있어서나 가치구현에 있어 심각한 윤리적 회의론에 봉착하고 있다. 여기에 율곡의 '성의정심'의 수기론의 연구가 인간의 본성을 개명開明시키고, 그 개명성開明性의 근거를 밝혀 줌으로써 도덕적 주체성의 상실을 회복하게 되고, 선한 행위의 객관적 표준을 제시하는 데 성공한다면, 그것으로 오늘을 사는 우리에게 새로운 의미를 크게 부여하게 될 것이다.

제2장 리기론

제1절 기초적 리기개념

1. 정주의 리기개념

송학은 선진의 근본 유학을 형이상학적으로 해명하여 우주와 인생의 근원을 체계화하고 그 실천론을 전개하였다. 따라서 천인합일 및 내성외왕을 근본으로 하는 유학의 본질을 리理와 기氣로서 이론화한 데 그 특징이 있다. 이러한 리기론의 구성은 선진시대의 『주역周易』에 있는 '역유태극易有太極'[1]이라는 문장의 '태극'을 어떻게 해석하느냐에 따라 그 이론 전개가 상이하여져 왔다.

한당漢唐의 주소학자注疏學者들은 이 태극을 태일太一 또는 원기元氣[2]라 하여 기일원론적氣一元論的인 해석을 하였으나 송대에 들어와 주렴계周濂溪(1017~1073)가 이에 대하여 태극도太極圖[3]를 그리고 도설圖說을 지어 '무

1) 『易』, 「繫辭上」, 十一章, "易有太極."
2) 『十三經注疏』, 「易有太極」, '太極疏' 참조.
3) 周濂溪는 太極圖를 작성하고 『太極圖說』을 지었다. "無極而太極, 太極動而生陽, 動極而靜, 靜而生陰, 靜極復動, 一動一靜, 互爲其根, 分陰分陽, 兩儀立焉……"라고 하였다. 여기에서 無極而太極이 문제되는 것이다.

극이태극無極而太極'이라 하여 태극의 실체성의 이해를 위해 무극이라는 관념적인 해석을 시도한 데서부터 새로운 철학적 문제가 제기되었다.

정이천程伊川(1033~1107)은 '성즉리'라 하였으나 아직 리理와 기氣를 통하여 존재와 근원을 해석하는 리기이원론적理氣二元論的 체계를 확립하지 못하였다. 그러나 주회암朱晦庵(1130~1200)에 이르러 주렴계의 '무극이태극無極而太極'을 백세학문도술百世學問道術의 연원이라 하여 주석하기를 '상천지재上天之載가 무성무취無聲無臭하니 조화造化의 추뉴樞紐요 품휘品彙의 근저根柢'[4]라 하여 태극을 리理[5]라 정의하였다. 이로 인하여 주회암朱晦庵은 리理와 기氣의 개념을 가지고 존재의 근원과 인간의 본질을 해명하는 이론체계를 집대성하게 되었다.

정주程朱의 리기론은 조선조에 들어와 정치·사회·문화·학술의 대본大本을 이루었다. 그리고 이의 철학적 전개는 퇴계退溪(1501~1570)와 율곡(1536~1594)에 이르러 그 정치精緻의 극極에 도달하니 이 양현兩賢은 한국 성리학의 최고봉을 차지하였다.

율곡은 바로 이러한 학문적 토양 위에서 정주의 리기개념을 통하여 그의 철학을 체계화하였다. 따라서 우리는 먼저 정주의 리기개념을 고찰하여야 하겠다.

당군의唐君毅에 의하면 '리理'의 의미를 여섯 가지로 분석하여 다음과 같이 말한다.

---

4) 『周子全書』, 권1, 「太極圖說」, "上天之載, 無聲無臭(是解無極二字)而實造化之樞紐, 品彙之根柢也(是解太極二字)."

5) 『周子全書』, 「集說」, "朱子曰, 極是道理之極至, 總天地萬物之理, 便是太極, 太極只是一箇實理."

① 문리文理의 리理(文理之理)는 선진 사상가들이 중요하게 다룬 리理요, ② 명리名理의 리理(名理之理)는 위진현학魏晋玄學에서 다룬 현리玄理이다. ③ 공리空理의 리理(空理之理)는 수당불학隋唐佛學의 리理이고, ④ 성리性理의 리理(性理之理)는 송명리학가宋明理學家의 리理이고, ⑤ 사리事理의 리理(事理之理)는 왕선산王船山 이후의 청대 일반 유학자들이 다룬 리理이고, ⑥ 물리物理의 리理(物理之理)는 현대 중국인이 서방사상의 영향으로 특히 중요하게 생각하는 리理로서 6가지이다.[6)]

여기에서 ①의 '문리지리文理之理'는 인륜인문人倫人文의 리理로서 사람과 사람의 상호활동, 상호표현 정신을 말하며, ②의 '명리지리名理之理'의 리理는 철학 본체론상의 리理이고, ③의 '공리지리空理之理'는 사상언설思想言說을 초월사상언설超越思想言說로서 나타나는 바의 리理, ④의 '성리지리性理之理'는 인생 행위의 내재적 당연當然의 리理, 형이상形而上의 의의가 있으며 천리天理로 통한다. ⑤의 '사리지리事理之理'는 실사구시實事求是의 역사와 인문학에 대한 실증 · 고증에 관한 리理에 해당된다. ⑥ '물리지리物理之理'는 서방의 학문방법론의 영향 아래에서 외재 객관 대상을 사실적으로 파악하는 존재 사물의 리理라고 볼 수 있다.

당군의唐君毅의 '리理'에 대한 6가지의 해석은 모두가 그 시대적 연원에 따라 사상적 집약을 통하여 이해한 것이다. 이와 같은 견해를 종합하면, 역시 '리理'란 진리를 뜻하면서 '원리原理', '원칙原則', '이법理法', '조리條理'를 의미한다고 볼 수 있다. 그리고 '리理'는 소당연자所當然者와 소이연

6) 唐君毅, 『中國哲學原論(導論篇)』(臺灣學生書局印行, 1978), p.4.

所以然(그렇게 되는 까닭)으로 나타난다.

때에 따라서는 이 두 가지가 서로 대비되어지는 경우가 있는데, 전자는 대체로 규범법칙을 가리키고 후자는 자연법칙의 측면을 가리키는 경우가 있다. 그러나 그 구별이 엄격한 것은 아니다. 이렇게 대비되지 않는 경우라 하더라도 소당연의 뜻이 강조될 때에는 리理가 '선善의 원리' 및 '선자체善自體'의 뜻으로 통용되는 경우가 허다하다. 이 점에서 "리理는 가치와 밀접한 관계에 있다고 할 수 있다."[7] 이는 리理를 인생행위의 내재한 '당연當然의 리理'로서 이해한 부분이다.

그러면 이제 리기이원론을 최초로 주장했던 정이천과 주회암을 통하여 먼저 리기에 대한 설명을 들어 보자.

> "'일음일양一陰一陽'을 도라고 말한다"는 구절은 그 이치가 진실로 깊어서 말하려면 설명할 수 없다. 그러나 음하고 양하게 이끄는 소이所以는 '도道'이다. 이미 기氣라 말하면 곧바로 둘이 있다. '열리고', '닫힘'의 개합開闔을 말하면 곧바로 상호감응感應이 있다. 개開하고 합闔하게 이끄는 소이所以는 '도道'이며, '개開'와 '합闔'은 음陰과 양陽이다.[8]

> 음양陰陽을 떠나서 도道는 없다. 음하고 양하게 이끄는 소이所以는 도이고, 음과 양은 기氣이다. 기氣는 형이하자形而下者이고, 도道는 형이상자形而上者이다. 형이상자는 중요하다.[9]

---

7) 尹絲淳, 「퇴계의 인간과 사상」, 『퇴계학보』 5·6집, p.102 참조.

8) 『二程全書』, 「遺書」, 권제15, '伊川先生語一', "一陰一陽之謂道, 此理固深, 說則無可說. 所以陰陽者道. 既曰氣則便有二. 言開闔, 便是感, 既二則便有感. 所以開闔者, 道, 開闔, 便是陰陽."

9) 『二程全書』, 「遺書」, 권제15, '伊川先生語一', "離了陰陽, 更無道. 所以陰陽者是道也, 陰陽氣

> "'일음일양一陰一陽'을 도라고 말한다"는 도는 음양이 아니고, 일음일양을 하게끔 이끄는 소이所以가 도道임을 의미한다. 마치 한 번 닫히고 한 번 열리는 '일합일벽一闔一闢'을 '변變'이라 말하는 경우와 같다.[10]

위의 인용문에서 정이천은 도道를 형이상자形而上者로 보고 음양의 조화되는 소이를 도道라고 하고 있음을 볼 수 있다. 그리고 "천지의 도는 지극히 순조로울 뿐이다. 천에 앞서나 거스르지 않고, 또한 이치에 순조로울 뿐이다"[11]라고 하여 천지의 조화는 지극히 순順하여 리理에 따라 있다고 하였다.

정이천은 도道와 리理를 일치시켜 '도즉리道卽理'라고 하였으므로 형이상자인 도道와 마찬가지로 리理는 일정한 이치 · 이법理法임을 말하고 있음을 알겠다. 따라서 음양의 유행에 있어서도 음양이 저절로 그렇게 되는 것이 아니라, 거기에는 그 음양즉기陰陽卽氣의 운행의 이법이 있어야 그렇게 운동하게 되는 것이니, 이것을 보면 '도즉리'를 형이상자로서 소이연 또는 소당연으로 보고 있음이 틀림없다.

주회암은 리기로써 태극과 음양을 해석하여 태극은 리理요, 기氣는 음양이라 하였다. 그리하여 주회암은 그의 어류에서 "태극은 천지만물의 이치이다"[12] 또는 "태극은 리理이다"[13]라고 말했다.

也. 氣是形而下者, 道是形而上者. 則是密也."

10) 『二程全書』, 「遺書」, 권제3, '二先生語三', "一陰一陽之謂道, 道非陰陽也, 所以一陰一陽, 道也. 如一闔一闢之謂變."

11) 『二程全書』, 「遺書」, 권제3, '二先生語三', "天地之道, 至順而已矣. 先天不違, 亦順理而已矣."

12) 『朱子語類』, 권제1, "太極只是天地萬物之理."

13) 『朱子語類』, 권제1, "太極只是一個理字."

주회암은 기氣의 능동성과 리理의 비활동성을 다음과 같이 말한다.

> 대개 기氣는 응결조작凝結造作하고 리理는 도리어 무정의無情意, 무계탁無計度, 무조작無造作이다. 이 응결조작하는 곳에 리理는 있다. 리理는 단지 정결공활저세계淨潔空闊底世界로 형적形迹이 없고(無) 조작할 수 없지만 기氣는 온양응취醞釀凝聚하여 물物을 낳는다. 단, 이 기氣가 있으면 리理는 그 가운데 있는 것이다.[14)]

리理는 정결공활저淨潔空闊底의 세계이기 때문에 그 자신이 무조작無造作, 무정의無情意, 무계탁無計度하지만 기氣는 응결조작凝結造作하고 온양응취醞釀凝聚하여 만물의 질료가 되고 스스로의 힘으로 작용하는 것이다. 이로 보면 리理는 비활동적인 것임이 틀림없다. 그런데 리理는 기氣의 조작 가운데에 있다고 하였다. 그러면 기氣 없이 리理는 없는 것일까? 이 점에 대하여 주회암은 리기의 불가리不可離를 주장하면서 또한 리理가 기氣의 선재先在라는 주장을 하기도 한다.

> 천지간에는 리理가 있고 기氣가 있다. '리理'라는 것은 형이상의 도道요, 생물의 근본이다. '기氣'라는 것은 형이하의 기器요, 생물이 구비한 것이다. 인물人物의 생生은 필연코 이 리理를 품수한 후에 성性이 있게 되고, 이 기氣를 품수한 후에 형形이 있는 것이다. 기성其性과 기형其形이 비록 일신一身에 불외不外할지라도 그 도道와 기器는 그 분제分際가 심히

---

14) 『朱子語類』, 권제1, "蓋氣則能凝結造作, 理却無情意, 無計度, 無造作. 只此氣凝聚處, 理便在其中.……若理則只是箇淨潔空闊底世界無形迹, 他却不會造作, 氣則能醞釀凝聚生物也. 但有此氣則理便在其中."

분명하여 서로 혼란이 없는 것이다.[15)]

천지에 리理와 기氣는 함께 있어서 리理는 형이상의 도체道體로서 모든 만물의 그 성性을 갖게 하는 근본이라고 함으로 리理는 초경험적, 보편적인 원리로 이해하고, 한편 기氣는 형이하形而下의 기器로서 형상을 형성하는 경험적 소재로 질료적인 것으로 보고 있다.

그러면 이 리기의 관계는 어떠한가? 물론 리理는 형이상의 도체로 보고 기氣는 형이하의 기器로 질료적인 것으로 보고 있지만, 하나는 성性이 되고 하나는 형形을 형성하는 것으로 사물 위에서 보면 일신一身이나 성性과 형形이 서로 분명히 다른 것과 마찬가지로, 도道와 기器도 그 분分이 분명하여 혼란하지 않다고 본다. 이것을 더욱 구체적으로 주회암은 다음과 같이 말하였다.

> 소위 리理와 기氣는 결시이물決是二物이다. 다만 사물 위에서 보면 혼륜渾淪하고 각각의 다른 곳에 분리해 놓지 못한다. 그러나 이러한 두 가지 이물二物은 각각 하나의 물物이 됨을 침해하지 않는다. 만약 리理 위에서 보면 비록 아직 물物이 없다고 하지만 물物의 리理는 이미 있다. 그러므로 다만 그 리理가 있을 뿐, 실제로 이러한 물物은 아직은 있지 않다.[16)]

15) 『朱子大全』, 권제58, 「答黃道夫」, "天地之間, 有理有氣. 理也者, 形而上之道也, 生物之本也. 氣也者形而下之器也, 生物之具也. 是以人物之生, 必稟此理, 然後有性, 必稟此氣, 然後有形. 其性其形, 雖不外乎一身, 然其道器之間分際甚明, 不可亂也."

16) 『朱子大全』, 권제46, 「答劉叔文」, "所謂理與氣, 此決是二物. 但在物上看, 則渾淪不可分開, 各一處. 然不害二物之各爲一物也. 若在理上看, 則雖未有物, 而已有物之理. 然亦但有其理而已, 未嘗實有是物也."

이처럼 주회암은 리기를 확연히 구별하여 리기는 '결단코 두 가지의 물物이다', 즉 '결시이물決是二物'이라 하였다. 그러나 그 이물二物은 개체에 있어서는 서로 혼륜하여 분개分開할 수 없으나 개념적으로는 물物이 있기 전에 리理만을 생각할 수 있으니 물物(氣)이 없이도 리理는 있다고 할 수 있는 것이다. 그렇기 때문에 비록 그가 만물의 소이연으로 리理가 만물 속에 있다고 하지만 만물의 형상이 되는 기氣(物) 없이도 리理의 실재를 주장하게 되니 리理는 정결공활저세계로서 실재적인 것이다.

한편 주회암은 리理를 "리는 별도로 일물이 되는 것이 아니라 기의 가운데 존재하므로 기 없이 리 또한 매달려 놓일 곳이 없다"[17]라 하여 리理는 기중氣中에 있는 것이고 기氣가 없으면 리理가 있을 곳이 없다고 말한다. 따라서 리理는 기氣를 초월한 것이 아니다. 이렇게 보면 주회암의 입장은 리기는 이개념二槪念으로 이물二物이 되나 실제에 있어서는 일물一物로서 불가분리不可分離의 관계라 말하면서, 또 리理를 개체의 실재 이전에 이미 있을 수 있다고 생각하고 있음을 알 수 있다. 이는 어디까지나 논리적으로 개체가 있기 전에 선재할 수 있다고 말한 것이라 생각한다. 현상적인 면에서는 기氣가 있으면 리理가 있는 것이다. 주회암이 리기의 무선후無先後를 말하면서 그 소종래所從來를 추구推究해 보면 리理가 먼저 있어야 한다고 하는 말도 논리적인 말이라 생각되어진다.

주회암은 리기의 선후에 대하여 다음과 같이 말한다.

17) 『朱子語類』, 권제1, "理又非別爲一物, 卽存乎是氣中, 無是氣, 則是理亦無掛搭處."

> 리기는 본래 무선후이다. 그러나 그 소종래를 꼭 따져 보려 한다면 당연히 그 리理가 먼저 있다고 말해야 옳다. 그러나 리理는 또한 별개의 일물一物이 아니라 기氣 가운데 있는 것이다.[18)]

이 말을 보면 확실히 소종래로 보면 리理는 기氣보다 앞서 있다. 그러면서도 그 리理는 또 기중氣中에 있다.

이것은 주회암이 본체론적으로 보아서는 리기무선후이지만 현상론적으로 보면 리理가 기중에서 소이연이 되고 있으니 기중에 있다고 말할 수밖에 없었던 것이 아닌가 한다. 그리하여 본격적으로 리理의 선재를 말하여 다음과 같이 주장한다.

> 천지가 있기에 앞서 필경은 이 리理뿐이다. 이 리理가 있어서 이 천지가 있는 것이요, 이 리理가 없으면 천지도 없고 인물도 없다. 리理가 있어서 유행이 있고 만물이 발육된다.[19)]

이렇듯 천지가 생기기 전에 필경 이 리理가 먼저 있어서 기氣가 이것에 의하여 변화함으로 천지와 인간과 만물이 있다고 보는 것이다. 따라서 이 리理를 천지·만물·인간의 소이연의 법칙으로 보고 있다.

이것을 보면 확실히 주회암은 리기의 선후가 없다고 하면서 다시 리理는 천지만물이 생기기 전에 실재하여, 이 리理의 자기 현현顯現은 기氣

18) 『朱子語類』, 권제1, "理氣本無先後之可言. 然必欲推其所從來, 則須說先有是理. 然理又非別爲一物, 而存乎是氣之中."

19) 『朱子語類』, 권제1, "未有天地之先畢竟也只是理. 有此理便有此天地, 若無此理, 便亦無天地, 無人無物, 都無該載了. 有理便有氣流行, 發育萬物."

를 통하여 이루어진다고 말하고 있음을 알 수 있다. 따라서 리理가 기氣의 선재라고 보는 견해는 비록 논리적인 측면이라 하더라도 기氣보다 리理를 높여 보고 있음을 뜻한다고 할 수 있다.

아무튼 주회암이 리理는 기氣가 질료로서 구체화되기 전에 이미 시간 공간적으로 먼저 선재한다고 주장한 것은 (그 뜻이 어디에 있든 혹 '對機의 說'일지 모르지만) '리기는 선후가 없다'는 주장에 형식적으로는 모순되고 있는 것임에 틀림없다.

따라서 주회암이 리기가 선후라 하면서 동시에 리선기후理先氣後를 주장하여 그의 불철저不徹底가 드러난다고 보는 견해[20]가 있다.

리理가 먼저 있어서 기氣의 유행의 소이연이 되니 사실 천지만물은 이 리理의 소산이 아닌 것이 없다.

여기에서 주회암은 리일분수理一分殊를 다음과 같이 말한다.

> 태극太極은 천지만물의 리理이다. 천지에서 말하면 천지 가운데 태극이 있고 만물에서 말하면 만물 가운데 각각 태극이 있다. 천지가 아직 있기 전에 필시 이 태극이 먼저 있고, 동動하여 양陽을 낳는 것도 역시 이 리理요, 정靜이 음陰을 낳는 것도 이 리理다.[21]

이것은 만물각구일태극萬物各具一太極이라는 말이다. 다시 말하여 만물은 각각 일태극一太極을 받아 이루어졌다는 것이다. 즉 천지만물과 사람

---

20) 裵宗鎬, 『韓國儒學의 課題와 展開』 I (汎學圖書, 1979), p.31 참조.
21) 『朱子語類』, 권제1, "太極只是天地萬物之理. 在天地言則天地中有太極, 在萬物言則萬物中各有太極. 未有天地之先畢是先有理, 動而生陽亦只是理, 靜而生陰亦只是理."

사람이 모두 한 개의 태극을 가지고 있으니 태극은 만물의 통체태극統體太極이고 나누어 말하면 일물一物이 각각 일태극을 가지고 있으니 일이만一而萬이 되는 태극이다. 그러면 일태극이 어떻게 만萬이 되는가. 이에 대하여 주회암은 다음과 같이 말하였다.

> 본래 하나의 태극은 만물이 각각 품수하여 가지고 있으며 또한 만물이 각각 하나의 태극을 온전히 구비하고 있다. 마치 하늘에 있는 달(月)이 단지 하나이지만 강호江湖에 비추어 물결 따라 수없이 많은 것으로 보이는 것과 같다. 물결 따라 비추는 그 달은 달이라 할 수 없다.[22)]

태극은 분열하여 각각의 일태극一太極이 되는 것이 아니라, 마치 달(月)이 강호에 비추어 수천의 달(月)이 되는 것과 같다고 말한다.

결국 주회암의 태극은 리理이기 때문에 리理는 초월적 실재요, 기氣보다 선재하는 것이다. 따라서 기氣가 없이도 리理만 홀로 서 있을 수 있는 존재이다. 그러나 그러한 리理가 다시 기氣와 결합하여 기氣를 조종함으로써 또한 기氣 속에 있는 것이다.

따라서 주회암의 리理는 초월적 실재의 리理인 통체태극과 리기의 상대적 리理가 구분되어 있음을 볼 수 있다.

다음의 문제는 이러한 리기의 기능이다. 주회암은 명백히 기氣는 동정動靜으로 음양이 된다고 말하고 그의 소이연이 리理라고 보았다. 그리

---

22) 『朱子語類』, 권제4, "本只是一太極而萬物各有稟受, 又各自全具一太極爾. 如月在天, 只一而已, 及散在江湖. 則隨處而見, 不可謂月也."

하여 "리무정의理無情意 · 무계탁無計度 · 무조작無造作"23)이라고 말했던 것이다. 따라서 기氣는 동정이요, 리理는 동정이 없고 동정의 소이연에 지나지 않는다고 생각한다.

그래서 주회암은 다음과 같이 말한다.

> 천지지간天地之間에는 동정양단動靜兩端이 있어 순환불이循環不已할 뿐 다른 것은 없으니, 이것이 곧 역易이다. 그 동動하고 그 정靜함은 반드시 동정動靜하는 소이所以의 리理가 있어야 하니 이것이 곧 태극이다.24)

> 동정음양動靜陰陽은 모두 형이하자形而下者이다. 그러니 동動 역시 태극의 동이요, 정靜 역시 태극의 정이다. 단, 동정이 곧 태극은 아니다.25)

이것은 동정의 리理가 곧 태극이지만, 동정음양은 모두 형이하자로서 동動 역시 태극太極의 동動이요, 정靜 역시 태극太極의 정靜이지만 이것이 곧 태극은 아니라는 것이다. 따라서 태극 자체인 리理는 동정을 하지 않지만, 다만 동정하게 하는 소이연所以然이라는 것이다.

이 문구를 잘못 보면 마치 태극 자체가 정靜하고 동動하는 것으로 이해하기 쉽다. 그러나 주회암의 본의本意는 태극太極, 즉 리理는 동動이나 정靜에 다 있기 때문에 그렇게 말한 것이요, 동정을 소유하는 능동자能動者 또는 능정자能靜者로 보지 않는 것 같다. 이것은 기氣의 정靜에도 리理

---

23) 『朱子語類』, 권제1, "理卻無情意, 無計度, 無造作."

24) 『朱子大全』, 권제45, 「答揚子直」, "天地之間, 只有動靜兩端, 循環不已, 更無餘事, 此之謂易. 而其動其靜, 則必有所以動靜之理, 是則所謂太極者也."

25) 『朱子語類』, 권제94, "動靜陰陽皆只是形而下者. 然動亦太極之動, 靜亦太極之靜. 但動靜非太極耳."

가 있고 기氣의 동動에도 리理가 있기 때문에 그렇게 말한 것에 불과하다. 그러나 이 리理는 구체적인 현상인 기氣를 떠나 있는 것은 아니다.

우리는 이제까지 리理에 관하여 소이연所以然의 측면에서 살펴보았다. 그러면 이제는 리理의 소당연所當然인 당위當爲의 면을 살펴보겠다.

『역대전易大傳』의 이른바 '일음일양지위도一陰一陽之謂道'를 명도明道는 해석하되 '소이음양자所以陰陽者'[26]를 도道라 하고 다시 리理라 하였다. 음양이란 변화를 의미하고 이 변화가 곧 역易이었다. 역易은 또한 '생생지위역生生之謂易'이다. 이러한 변화는 곧 자연세계의 생성을 말한다. 따라서 도道나 리理는 자연세계의 생성법칙으로서 존재의 리理가 되는 것이다. 이러한 자연의 존재의 리理는 인간의 힘에 의하여 어찌할 수 없는 천리天理를 지적한다. 자연세계의 생성의 리理란 곧 자연의 인과율에 해당한다.

인간이 이러한 자연의 리理인 존재의 리理에만 의존해 살아간다면 인간의 자율적 자유는 없게 된다. 자유란 곧 선택의 근거인데 인간은 이러한 선택이 없게 된다. 그럴 때 인간은 극단적으로 숙명론에 빠지게 되고 인간세계의 도덕이나 문화 · 교육은 그 존재가치에 대한 근거가 상실된다. 따라서 인간세계에는 인간으로서 마땅히 해야 할, 다시 말하면 다양한 존재양상의 표현이 온장蘊藏된 역사 · 문화를 형성하는 당위當爲의 법칙이 있어야 한다.

---

26) 『二程全書』, 「遺書」, 권제13, '明道先生語二', "一陰一陽之謂道, 自然之道也, 繼之者善也……." (有道有用의 自然之道는 實現之理 또는 存在之理라 말하고, 이것을 氣化의 所以然이라 보았다.) 蔡仁厚 撰述, 『宋明理學』, p.359 참조.

이 당위의 법칙이 곧 문화가치의 근거가 되기 때문이다. 따라서 인간의 인격의 자유와 도덕과 윤리의 기준인 선악의 가치판단으로 당위가 요구되는 것이다. 그러기 때문에 『역대전』(「繫辭上」)은 다시 '계지자선야繼之者善也, 성지자성成之者性'이라고 하여 인간의 원리를 제시한다.

명도明道는 이것을 해석하여 다음과 같이 말하였다.

> 낳고 낳는 것(生生)을 역易이라 말함은 천天이 도道가 되는 까닭이다. 천은 다만 생生을 도道로 삼는다. 이러한 생生의 이치를 잇는 것이 곧 선善이다. 선善은 하나의 원元의 의미가 있다. 그래서 원元은 선善의 우두머리라고 말한다. 만물 모두 생生하는 뜻이 있으므로 생의生意을 잇는 것이 선善이라 한다. 이러한 생의生意를 이룸을 성性이라 함에서 '이룬다'는 뜻은 만물 스스로 그 성性을 이루기를 기다려야 얻어진다는 뜻이다.[27]

위의 글은 계지繼之의 뜻을 두 가지로 보았다. 하나는 일음일양一陰一陽하여 생생生生하는 것을 도道라 하는데 이것이 천도天道가 된 것이다. 하늘은 다만 낳는 것(生)으로 도道를 삼는데 이 낳고 낳는 하늘의 형이상의 소이연의 리理를 형이하의 만물 인간이 계합契合함으로써 선善이 되는 것이라 하는 것이요, 다른 하나는 만물은 모두 생의生意가 있는데 이 생의가 그대로 발현되어 잇는(繼) 것이 선善이라는 것이다. 따라서 천도天道

27) 『二程全書』, 「遺書」, 권제2, '二先生語二', "生生之謂易, 是天之所以爲道. 天只是以生爲道. 繼此生理者, 卽是善也. 善便有一箇元底意思. 元者善之長. 萬物皆以春意, 便是繼之者善也.成之者性也, 成却待佗萬物自成其性須得."

가 인도人道에 관통하여 천도의 소이연의 리理를 그대로 잇는 것이 곧 인성의 선善이 되는 것이다. 반대로 그것을 거역하는 것은 악惡이 되는 것이다.

한편 명도明道는 '계지자선繼之者善'을 수水(물)에 비유하여 다음과 같이 말하기도 하였다.

> 소위 '계지자선繼之者善'이라 함은 물이 흘러 아래로 내려가는 것과 같다. 모든 물은 흘러서 바다에 이르러 마침내 더러운 것이 없게 된다. 이것을 어찌 사람의 힘으로 할 수 있을까? 물이 흘러서 아직 멀리에 이르기 전에 이미 점점漸漸 탁濁하여 그 탁함이 번져서 여기저기에 그 탁함이 많은 곳도 있고 탁함이 적기도 하여 청탁淸濁이 부동不同하다. 그러나 그 탁함이 물이 아니라고 할 수 없다. 이치가 이러하니 사람이 징치지공澄治之功을 가加하지 않을 수 없는 것이다.[28]

이와 같이 성性의 양종상태兩種狀態를 물에 비유하였는데, 물의 본성은 맑은 것이나 흐름에 따라 흐려져서 탁하게 된다는 것이다. 이것을 사람에 비유하면 사람의 본성은 선善이지만 기氣의 청탁에 의하여 불선不善에 흐른다는 것이다. 여기에 징치지공이 필요하게 된다고 보았다. 따라서 물에 있어서는 물의 본신本身인 청淸을 본래대로 유지하고, 사람에게 있어서는 그 본성의 선을 그대로 보존하는 것이 '계지자선야繼之者善也'

---

28) 『二程全書』, 「遺書」, 권제1, '二先生語一'(朱子는 이것을 明道說이라 했다), "夫所謂繼之者善也者, 猶水流而就下也. 皆水也, 有流而至海, 終無所汙. 此何煩人力之爲也. 有流而未遠, 固已漸濁, 有出甚遠, 方有所濁, 有濁之多者, 有濁之少者, 淸濁雖不同. 然不可此濁者不爲水也. 如此, 則人不可以不加澄治之功."

라고 했다.[29]

여하간 일음일양 하는 소이의 '도즉리'를 이음으로써 인성이 선이 되는 것이며 이런 선의 가치개념은 자연세계만으로는 성립될 수 없는 것으로 그것은 인간과의 관련 면에서 비로소 가치론적 관찰을 할 수 있는 것이다.

즉 일음일양 하는 세계를 사람의 저편에서 자연과학적으로만 보게 되면 거기서는 몰가치적으로 다만 스스로 그런 자연의 존재지리存在之理만 있게 될 것이나, 그것을 돌이켜 사람의 편에서 보게 되면 거기에는 가치적 인간학적으로 마땅히 그런(當爲) 또는 마땅히 해야 할 당연지리當然之理로 나타날 것이다. 『역易』「계사전繫辭傳」의 '인자견지위지인仁者見之謂之仁, 지자견지위지지知者見之謂之知'란 말은 이것을 단적으로 나타낸 것이라 할 것이다. 즉, 천지만물의 생생生生을 인자仁者는 사람의 편에서 보아 인仁이라 하는 것이며 지자知者는 자연의 편에서 보아 지知라고 하는 것이다.[30]

주회암은 여기에 착안하여 그의 소위 리理를 존재지리存在之理와 당위지리當爲之理의 양면으로 보았다. 주회암은 『대학혹문大學或問』에서 말하기를 "천하의 사물에 이르면 반드시 각각 '소이연所以然'의 연고(故)와 '소당연所當然'의 법칙(則)이 있으니, 이것이 이른바 리理이다"[31]라고 하였고 『보망장補亡章』(傳五章)에서는 "신身·심心·성性·정情의 덕과 인륜·일용

29) 勞思光, 『中國哲學史』 上3(臺灣三民書局印行, 民國70年), p.40 참조.
30) 裵宗鎬, 『韓國儒學의 課題와 展開』 I (汎學圖書, 1979), pp.118~119 참조.
31) 『朱子語類』, 권제17, 「大學4」, '或問', "至於天下之物, 則必各有所以然之故, 與其所當然之則, 所謂理也."

의 상도常道에서 천지·귀신의 변화와 조수·초목의 마땅함에 이르기까지 어느 한 사물에서도 그 소당연으로서의 그만두어서는 안 되는 것과 그 소이연으로서 바뀔 수 없는 것이 드러나지 않음이 없다"[32]라 하였다.

이것을 보면 소당연과 소이연을 같은 리理로 사용하고 있으면서 소이연을 자연의 법칙으로 하여 불가역의 면을 치중하고, 소당연은 가치론적 리理로서 인간이 마땅히 지켜야 할 도리 즉, 당위를 말하고 있다.

그러기 때문에 "존재지리存在之理를 당위지리當爲之理의 근거로 규정한다. 주회암은 리理를 '소이연'과 '소당연'의 둘로 설명하는데, 이른바 소이연은 존재지리로서 필연의 자연이요, 소당연이란 것은 자유규범으로서 당위지리에 해당할 것이다."[33] 이와 같이 리理는 그저 자연의 필연존재 법칙으로 있는 것만이 아니라 우리 인간에게 있어서 또한 당위의 법칙을 가르쳐 인간이 천天과 합일하는 소위 천인합일의 세계를 달성하는 매개가 되는 것이다. 인간에게 주어진 당위, 이것을 실천함으로써 인간이 인간답게 되는 것이요, 또한 인간이 천지와 만물을 육성하는 데 직접 참여하게 되는 것이다.

우주에 있어 리理와 기氣는 인간의 심心에 있어서 성性과 정情에 해당하는 것으로 성즉리, 정즉기情卽氣이며, 리理는 자연세계의 필연의 원리이요, 당연은 인사人事에 있어서 당위의 규범이다. 인간의 당위는 우주자연의 소이연의 리理(道)를 준거準據한다. 따라서 이 당위인 규범의 근거로

---

32) 『朱子語類』, 권제17, 「大學4」, '或問', "身心性情之德, 人倫日用之常, 以至天地鬼神之變, 鳥獸草木之宜, 自其一物之中, 莫不有以見其所當然而不容已, 與其所以然而不可易者."

33) 裵宗鎬, 『韓國儒學의 課題와 展開』 I (汎學圖書, 1979), p.114.

자유(인간)와 존재(자연)가 어떻게 합일되는가 하는 문제가 중요한 것으로 이것이 곧 성리철학性理哲學의 천인합일사상으로 존재와 실천의 기본 과제가 되는 것이라 생각한다.

우리는 이제까지 정주의 리기론을 일별一瞥하였다. 특히 성리학에 있어서 리기론을 집대성한 주회암의 리기론을 중심으로 보았다.

주회암은 리기에 있어서 리理는 무정의, 무계탁, 무조작으로 정결공활저세계이며 기氣의 소이연이라 하였으며, 기氣는 응결취산凝結聚散의 조작으로 만물 형성의 질료적인 것으로 보았다.

리기의 관계에 있어서 리기의 불가리와 부잡성不雜性을 말하고 혼륜무간渾淪無間으로 불가분개不可分開라 하면서 또한 결시이물이라 한다. 리기의 선후에 있어서는 논리적으로 리理가 기氣보다 선재한다 하여 리기의 불가리성不可離性에 배치背馳되는 듯한 말도 하고 있음을 보았다. 여하간 주회암이 보는 리理는 형이상자로 무정의의 무형무위無形無爲이고, 기氣는 형이하자로 유형유위有形有爲이며, 리理는 기氣의 음양동정陰陽動靜의 소이所以로서 실재함을 주장한다. 여기서 일단 주회암의 리기이원론理氣二元論의 체계가 확립되는 것이다.

율곡은 이러한 정주의 리기개념을 성숙한 스스로의 독자적 이해를 통하여 이들의 미투未透한 점을 보완하고, 화담과 퇴계의 극복을 통하여 정주의 성리철학을 새로운 각도에서 발전시키기도 하였다.

2. 화담과 퇴계의 극복

1) 태극론의 극복

주지하는 바와 같이 '태극'이라는 용어는 『주역』 「계사전」에서 나오는 말이다. 즉, "역易에 태극太極이 있는데(易有太極), 이것이 양의兩儀를 낳았다(是生兩儀)"[34]에서 태극太極이란 말이 처음 나왔다. 이 태극을 어떻게 해석하고 음양과의 관계를 어떻게 정립하느냐에 따라 그 주장하는 바 성리학의 차이가 있게 된다.

만약 태극에서 음양이 낳아졌다고 한다면 이미 태극과 음양은 낳은 자와 낳아지는 자, 즉 능산자能産者와 소산자所産者의 관계가 형성됨으로 태극이 선先이 되고 음양은 태극의 소산으로 후後가 된다. 태극이 능산자로서 유有가 된다면 그것은 이미 존재해 있는 유有가 되지 않으면 안 된다. 만약 유有의 존재가 태극이라면 유有는 이미 그 존재의 속성에 따라 생멸, 변화를 갖게 된다. 유有의 태극은 결코 생멸을 초월해 있을 수 없기 때문에 또 다른 근본을 찾지 않으면 안 된다. 따라서 태극을 이와 같이 해석할 때, 태극은 우주의 근본원리로서 적당치 않다. 변화무상의 우주의 원리는 변화되지 않는 그 무엇이 되어야 하기 때문이다. 이러한 난제難題 때문에 태극을 어떻게 해석하느냐의 문제는 중요하게 다루어질 수밖에 없다.

---

34) 『易』, 「繫辭上」, 十二章, "是故易有太極. 是生兩儀, 兩儀生四象, 四象生八卦, 八卦定吉凶, 吉凶生大業."

이러한 점을 명철하게 보았던 율곡은 태극과 음양의 관계에 대하여 다음과 같이 주장한다.

> 성현의 말씀에도 미진한 곳이 있으니, 다만 "태극생양의太極生兩儀(陰陽)라고 말하고, 음양은 본래 있는 것이요 생겨난 때(始生之時)가 있는 것이 아니다"라고 말하지 않았다.[35)]

율곡이 태극을 말할 때는 『역』「계사전」의 "시고역유태극시생양의是故易有太極是生兩儀"의 '태극시생양의太極是生兩儀'의 구절을 말하는 것인데, 이때 다만 태극이 양의兩儀(陰陽)를 낳았다(生)고 하므로 마치 태극에서 음양이 발생한 것으로 이해하기 쉽다는 것이다. 그러나 태극에서 음양이 나온 것이 아니라, 이미 음양은 본래 있었다(本有)는 것이다.

> 음양은 무시無始요, 무종無終이며, 무외無外이다. 일찍이 부동부정不動不靜 시時란 있지 아니하다. 일동일정一動一靜하여 일음일양一陰一陽함에 리理는 부재不在함이 없다. 고로 성현의 극본궁원론極本窮原論은 태극으로서 음양의 근본이라 한 것에 불과하니 그 실實은 음陰도 양陽도 생기지 않고 태극이 독립된 때는 없었다.[36)]

---

35) 『栗谷全書』(成均館大學校 大東文化院, 1971), 권9, 「書1 · 答朴和叔」, "聖賢之說, 果有未盡處, 以但言太極生兩儀, 而不言陰陽本有非有始生故也."

36) 『栗谷全書』, 권9, 「書1 · 答朴和叔」, "陰陽, 無始也, 無終也, 無外也. 未嘗有不動不靜之時. 一動一靜一陰一陽, 而理無不在. 故聖賢極本窮原之論, 不過以太極爲陰陽之本, 而其實本無陰陽未生, 太極獨立之時也."

율곡은 또한 이와 같이 태극과 음양은 본래부터 함께 있는 것이기 때문에 음양이 없는데 태극이 홀로 있을 수 없다 하였다.

태극이 있으면 음양도 이미 있으며 음양이 있으면 거기에 항상 태극이 있으므로 태극이나 음양이 독립적으로 있는 것이 아니라 떨어지지 않고 함께 있다고 보았다.

음양이 있기 전에 태극이 독립해 있다고 주장하는 학자나 또 태극 없이 음양만이 있다고 주장하는 학자를 비판하여 다음과 같이 말한다.

> 기氣가 생기기 전에 다만 리理가 있었을 뿐이라고 하는 주장도 하나의 병통이요, 또 일종의 의론議論에서 태허는 담일청허澹一淸虛하여 마침내 음양을 낳는다[37] 하니 이것도 일변一邊에 떨어져 음양이 본래 있는 줄 모르는 것이니 역시 하나의 병이다.[38]

여기서 리理라는 말은 태극을 가리킨다. 따라서 음양 이전에 태극이 따로 있었다고 보는 견해나 음양이 태허太虛인 담일청허의 기氣에서 나왔다는 두 견해가 일변一邊에 떨어져 모두 하나의 병이라는 것이다. 그러면 과연 태극과 음양은 어디서 나왔다는 말인가? 이 점에 대하여 율곡은 '음양미생陰陽未生'의 시時를 설정하지 않고 있다. 이미 음양이 있었기 때문에 미생의 어떤 것을 인정할 수 없다. 태극도 역시 마찬가지이다.

---

37) 이것은 朴和叔(1523~1589)에게 답한 글인데, 박화숙은 徐花潭(1486~1546)의 제자이다. 따라서 화담의 氣一元論의 영향을 받아 우주의 존재는 澹一淸虛한 一氣인 太虛에서 나왔다고 보아 이 점을 가지고 율곡에게 질문하였다.

38) 『栗谷全書』, 권9, 「書1 · 答朴和叔」, "是故緣文生解者, 曰氣之未生也, 只有理而已, 此固一病也, 又有種議論曰太虛澹一淸虛, 乃生陰陽此亦落於一邊, 不知陰陽之本有也, 亦一病也."

율곡은 다음과 같이 말하였다.

대개 음양양단陰陽兩端이 순환불이하여 본래 그 시작이 없다. 음陰이 다하면(盡) 양陽이 되고(生) 양陽이 다하면 음陰이 된다. 일음일양 하는데 태극은 거기에 있지 않음이 없다. 이러므로 태극은 만화萬化의 추뉴樞紐가 되고 만품萬品의 근저根柢이다. 지금 만일 담일적연澹一寂然의 기氣가 마침내 음양을 낳는다 하면 음양은 유시有始가 되고 유시有始이면 유종有終이니 그렇다면 음양의 기機가 그쳐진 지 오래일 것이니 합당하지 않는다. 담일적연의 기氣는 음陰인가 양陽인가?[39]

음양은 순환불이하기 때문에 본래 시작이 없다. 따라서 만약 담일澹一의 기氣에서 음양이 나왔다면 그 음양은 시작이 있는 것이 되고 시작이 있으면 끝이 있기 때문에 이미 음양은 끝이 나고 말았을 것이라고 말한다. 그러므로 담일의 기氣가 음양의 근원이 될 수 없다. 그런데 태극은 일음일양에 어디나 있지 않은 곳이 없기 때문에 그것을 만화의 추뉴요, 만품의 근저라고 생각하고 있는 것이다. 그리고 그는 더욱 간단하게 태극과 음양의 관계를 이렇게 말한다.

음양변역陰陽變易하는 그 가운데 태극의 리理는 있다.[40]

---

39) 『栗谷全書』, 권9, 「書1 · 答朴和叔」, "大抵陰陽兩端, 循環不已, 本無其始. 陰盡則陽生, 陽盡則陰生. 一陰一陽而太極無不在焉. 此太極所以爲萬化之樞紐, 萬品之根柢也. 今若曰澹一寂然之氣, 乃生陰陽則始陰陽有始? 有始則有終矣, 然則陰陽之機其息也久矣, 其可乎. 但澹一之氣, 是陰陽耶."
40) 『栗谷全書』, 권31, 「語錄上」, "於陰陽變易之中, 有太極之理."

태극은 바로 음양변역 가운데 그 변역의 리理로 있다는 것이다. 그러므로 태극의 리理는 이미 음양과 함께 있는 것으로 음양의 외부에서 음양을 변역하게 하는 리理로서 작용하고 있는 것이라고 생각지 않는다.

돌이켜 보건대 한당의 주소학자들은 『역전易傳』의 태극을 기氣로서 이해하였다. 다시 말하면 『십삼경주소十三經注疏』의 태극에 대한 소疏는 태극을 원기, 태초태일로 보아 다음과 같이 말한다.

> 태극은 천지미분전天地未分前의 원기元氣로 일一이요, 태초태일太初太一이다. 그러므로 노자가 말하는 도생일道生一이 곧 이 태극을 말한다.…… 고로 태극생양의太極生兩儀는 곧 노자의 일생이一生二, 이생삼二生三…… 이다.[41]

이렇듯 태극을 기氣로 보아 이 원기는 도道가 일생이一生二, 이생삼二生三하듯이 원기가 태일로 양의兩儀를 생生한다고 보았다.

이와 같이 태극을 태일태초太一太初로 봄으로써 우주의 근원이 기氣로써 음陰이 있다고 주장하여 박화숙(1523~1589, 화담의 제자)이 율곡에게 질문하였던 것이다. 그러나 율곡은 태극이란 음양미분陰陽未分 시에 있는 것도 아니요 또 음양이란 음이 시초로 있는 것도 아니라 이미 음양은 본유本有하였고, 또한 음양은 순환불이하여 그 시始가 없다고 하였다. 그리고 태극은 이 음양변역의 리理라 하였던 것이다. 여기에서 율곡은 태

41) 『十三經注疏』, 「周易」, '是故有太極是生兩儀에 대한 疏', "正義曰太極謂天之未分之前元氣混, 而爲一卽是太初太一也. 故老子云, 道生一卽此太極是也. 又謂混元旣分卽有天地. 故太極生兩儀, 卽老子云一生二也……."

극을 만화만품의 추뉴와 근저로 보게 되는 것이다.

이것은 율곡이 우주의 시초로서 음양 이전의 태허담일기太虛澹一氣를 부정하게 되는 것이다. 그것은 율곡이 일음일양 하는 현상계를 기준으로 하여 음양의 본유와 무시무종無始無終함을 말한 것이다.

> 태극은 음양의 근저가 되어 음에도 있고 양에도 있어 양재兩在하여 불측不測인 고로 신神은 방소方所가 없고 역易은 체體가 없다는 것이다. 이제 만약 음기陰氣를 음양의 근저라 한다면 이는 신神이 방소方所가 있고 체體가 있는 것이다.[42]

율곡의 사고는 담일허명澹一虛明한 기氣라 하더라도 그것이 일단 기氣인 한에 있어서 음이 아니면 양이라는 것이다. 그리고 음도 아니고 양도 아닌 어떤 기氣가 따로 있어 음양을 따로 관리할 수 있다고 말할 수 없다[43]고 보고 있다. 그렇기 때문에 담일허명한 기氣가 기氣의 처음이 될 수 없다. 담일허명의 기氣의 처음을 음이라 하면 또 음 이전의 양이 있어야 하고 그 기氣의 처음을 양이라고 하면 그 이전의 음이 있어야 하기 때문이다.

음양은 무시無始하며 순환불이하므로 결국 담일허명의 기氣도 변하여야 한다는 것이다. 그것은 이미 방소方所가 있고 정체定體가 있으므로 변

---

42) 『栗谷全書』, 권9, 「書1 · 答朴和叔」, "且太極爲陰陽之根柢, 而或陰或陽兩在不測, 故曰神無方而易無體. 今若曰陰氣爲陰陽之根柢, 則是神有方而易有體矣, 尤不可也."

43) 『栗谷全書』, 권9, 「書1 · 答朴和叔」, "台敎所謂澹一虛明之氣, 是陰耶陽耶. 若是陰則陰前又是陽, 若是陽則陽前又是陰, 安得爲氣之始乎, 若曰別有非陰非陽之氣, 管夫陰陽, 則如此怪語. 不曾見乎經傳也."

하지 않을 수 없다는 것이다. 그렇다면 음양의 처음은 무엇일까? 율곡은 음양미분의 시時를 인정하지 않고 있다.

반면 태극은 방소가 없고 정체가 없는 것이라 하였다. 이것이 곧 음양의 근본이다. 그러나 음양미분 시에 음양을 낳는 것은 아니다. 태극은 무방소無方所, 무정체無定體로서 일정한 형체가 없는 신神과 역易에 있다고 봄으로 무엇을 능동적으로 산출하는 것은 아니라는 것이다. 따라서 태극은 신묘변역神妙變易의 태극이다. 그리고 그 자신이 무방소, 무정체요, 음양의 변역 중에 있으므로 그 자신은 음양의 불식不息 가운데 그 자체를 드러내는 것이다. 따라서 태극은 형이상의 리理이다.

율곡의 태극관은 기일변氣一邊의 형이하에 떨어지지 않고 또 태극이 음양을 떠나 있다는 리理의 일변一邊에도 떨어지지 않고 있다.

또한 이러한 태극관은 그가 주렴계(周敦頤, 1017~1073)의 『태극도설太極圖說』의 '태극동이생양太極動而生陽, 정이생음靜而生陰'을 문자대로 해석함으로써 태극의 동정에 의하여 음양이 생生한다고 하면 이는 음양이 유시有始로서 유종有終이 될 것이므로 음양이 무시무종무외無始無終無外라고 할 수 없다 하게 되니 이러한 해석은 잘못된 것이라 하여 다음과 같이 말한다.

> 주자周子가 말한 '태극동이생양太極動而生陽, 정이생음靜而生陰'의 두 구절은 어찌 병통이 있단 말인가? 만약 잘못 보면 음양이 본래 없는 것으로 보고 태극이 음양의 선재로 태극이 동動한 후에 양陽이 생기고 정靜한 후에 음陰이 생기는 것으로 보기 쉽다. 이와 같이 보면 크게 본의本意를 잃어버리게 될 것이지만 구어句語로써 해석하면 순리順理에 막힘이 없

을 것이다.[44)]

이는 '생生' 자에 대한 해석 여하인데, 율곡은 '생生' 자를 생성론적인 '생生' 자로 보지 않고 있다. 『십삼경주소』의 '태극생양의太極生兩儀'의 주소注疏(漢唐의 注疏)는 도생일道生一, 일생이一生二, 이생삼二生三 등으로 해석하여 마치 태극이 음양을 생生한다고 보아 태극을 기氣로 간주하여 태극이 음양을 낳는다는 생성론적 해석을 한 적도 있다.

이 '생生' 자에 대한 해석은 이미 율곡이 '생성론적生成論的' 해석을 벗어나 음양의 추뉴 근저인 리理로, 음양 중에서 음양을 통하여 태극이 발현되는 것으로 해석한 것은 그의 리기론 체계의 중심 되는 사상으로 전개된다.

'생生' 자에 대한 문제는 주회암도 크게 관심을 갖지 않은 듯 명백한 해석이 발견되지 않는다.

주회암은 주렴계의 『태극도설』을 다음과 같이 설명한다.

> 태극에 동정이 있는 것은 천명天命이 유행하기 때문이다. 그래서 『역』에서 이른바 일음일양을 일러 도라고 한다. '성誠'은 성인聖人의 본원이고 사사물물의 시종이다. 이를 천명으로 부여받은 것이 도道이다. 그 도의 동動함이 성誠의 통通함이요, 이를 계승함이 선善이다. 만물은 이를 토대로 시작한다. 그 도의 정靜함이 성誠의 회복이다. 그 도를 이룸

44) 『栗谷全書』, 권10, 「書2 · 答成浩原」, "周子曰太極動而生陽, 靜而生陰, 此二句豈有病之言乎. 若誤見, 則必以謂陰陽本無而太極, 在陰陽之先, 太極動然後陽乃生, 太極靜然後陰乃生也. 如是觀之, 大失本意, 而以句語釋之, 則順而不礙."

> 이 성性이고, 만물이 각각 그 성명性命을 올바로 세움이다. 동이 지극하여 정하고 정이 지극하여 동으로 돌아감으로써 일동일정一動一靜이 서로가 서로에게 그 뿌리가 되므로 천명이 유행할 따름이다. 태극이 동하여 양을 낳고 정하여 음을 낳고 음과 양으로 나뉘어 양의兩儀가 설립한다. 도를 음양으로 나뉘어서 정하여 바뀜이 없다. 대개 태극은 본연의 묘妙이며, 동정은 타는 것의 기틀이다. 태극은 형이상의 도이다.[45]

다만 '생生' 자에 대한 해석이 뚜렷이 나타나 있지 않다. 그러나 『주자전서周子全書』에서는 다음과 같이 말한다.

> 태극이 음양을 낳고 리理가 기氣를 낳는다. 음양이 이미 낳았으니 태극은 그 가운데 있다. 리理도 기氣의 가운데 있다.[46]

이와 같이 말하는 것은 율곡의 "음양변역陰陽變易 가운데 태극지리太極之理가 있다"라는 의미와 동일하지만 주자朱子보다 율곡의 뜻이 명백한 것 같다. 주자의 '생生' 자에 대한 해석은 한 번 전의轉義해야 그 진의眞意가 파악되지만 율곡은 그 생生 자를 더욱 명백하게 설명하였다.

> 동動하고 정靜하는 기機는 누가 시키는 것도 아니요, 리理와 기氣도 앞

---

45) 『周子全書』, 「太極圖說解」, "太極之有動靜, 是天命之流行也. 所謂'一陰一陽之謂道'. 誠者, 聖人之本, 物之終始. 而命之道也. 其動也, 誠之通也, 繼之者善. 萬物之所資以始也. 其靜也, 誠之復也. 成之者性, 萬物各正其性命也. 動極而靜, 靜極復動, 一動一靜, 互爲其根, 命之所以流行而不已也. 動而生陽, 靜而生陰, 分陰分陽, 兩儀立焉. 分之所以一定而不移也. 蓋太極者, 本然之妙也, 動靜者, 所乘之機也. 太極, 形而上之道也."

46) 『周子全書』, "太極陰陽, 理生氣也. 陰陽旣生, 則太極在其中. 理復在氣之內也."

뒤를 말할 수 있는 것이 아니다. 그러나 기氣가 동動하고 정靜하다 하는 것은 모름지기 리理가 근본이 된다. 그러므로 태극이 동動하여 양陽을 낳고 정靜하여 음陰을 낳는 것이다. 만일 이 말을 고집하여 태극은 음양 이전에 홀로 서서 음양이 무無에서 나온 유有라 하면 음양은 처음이 없다고 말할 수 없으니 더욱 활간活看해야 한다.[47]

이렇게 보면 '생生' 자는 확실히 '출생의出生義'[48]로서 어머니가 자식을 낳는 경우와 같은 '생生'의 의미는 아니다. 율곡에게 있어서 태극은 이미 음양동정의 근본이다. 태극은 음양의 무시無始와 동정의 무단無端을 가능케 하면서 자기 자신이 현현되는 실재적인 존재이다. 비록 태극이 신무방神無方 역무체易無體의 특징으로 유형적인 것은 아니로되 이미 정음靜陰의 추뉴 근저로서 시時, 공空을 초월하면서 동시에 기氣의 시공 속에서 그 자신을 드러내는 비감각적이고 비경험적인 것이다. 그러나 그것은 음양의 동정 가운데 그 동정을 가능케 하는 근본인 까닭에 태극으로서 리理는 음양의 동정 속에 있는 것이다. 그러나 그것은 결코 음양 동정의 속성이 아니다.

율곡은 이와 같이 태극을 리理로 보고 있다. 동시에 그의 '생生' 자에

---

47) 『栗谷全書』, 권20, 「聖學輯要2」, "動靜之機有以使之也, 理氣亦非有先後之言也. 第以氣之動靜也, 須是理爲根柢. 故曰太極動而生陽, 靜而生陰. 若執此言, 所謂太極獨立於陰陽之前, 陰陽自無而有, 則非所謂陰陽無始也, 最宜活看而深玩也."

48) 牟宗三 敎授는 그의 著 『心體與性體』(正中書局印行, 中華民國六十八年刊, pp360~366 參考)에서 '生' 자는 "① 해설상의 引出義이고 객관적 사실상의 出生義(母生子義)는 아니다, ② 본체론적 妙用義이지 직선적 우주론적 演生義가 아니다"라고 해명하고 있다. 여하간 필자는 '生' 자를 율곡의 입장에서 보면 확실히 직선적인 '母生子義'는 아닌 것으로 이해한다.

대한 명백한 이해가 전제되었음을 알 수 있다.

율곡은 태극을 실체로서 보는 것도 반대하고 태극만의 독립으로 이해하지도 않는다. 그는 정주의 성리학의 통론通論과 같이 태극을 리理로 보아, 그 리理는 곧 음양에 양재兩在하여 그 음양동정에 있어서 소이연으로 되는 것이며, 그러면서 자기 자신을 음양을 통하여 발현하는 것이라 한다.

율곡은 화담 유類의 기일원론의 일변락재一邊落在를 비판하여 리理를 만화만품의 추뉴요 근본이라 하고, 음양은 본유하고 음양의 순환불이의 현상적 입장에서 태극과 음양의 관계를 봄으로써 음양미분 시의 어떤 존재도 인정하지 않는다. 여기에 그의 태극과 음양의 관계가 특장特長이 있음을 볼 수 있다. 이제까지 우리는 태극과 음양의 관계를 보아 왔는데 이러한 태극이 인간과는 어떠한 관계를 가지고 있는가를 살펴보자.

율곡은 '지선至善'과 '중中'을 설명하면서 태극을 다음과 같이 표현하고 있다.

> 지선은 태극의 이명異名이며 명덕明德의 본체인 하늘에서 얻어 본연의 일정한 법칙을 가진 것이 지선의 체體로 곧 내 마음의 통체統體인 태극이요, 일용행사간日用行事間에 나타나서 각기 본연의 일정 법칙을 가지고 있는 것은 지선의 용用이니 곧 모든 사사물물事事物物이 각기 구비한 태극이다.[49]

49) 『栗谷全書』, 권9, 「書1 · 答成浩原」, "至善太極之異名, 而明德之本體, 得之於天, 而有本然一定之則者, 至善之體乃吾心統體之太極也, 見於日用之間, 而各有一定之則者, 至善之用, 乃事事物物各具之太極也."

이는 지선의 체體를 곧 우리 마음의 통체 태극이라 하고 지선의 용用을 사사물물이 각기 구비한 태극이라 하여 태극의 체용體用을 설명한다. 소위 지선의 체體는 희노애락喜怒哀樂이 발현되지 않는 미발지중未發之中을 말하고 지선의 용用은 사물 위에 스스로 있는 중中을 가리키고 있다. 그러나 미발지중으로 내 마음의 통체를 한 태극이지만 이를 문득 이치의 근본인 『주역』의 태극이 있다는 태극으로 부르지 못한다고 율곡은 보고 있다.

그 이유로 "…… 내 마음으로서 천도天道에 대하여 말한다면 천도는 체體가 되고 내 마음은 용用이 된다. 통체 중中에도 체용이 있고 각기 구비한 중中에도 체용이 있으니 '『역』에 태극이 있다'의 태극으로서 본다면 내 마음의 한 태극은 또한 이것이 각기 구비한 중中의 통체요, '『역』에 태극이 있다'의 태극은 곧 통체 중中의 총체總體이다"[50]라고 하였다.

이와 같이 우주의 근본 이치로서의 태극은 우리들 마음이나 사사물물에 동일하게 있지만 통체 중中에 체용이 있기 때문에 체용에 따라 그 말의 쓰임도 다르다고 본다. 그리하여 그 체용을 다음과 같이 말한다.

> 예를 들자면 『역』에 태극이 있다는 태극은 물의 근원이요, 내 마음의 한 태극은 물이 우물에 있는 것이요, 사물의 태극은 물이 그릇에 있는 것과 같다.[51]

---

50) 『栗谷全書』, 권9, 「書1 · 答成浩原」, "所謂以吾心對事物而言, 則吾心爲體, 事物爲用者, 甚是, 但以吾心對天道而言, 則天道爲體, 吾心爲用矣. 統體中也, 有體用, 各具中也有體用, 以易有太極之太極觀之, 則吾心之一太極, 亦是各具中之統體也, 易有太極之太極, 乃統體, 中之統體也."

51) 『栗谷全書』, 권9, 「書1 · 答成浩原」, "易有太極之太極, 水之本源也, (至善與中之所從出)吾心之一太極, 水之在井者也, (至善之體卽中之體)事物之太極, 水之分乎器者耳, (至善之用卽用之用),

태극은 하나이되 그의 분유分有가 다르기 때문이다.

인간도 한 태극의 근원을 공유하고 있다. 그러나 인간이 가진 태극은 천天의 태극과 동일하게 부를 수 없다. 이미 천天과 인간은 근원인 태극을 공유하고 있는 점에서는 동체同體이지만 천天과 인간은 그 기氣의 응결취산이 다르기 때문이다. 그리하여 율곡은 다음과 같이 말했던 것이다.

> 태극은 천天에 있어서는 도道라 이르고 인간에게 있어서는 성性이라 이른다.[52]

> 지선의 체體는 희노애락의 미발지중이요, 천명지성天命之性이다.[53]

율곡의 태극론의 특징은 음양은 본래부터 있는 것이요 어느 때에 처음 생겨난 것이 아니라는 전제에서 기氣가 생기기 전에 이미 리理가 있었다던가 또는 태허는 담일청허하여 음양을 낳는다는 기일원론적 입장을 조화하여 음양은 무시無始하고 동정은 무단無端한 가운데 태극이 있다는 것을 밝힌 점에 있다. 이것은 곧 리理를 고정 불변한 것으로 실체화하여 유有로 본다든가 또는 음양무시陰陽無始와 동정무단動靜無端을 시킨 자가 있어서 그렇게 된다는 양극단론兩極端論을 조화했다는 데 그 의의가

若以至善只作器中之水."

52) 『栗谷全書』, 권20, 「聖學輯要2」, "太極, 在天曰道, 在人曰性, 元亨利貞 道之流行者也, 仁義禮智性之所具者也."

53) 『栗谷全書』, 권9, 「書1 · 答成浩原」, "蓋至善之體, 卽未發之中而天命之性也."

있다고 보인다. 음양의 동정은 누가 시켜서 그렇게 되는 것이 아니다. 기氣가 스스로 동정을 갖는다는 것이다. 따라서 태극도 어떤 절대적 존재로서 대상화되는 것이 아니라, 형이상의 성질로서 이미 음양의 동정에 각각 있게 되는 것이다.

태극이 먼저 있었다든가 음양이 먼저 있었다든가 하는 말을 할 수 없다. 만약 이것을 사실적으로 선후를 따진다면 그것은 도道를 알지 못한다고 보는 것이 율곡의 견해인 듯하다.

율곡이 언급한 '어음양변역지중於陰陽變易之中, 유태극지리有太極之理'를 중점적으로 따서 말한다면 태극은 확실히 기포리氣包理로서 기氣가 리理를 포함한다. 그러나 그의 다른 말인 태극은 '만화의 추뉴요, 만품의 근저'라는 구절을 보면 태극은 기氣의 동정의 근본이 되기 때문에 오히려 태극은 음양의 주재적主宰的 성격을 드러내 준다.

사실상 율곡의 태극론에서 이미 주기主氣이니 주리主理이니 하는 한쪽에 치우친 극단적인 사고를 용인하지 않고 있음을 알 수 있다. 눈에 보이는 감각적 현상에 있어서는 음양은 동정이기 때문에 그것이 주主가 되는 것같이 보일지라도 그러한 현상의 내면적인 그렇게 하게끔 되어지는 것을 태극이라 하여 보이지 않는 형이상의 도道라고 말하였던 것이다. 그렇다고 해서 형이상인 태극이 실질적으로 작용을 하여 음양을 작용케 하는 것은 아니다. 왜냐하면 오직 동정은 음양에 이미 있는 것이라고 보기 때문이다. 율곡은 음양동정의 무시무단無始無端과 순환불이의 면을 봄으로 해서 음양미분 시의 담일청허기澹一淸虛氣를 부정한다. 따라서 음양은 본유했고 동정은 음양 자체에 내속內屬하여 있는 것이다. 다만 태극은 이 음양과 함께 음양의 동정의 리理로 양재불측兩在不測으로 되어 있는 것이다. 그리고 그 태극은 무정체인 것이다. 그러나 음양의 변화에 의하여 만화만품이 형성되고 이산離散되는 데 태극은 그 근본으로 추뉴와 근저로 있는 것이다. 태극 없는 음양동정은 없고 음양동정 없이 태극만 홀로 있는 것이 아니다. 결국 근원의 일자一者를 설정하지 않고 역易의 무정체로부터 현상을 보았던 것이다. 따라서 그는 기氣의 담일청허로서의 우주의 근원도 부정하여 기일원론氣一元論을 비판하였으며 또한 태극이 음양과 떨어져 홀로 있다는 리일원론理一元論도 비판하게 되는 것이다. 따라서 음양과 태극은 동재同在하여 하나는 동정하는 자, 하나는 동정의 리理로서 서로 불가분개不可分開, 불상리不相離가 되는 것이다. 율곡이 비판한 점은 담일청허가 없다는 것이 아니고, 그 기氣가 음양미분 시의 기氣로서 음양의 시원始原이라는 것을 반대한 것이다. 음양이 기氣인 이상 이미 이 기氣는 리理와 함께 동재하여 이 리理가 추뉴, 근본이 된다는 것이다. 결코 형상이 있으며 체體를 가진 것은 우주의 시원이 될 수 없다는 것이다.

율곡의 태극과 음양의 관계는 이와 같은 것으로 결국 그의 리기론의 전개에 있어서도 이 태극론이 근거가 되어 전개되는 것이다.

율곡은 정명도의 '음양무시, 동정무단'이라는 논리를 통해 서화담의 기일원론을 "다만 지나치게 생각하여 도리어 기氣가 음양의 근본이 된다 하고 일변一邊으로 정체하여 리理와 기氣를 혼돈하였다"[54]라고 비판하

54) 『栗谷全書』, 권9, 「書1 · 答朴和叔」, "花潭用功非不深, 而但思之過中, 反以氣爲陰陽之本, 終歸滯於一邊, 理氣雜糅無辨, 不能妙契聖賢之旨."

며 주회암의 '조화지추뉴造化之樞紐, 만화지품휘萬化之品彙'를 받아들여 태극을 음양동정의 근본이라 하였다.

따라서 그는 태극론에 있어서 태극과 음양의 관계를 정명도와 주회암의 사상을 조화함으로써 그 자신의 주장인 '음양변역지중陰陽變易之中, 유태극지리有太極之理'와 음양본유설陰陽本有說을 뒷받침하게 되어 그의 태극론이 더욱 선명해지는 것이다.

그러나 음양순환불이설陰陽循環不已說만을 고집해서 현상을 중심으로 하여 음양을 보았기 때문에 음양미분의 담일청허기澹一淸虛氣의 존재를 설정하지 않았다. 따라서 그의 리통기국理通氣局에 있어서 기氣의 본연인 담일청허기의 다유부재多有不在를 주장하게 된다. 여기에서 리통理通에 있어서 리일理一의 의착처依着處인 기일氣一, 기본연氣本然인 무소부재無所不在가 부정됨으로 리일理一인 리본연理本然의 의착처가 애매하게 되기도 하였다.[55]

이것은 율곡이 화담의 기일원론과 정주 및 퇴계의 주리적 태극설을 극복 조화하는 과정에서 일어난 어쩔 수 없는 한계가 아닌가 한다. 사실 율곡은 리통기국으로 화담의 일기장존一氣長存과 담일청허지기湛一淸虛之氣의 무소부재無所不在를 부정하였던 것이다.[56] 그러면서 그는 리理와 기氣

55) 『栗谷全書』, 권10, 「書2 · 答成浩原」, "氣局者, 何謂也. 氣已涉形迹, 故有本末也, 有先後也. 氣之本則湛一淸虛而已. 曷嘗有糟粕煨燼糞壤汚穢之氣哉. 惟其升降飛揚, 未嘗止息, 故參差不齊而萬變生焉. 於是氣之流行也, 有不失其本然者, 有失其本然者. 旣失其本然, 則氣之本然者, 已無所在. 偏者, 偏氣也, 非全氣也. 淸者, 淸氣也, 非濁氣也. 糟粕煨燼, 糟粕煨燼之氣也, 非湛一淸虛之氣也."

56) 『栗谷全書』, 권10, 「書2 · 答成浩原」, "以爲湛一淸虛之氣, 無物不在. 自以爲得千聖不盡傳之妙, 而殊不知向上更有理通氣局一節, 繼善成性之理, 則無物不在, 而湛一淸虛之氣, 則多有不在者也. 理無變而氣有變. 元氣生生不息, 往者過來者續, 而已往之氣, 已無所在. 而花潭則以爲一氣長存,

를 원불상리元不相離로 의착과 근저의 관계로 파악하였던 것이다.

여기에서 퇴계의 주리적 견해와 화담의 기일원론 간의 마찰이 생긴 것이다. 화담의 기일원론은 기氣가 곧 우주의 근원으로 리理는 기氣의 내재적 정제성整齊性으로만 보았고, 율곡의 리통기국은 기氣의 변화성, 즉 국한성 속에 리본연理本然의 묘妙를 보았기 때문에 조화에 갈등을 갖게 된 것이다. 이러한 난제는 그의 리기지묘理氣之妙를 통하여 보다 높은 차원으로 극복되고 있다.

2) 리기론의 극복

율곡은 다음과 같이 말한다.

> 만화의 근본은 일음양一陰陽뿐이다. 이 기氣가 동動하면 양陽이 되고 이 기氣가 정靜하면 음陰이 된다. 한 번 동動하고 한 번 정靜한 것은 기氣요, 동動하게 하고 정靜하게 하는 것은 리理이다.[57]

소위 해와 달이 서로 밤낮을 순환한다든지 비바람이 불어 나무를 꺾고 집을 헐어버리는 일체의 자연현상은 모두가 기氣의 음양에 의한다는 것이다. 그러나 한 번 양이 되고 음이 되는 그 자체는 기氣이지만 그것을

往者不過. 來者不續. 此花潭所以有認氣爲理之病也. 雖然, 偏全間. 花潭是自得之見也. 今之學者, 開口便說理無形而氣有形, 理氣決非一物. 此非自言也, 傳人之言也. 何足以敵花潭之口而服花潭之心哉."

57) 『栗谷全書』, 권14, 「雜著1 · 天道策」, "竊謂萬化之本, 一陰陽而已. 是氣動則爲陽, 靜則爲陰. 一動一靜者, 氣也, 動之靜之者, 理也."

그렇게 하는 소이는 '리理'라는 것이다.

즉 율곡은 다음과 같이 말한다.

> 음정陰靜과 양동陽動은 그 '기機'(기틀)가 스스로 그러한 것이요, 그렇게 하게끔 시키는 것이 있지 않다. 양陽이 동動하면 리理가 동動을 타(乘之)니 리理가 동動하는 것이 아니며, 음陰이 정靜하면 리理가 정靜을 타니 리理가 정靜하는 것은 아니다.[58)]

율곡은 현상적으로 보아 만화의 근본은 기氣라 하여 기氣의 활동성과 능동성을 강조한다. 그러기 때문에 기氣의 동정動靜 즉 활동성活動性은 누가 시키는 것이 아니요, 기氣 자신의 본래의 '기자이機自爾'에 의한다고 한다. 따라서 리理란 하나의 기氣를 타고 있는 것 또는 동정의 소이연의 리理로서 무활동無活動, 비능동성非能動性을 보여 준다.

그러나 율곡의 리理란 그렇게 단순한 것이 아니다. 비록 동정은 '기자이'이지만 리理는 언제나 기氣와 함께 떨어져 있는 것이 아니다. 따라서 '기자이'라 할 때 기氣의 능동성과 활동성을 중요시한 나머지 리理의 실재와 리理의 주재 능력을 부정하기 쉬우나 율곡은 이 점에 대하여 극구 반대하고 오히려 리기원불상리理氣元不相離 가운데 리理의 무소부재無所不在를 강조한다. 본래 '기자이'[59)]라는 말은 화담에 의해 독창적으로 쓰

58) 『栗谷全書』, 권10, 「書1 · 答成浩原」, "陰靜陽動機自爾也, 非有使之者也. 陽之動則理乘於動, 非理動也, 陰之靜則理乘於靜, 非理靜也."

59) 『花潭集』, 권2, 「原氣論」, "倏爾躍忽爾闢, 孰使之乎, 自能爾也. 亦不得不爾, 是謂理之時, 一不能無動靜無闔闢, 其何故哉機自爾也."

인 말이기 때문에 율곡의 기론氣論이 화담의 영향으로 인한 것이라 생각되어지기도 하지만 사실상 화담의 기일원론과는 크게 차이가 있다.

율곡이 화담의 '기자이'를 차용하여 음양의 동정을 '비유사지非有使之'라 하고 리理의 활동성과 능동성을 부정했다 하여 곧 기일원론자가 되는 것은 아니다. 그는 이미 비록 기氣의 활동성과 능동성으로 만화의 질료성을 기氣로 말하지만 이 기氣 속에는 태극론에서 본 것과 같이 만화의 추뉴와 만품의 근저로서 이미 태극지리太極之理가 있는 것이다. 따라서 나타난 사실을 보면 기氣의 응결취산이지만 그 기氣의 소이연지리所以然之理는 이미 기氣와 함께 있어서 추뉴와 근저가 되고 있음을 알 수 있다.

또한 율곡과 화담은 다 같이 리理를 말하고 있지만 율곡의 리理와 화담의 리理는 그 내용의 지시가 다른 것이다.

즉 화담은 "기氣의 담일청허한 것은 그 시始도 없고 종終도 없다. 이것이 리기理氣가 극묘極妙한 것이다"[60]라고 하여 리기의 극묘로써 그 불상리를 주장하지만 율곡은 담일청허의 기氣가 시始도 없고 종終도 없어 무물부재無物不在라 하는 점을 반대한다.

따라서 율곡은 화담을 다음과 같이 평한다.

> 담일청허지기가 무물부재라 하지만…… 그 위에 리통기국일절理通氣局一節이 있어 리理는 무소부재이지만 담일청허기澹一淸虛氣는 다유부재多有不在이다.[61]

---

60) 『花潭集』, 권2, 「鬼神死生論」, "氣之湛一淸虛者卽無其始, 又無其終, 以理氣以極妙座……."

61) 『栗谷全書』, 권10, 「書2 · 答成浩原」, "以爲湛一淸虛之氣, 無物不在, 自以爲得千聖不盡傳之妙, 而殊不知向上更有理通氣局一節, 繼善成性之理, 則無物不在, 而湛一淸虛之氣, 則多有不在者也."

여기서 화담과 율곡의 근본적 차이점이 드러난다. 율곡은 기氣의 담일청허를 다유부재라 함으로 일단 담일청허지기의 보편성과 영원불가변성을 부정하고 화담은 오히려 기氣의 영원성, 보편성을 더 주장하게 되는 것이다. 화담이 기氣의 차별성과 국한성을 등한히 하여 일기장존一氣長存을 말한 데 대하여 율곡은 기氣의 국한성을 더욱 치중하게 본 것이다.

율곡은 리기의 불가리를 근본적으로 보고 화담도 리기의 불가리를 말하지만 담일청허기澹一淸虛氣 속의 리理인 것이다. 따라서 화담에게 있어서는 리理가 추뉴요 근저가 아니라 오히려 담일청허기澹一淸虛氣가 근본이 되는 것이다. 여기에 화담은 기일원론이 되는 것이며, 율곡은 리기원불상리를 주장하지만 리통理通의 리理로 리상계理象界에서는 리理가 무소부재하고 담일청허기澹一淸虛氣가 다유부재하다고 말하게 되는 것이다.

따라서 화담의 리理는 기氣에 내속內屬된 리理가 되지만 율곡의 리理는 형이상, 기氣는 형이하로 구별이 되어지고 있음을 볼 수 있다. 더구나 율곡의 리理는 기주재氣主宰의 리理로 오히려 기氣의 소이연이 됨으로 비활동성이지만 리理 없는 기氣가 없게 되는 것이다.

이와 같이 화담과 차이가 있는 기론氣論이 율곡에게 와서는 기발리승氣發理乘으로 체계화되어 화담의 기일원론에 리理의 리통理通과 기氣의 국한적인 면을 가하여 리통기국으로 화담과 조화를 꾀한다. 율곡은 리기의 관계를 다음과 같이 말한다.

> 대저 발發하는 것은 기氣요 발發하게 하는 소이所以는 리理이다. 기氣가 아니면 발發할 수 없고 리理가 아니면 발發하는 바가 없다.(自註: 發之者以

> 下 二十三字는 성인이 다시 나오더라도 고치지 못할 것이다.)[62]

리기의 기능을 확연히 구별하면서 동시에 리기의 원불상리元不相離임을 강조한다. 심지어 이 말은 성인이 다시 나온다 해도 고칠 수 없을 것이라는 자신감까지 드러낸다.

우리는 만화의 현상적 질료가 기氣임을 말한다 해서, 그리고 음양의 동정이 기자이機自爾라고 해서 소이연의 리理는 비활동적 절대 무위의 아무 쓸모없는 것으로 이해하기 쉬웠으나, 율곡의 다음 말은 리理의 기능이 비록 활동성이 없지만 기氣의 활동을 가능케 하는 주재임을 알 수 있다.

> 대저 리理는 기氣의 주재主宰요, 기氣는 리理의 타는 바이다. 리理가 아니면 기氣가 근저할 곳이 없고 기氣가 아니면 리理가 의착할 곳이 없다.[63]

리理는 곧 기氣의 주재임을 말함으로 해서 리기관계가 근저와 의착에 있음을 알 수 있다.

더 나아가 리理와 기氣의 특징을 "리理는 무형이요 기氣는 유형이며, 리理는 무위요 기氣는 유위이다. 무형무위의 기재器材가 되는 것은 기氣이다"[64]라고 하였다.

---

62) 『栗谷全集』, 권10, 「書2 · 答成浩原」, "大抵, 發之者氣也, 所以發者理也. 非氣則不能發, 非理則無所發."(自註: 發之者之下二十三字, 聖人復起, 不易斯言.)

63) 『栗谷全集』, 권10, 「書2 · 答成浩原」, "夫理者氣之主宰也, 氣者理之所乘也. 非理則氣無所根柢, 非氣則理無所依着."

64) 『栗谷全集』, 권10, 「書2 · 答成浩原」, "理無形也, 氣有形也, 理無爲也, 氣有爲也. 無形無爲而爲

리기는 근저와 의착의 관계로 서로 떨어질 수 없는 바이요, 또한 주재와 소승所乘의 관계로 리理는 기氣를 타고 기氣를 주재하는 것이다. 이때 우리는 주재라는 뜻을 좀 더 살펴볼 필요가 있다. 리理는 무형이요, 무위라고 하였다. 그런데 무위란 곧 동정하지 않는다는 뜻과 동시에 시키지 않는다는 뜻도 함께 가지고 있다. 한편 주재라고 할 때는 사역使役한다는 동적인 뜻을 포함하는 것으로 선입견을 가질 수 있다. 그러나 율곡의 '주재主宰'는 그 성격이 다르다. 이때의 '주主'는 실현시키는 주主라는 의미를 가진다. 이 리理는 초월적인 것이어서 기氣와는 그 배속配屬이 다르고 그 성질이 다르며 본체론적인 것이어서 기氣의 내재적 법칙이 아닌 것이다.[65]

왜냐하면 기氣의 내재적 법칙이 형식지리形式之理라고 한다면 기氣와 동질동차원同質同次元으로서 형이하적인 것이어야 할 것이다. 그런데 율곡은 리理는 형이상이요, 기氣는 형이하라 하였다. 리理는 무형무위이기 때문에 당연히 형이상이요, 기氣는 유형유위이기 때문에 당연히 형이하이다. 따라서 리理는 기氣에 내속內屬되어 있는 형식지리形式之理가 아니다. 이 점이 화담과 율곡이 크게 다른 점이기도 하다.

기氣 밖에 리理는 없다. 리理는 기氣의 재宰이다. 소위 재라고 하는 것은 밖으로부터 와서 재하는 것이 아니라 기氣의 용사用事에 있어서 소이연의 바름을 잃지 않는 것을 말한다. 리理가 기氣보다 먼저 있는 것은 아

有形有爲之主者, 理也. 有形有爲而無形無爲之器者, 氣也."

65) 蔡茂松, 『退栗性理學의 比較研究』(成均館大 東洋哲學科), p105 참조.

니요, 기氣가 무시無始하므로 리理가 무시하다.[66]

화담의 리理는 리理를 독립된 실재로 보는 것이 아니라 기氣에 내속한 것으로 봄으로써 기일원론이 되었다. 그러나 율곡은 리理를 독립된 실재의 개념으로 보고 또한 리기의 불상리를 말하고 있는 것이다.

율곡의 리기불상리理氣不相離의 입장은 이미 그가 태극과 음양을 말할 때 태극은 리理고 음양은 기氣라 하면서 태극의 리理는 음이나 양이나 있지 않은 곳이 없다고 말하는 곳에서 뚜렷이 나타난다. 율곡은 "기氣가 생기기 전에 다만 리理만이 있었을 뿐이다"라든지 "태허太虛는 담일청허하여 음양을 낳는다"는 두 설說이 한쪽으로만 치우친 것이 병통이라고 말하였다.[67] 여기에서 리기는 이물二物이면서도 그 이물은 또한 일물一物로서 서로 떨어질 수 없음을 간파하고 있는 것이다.

> 리理와 기氣는 이물二物도 아니요, 또한 일물一物도 아니다. 일물이 아니기 때문에 일이이一而二요, 이물이 아니기 때문에 이이일二而一이다. 왜 리기를 일물이 아니라 하는가? 리기는 비록 서로 떠나지 못하나 묘합妙合 가운데 리자리理自理요 기자기氣自氣로 있어 불상협잡不相挾雜함으로 일물이 아니다. 왜 이물이 아니라 하는가? 리기가 비록 리자리, 기자기이지만, 혼륜무간하여 무선후無先後하고 무리합無離合하여 이물로 보이지 않는다. 그러므로 동정이 무단無端하고 음양이 무시無始하다. 리理가

66) 『花潭集』, 권2, 「理氣說」, "氣外無理. 理者氣之宰也. 所謂宰, 非自外來而宰也, 指其氣之用事疑不失, 所以然之正者, 而謂之宰."

67) 『栗谷全書』, 권9, 「書1 · 答朴和叔」, "是故緣文生解者, 曰氣之未生也, 只有理而已, 此固一病也, 又有種議論曰太虛澹一淸虛, 乃生陰陽此亦落於一邊, 不知陰陽之本有也, 亦一病也."

무시인고로 기氣도 무시이다.[68]

율곡은 이렇듯 리理와 기氣를 일체양면적一體兩面的인 것으로 보아 이를 분석하면 둘(二)이요, 양자의 혼륜渾淪한 관계에서 보면 일물에 불과不過하다고 말한다.

이른바 일이이一而二, 이이일二而一(하나되 둘이요 둘이로되 하나라는 것)[69]은 리기의 분석법과 합일법을 말한 것이니 이 분석법과 합일법은 바로 리理를 살게(生) 하는 과정이라 하겠다. 리理는 일반적인 것, 내재적인 것으로, 대자적對自的으로는 무활동적(無爲的)인 것이요 비현실적인 사유의 표상이요 또 추상적인 것이지만, 이 내재적이고 일반적인 것을 외부에서 조정調整하여 현실적인 것으로 나타나게 함에는 활동적인 기氣의 작용을 필요로 한다는 것이다.[70]

즉 리理는 이 기氣의 작용에 의하여 천태만상千態萬象의 개별성, 차별성을 낳게 되고 비로소 정주자定主者가 되며 기氣는 주재적인 리理가 아니면 또한 현상하지 못한다는 것이다. 이와 같이 리기의 불상리不相離 불상

---

68) 『栗谷全書』, 권10, 「書2 · 答成浩原」, "旣非二物, 又非一物. 非一物, 故一而二, 非二物, 故二而一也. 非一物者, 何謂也. 理氣雖相離不得, 而妙合之中, 理自理, 氣自氣, 不相挾雜, 故非一物也. 非二物也, 何謂也. 雖曰理自理氣自氣, 而渾淪無間, 無先後無離合, 不見其爲二物, 故非二物也. 是故動靜無端, 陰陽無始矣, 理無始, 故氣亦無始也."

69) 이 解釋은 李丙燾 博士의 解釋이다. 玄相允 先生은 그의 『朝鮮儒學史』, p115에서 "一이면서 二요 二이면서 一이다"라고 하였는데 柳正東 교수는 長志淵의 『朝鮮儒學淵源』, p123에서 이것을 번역하여 一而二를 '하나는 하나로되 (내면은) 둘이라는 뜻'이라고 밝히면서, 하나이면서 둘이라는 해석과는 區分되어야 한다고 말하고, 二而一은 둘은 둘이로되 (외면의 귀착점은) 하나라는 뜻으로 번역하여, 역시 둘이면서 하나라는 해석과 區分된다고 하였다.

70) 李丙燾, 『栗谷의 生涯와 思想』(瑞文文庫), p165 참조.

협잡不相挾雜을 역설하면서 리기의 주재와 현상의 관계를 '기발이리승氣發而理乘'으로 단언했던 것이다.

율곡은 이미 태극론에서 리기는 공간적으로 서로 분리하거나 합하는 것이 아니라고 할 뿐만 아니라 시간적으로 선후가 없다고 하였다. 그리하여 리理는 조리條理 즉 당연當然의 법칙이니 우주의 근본인 체體요, 기氣는 그 조리를 구체화하는 활동 또는 형질이니 우주의 용用이라고 보았다. 그리하여 활동과 작위作爲는 오직 기氣에 국한된 속성이라고 생각하였다. 그렇다고 해서 이 리기는 서로 떨어져 있어 분별되어 있는 이물二物도 아니다. 그러므로 리기는 최초부터 동시에 존재하고 또 영원히 상리相離하지 않는다는 것이다.

퇴계는 주회암의 불상리와 리기불상잡理氣不相雜을 계승하였으나 불상잡에 더욱 치중하여 리기일물理氣一物로 보는 것을 극구 부정한다. 그도 리理와 기氣가 일이이一而二, 이이일二而一이라고 하기는 하지만, 그래도 이분二分으로 분개하여 보려고 하는 것이 그의 의도인 듯하다. 그러한 이분二分의 본래의 의도가 다른 데 있다 하더라도71) 역시 형식적으로는

---

71) 柳正東, 「退溪의 哲學思想硏究」(成均館大學校 大學院, 1975), p58. 柳 敎授는 "理發이 不當하다고 지적하는 것은 事理의 입장에 서는 態度이다.…… 哲學과 倫理, 論理와 事理의 일관된 전개는 言說을 빌리지 않을 수 없는 한 어느 쪽도 缺陷處가 따를 수밖에 없으나 철학적 條理로 인해서 윤리적 실천에 放慢을 초래하는 弊端보다는 차라리 엄격하게 구분함으로 해서 論理體系의 不透라는 폐단이 있더라도 윤리적 기능이 강화됨은 바람직한 것으로 믿어진다"라고 하여 分介의 본의가 윤리적 기능을 强化함에 있다고 보았다. 한편 尹絲淳 敎授는 그의 『韓國儒學論究』(玄岩社, 1980), p125에서 理發을 價値論的 意味에서 긍정하였다. 즉 "…… 그러나 退溪의 이 心性論이 無價値하다는 것은 결코 아니다. 인간의 本性을 인식하여 人間 本然의 모습을 찾으려는 점, 그리하여 인간사회에 질서(禮)를 가져오는 동시에 인간의 권위(주로 動物化의 방지를 뜻하지만)를 확립하려는 努力·理想은 높이 평가하지 않을 수 없다. 이것이 바로 退溪의 四端七情論 내지 心性論의

이물二物로 나누고 있음은 사실이다. 퇴계는 「비리기위일물변증설非理氣爲一物辨證說」에서 다음과 같이 말한다.

> 공자, 주자周子도 음양은 태극이 생生한 것이라고 명언했다. 만약 리기가 본래 일물一物이라면 태극이 곧 양의兩儀인 것이니 어찌 능히 생生이라 할 수 있는가?…… 리기가 일물一物이라면 어찌 공자가 형이상과 형이하로 나누어 도道와 기器를 구분했겠는가?[72]

이 말은 만약 리기가 본래 일물一物이라면 어째서 공자나 주자周子가 음양이 태극에서 낳았다고 할 수 있는가? '태극지진太極之眞'과 '이오지정二五之精'이 이물二物인고로 일물一物이라고 할 수 없다는 것이다. 이 점은 율곡이 리기를 일이이一而二, 이이일二而一이라 하여 혼륜무간으로 보는 것과 다른 면이 있음을 본다. 퇴계는 리기를 이물二物로 분개해 보려는 데 대하여 율곡은 하나이되 둘, 둘이되 하나로 보려는 데서 그들의 리기에 대한 근본적인 차이가 있는 것이다. 이것은 퇴계가 리理의 개념과 기氣의 개념을 절대로 혼동해서는 안 된다는 의미에서 부잡성不雜性을 강조한 나머지 분개分開해서 말하게 되었다. 이는 주회암의 '리기결시이물理氣決是二物'에 치중한 결과이다. 율곡은 불상리不相離를 강조하고 퇴계는

長點이요 價値라 하겠다."

72) 『退溪文集』, 권41, 「雜著・非理氣爲一物辨證」, "今按孔子周子明言陰陽是太極所生. 若曰理氣本一物, 則太極卽是兩儀, 安有能生者乎. 曰眞曰精, 以其二物故, 曰妙合而凝. 如其一物, 寧有妙合而凝者乎. 今按若理氣果是一物, 孔子何必以形而上下分道器. 明道何必曰須著如此說乎. 明道又以其不可離器而索道, 故曰器亦道, 非謂器卽是道也. 以其不能外道而有器, 故曰道亦器, 非謂道卽是器也."

부잡성을 강조하는 데서 그 차이가 있다. 율곡은 기발리승만을 말하는데, 퇴계는 리발기수理發氣隨를 겸하여 말한다.

퇴계는 다음과 같이 말한다.

> 대저 리理가 발發하여 기氣가 따른다(理發而氣隨)는 것은 주리적으로 말하는 것이다.…… 기氣가 발發하여 리理가 탄다(氣發而理乘)는 말은 주기적으로 말한 것이다.……[73]

기발리승이라는 말은 본래 퇴계의 말이다. 그런데 율곡은, 사단四端은 칠정七情의 선善한 것만을 일러 말하고 발發하는 것은 오직 기氣뿐이라고 한 것이고, 반면 퇴계는 리발理發을 설정하여 사단은 기발氣發이고 칠정은 기발氣發이라고 함으로써 호발설互發說을 주장하게 되었다. 이에 더 나아가 퇴계는 리발理發을 설정하는 데 따라 당연히 리존기천理尊氣賤의 사상을 갖게 된다.

퇴계는 다음과 같이 말하였다.

> 리理는 귀貴하고 기氣는 천賤하다. 리理는 무위요 기氣는 유욕有欲이다.[74]

이러한 점이 퇴계와 율곡에게 있어서 리기론의 차이임은 주지周知의

---

73) 『退溪文集』, 권16, 「答奇明彦」, "大抵有理發而氣隨之者, 則可主理而言耳. 非謂理外於氣, 四端是也, 有氣發而理乘之者, 則可主氣而言耳, 非謂氣外於理, 七情是也."

74) 『退溪文集』, 권12, 「與朴澤之」, "理貴氣賤. 然理無爲而氣有欲. 故主於踐理者, 養氣在其中, 聖賢是也. 偏於養氣者, 必至於賊性, 老莊是也."

사실이다. 리기원불상리理氣元不相離와 기발리승의 이론은 율곡철학의 전체계의 근본이 되고 있다. 이것은 역시 리기의 일이이一而二, 이이일二而一이라는 리기관에서 근거된다고 볼 수 있다. "발發하는 것은 기氣뿐이다"라고 할 때 이것은 확실히 리기일理氣一을 말하는 것이다. 그러나 그 발發하는 근저에는 항상 리理가 기氣를 타고 있다. 이것은 '리기의 이二가 되는 것이다.' 여기에서 율곡의 일이이一而二요, 이이일二而一의 논리적 필연성을 찾을 수 있다.

율곡의 리기관은 그가 정암整庵, 퇴계, 화담花潭을 평하는 데서 뚜렷이 나오는 듯하다.

율곡은 다음과 같이 말한다.

> 요사이 정암整庵, 퇴계, 화담花潭 세 선생의 설說을 보니 정암이 최고요, 퇴계가 다음이요, 화담이 또 그다음인데, 그 중에도 정암과 화담은 스스로 터득한 맛이 많고(自得之味), 퇴계는 본받은 맛이 많습니다(依樣之味).(自註: 朱子 說만 따랐다.) 정암은 전체는 바라보았으나 밝지 못함이 조금 있으며…… 리기를 일물로 보는 병통病痛(理氣一物之病)이 있는 듯하다.…… 퇴계는 주자를 깊이 믿어 그 뜻을 깊이 구하고 기질氣質이 상세詳細하고 치밀하니 공부한 것이 또한 깊어서 주자의 뜻에 부합되지 아니한다고 볼 수 없으나, 밝게 깨달아 꿰뚫을 지경에는 아직 이르지 못하였으므로 본 것이 다 밝지 못한 점이 있고, 말에 조금 틀림이 있으니 "리理와 기氣가 서로 발發하고, 리理가 발發하여 기氣가 따른다"는 설說은 도리어 아는 것이 누累가 되었다(知見之累). 화담은 총명聰明이 남보다 지나치나, 후중厚重이 부족하여 그 독서궁리讀書窮理가 문자에 구속받지 않고 자기 의사를 많이 썼다.…… 그는 리기가 떨어지지 않

는 미묘한 곳까지 간파하여 다른 사람들의 옛글만 읽고 모방한 것과 같지 않은 것이니, 문득 지극히 즐겨 담일청허지기가 물物마다 있지 않은 곳이 없다(湛一清虛之氣無物不在) 하여 여러 성인이 다 전하지 못한 미묘한 것을 얻었다고 자신하나, 그 위에 다시 리理에 통하고 기氣에 국한된 일절一節(理通氣局)이 있어 계선성성지리繼善成性之理는 무물부재無物不在하지만 담일청허지기는 다유부재多有不在임을 모르고 있다. 대개 리理는 변함이 없으나 기氣는 변함이 있어 원기元氣가 서로 나서 쉬지 않고, 간 것은 지났고 오는 것은 이어서, 지나간 기氣는 벌써 있지 않다. 그러나 화담은 일기장존一氣長存을 주장하여 간 것도 지나가지 않았고 오는 것도 이르지 아니한다 하였으니, 이것은 기氣를 리理로 인정한(認氣爲理之病) 병통이 있다.[75]

위와 같이 율곡은 정암, 퇴계, 화담의 인물론과 그들 사상의 핵심을 파헤쳐 자기의 리기관에 맞추어 평하고 있다. 이 말을 요약하여 말하면 다음과 같다.

정암은 리기의 불상리를 알고 있으면서도 너무 지나쳐 리기일물理氣一物로 보았기 때문에 리기일물지병理氣一物之病이 있고, 퇴계는 리기의 불

75) 『栗谷全書』, 권10, 「書2・答成浩原」, "近觀整菴退溪花潭三先生之說, 整菴最高, 退溪次之, 花潭又次之, 就中整菴花潭, 多自得之味, 退溪多依樣之味. 一從朱子之說. 整菴則望見全體. 而微有未盡瑩者, 且不能深信朱子的見其意, 而氣質英邁超卓, 故言或有過當者, 微涉於理氣一物之病. 而實非以理氣爲一物也, 所見未盡瑩, 故言或過差耳. 退溪則深信朱子, 深求其意, 而氣質精詳愼密, 用功亦深, 其於朱子之意, 不可謂不契, 其於全體不可謂無見, 而若豁然貫通處, 則猶有所未至, 故見有未瑩, 言或微差, 理氣互發, 理發氣隨之說, 反爲知見之累耳. 花潭則聰明過人, 而厚重不足, 其讀書窮理, 不拘文字, 而多用意思. 聰明過人, 故見之不難, 厚重不足, 故得少爲足. 其於理氣不相離之妙處, 瞭然目見. 非他人讀書依樣之比, 故便爲至樂. 以爲湛一淸虛之氣, 無物不在. 自以爲得千聖不盡傳之妙, 而殊不知向上更有理通氣局一節, 繼善成性之理, 則無物不在, 而湛一淸虛之氣, 則多有不在者也. 理無變而氣有變, 元氣生生不息, 往者過來者續, 而已往之氣, 已無所在. 而花潭則以爲一氣長存, 往者不過, 來者不續, 此花潭所以有認氣爲理之病也."

상리를 모르진 않는데 미투未透하여 리발기발理發氣發로 지견知見의 누累를 가져 왔고, 화담은 자득自得의 미味는 있으나 담일청허지기의 다유부재임을 모르고 무물부재라 하니 이것은 인기위리지병認氣爲理之病이라 하였다.

따라서 그는 퇴계의 리발기발의 설說에 대하여는 기발리승으로, 화담의 담일청허지기의 무물부재와 일기장존一氣長存에 대하여서는 리통기국설理通氣局說로 양현의 리기관을 극복하고 조화하려 하였던 것 같다.

율곡은 이 양현의 리기사상理氣思想을 극복하고 조화하려는 입장이었으나, 그가 퇴계의 리발을 반대하고 또 화담이 쓴 '기자이'라는 용어를 차용하여 기氣의 음양무시, 동정무단, 순환불이를 역설하고 기발리승을 주장함으로 해서, 후세에 주기론자主氣論者라는 폅칭乏稱을 받기도 하며 그것으로 인하여 한국유학이 주기主氣, 주리론主理論으로 나뉘어 숱한 갈등과 학적 토론이 성숙되어 간 것도 사실이다.

비록 율곡이 주기적이라고 하지만, 실로 그는 존재의 근원을 볼 때 리기는 원불상리元不相離요, 리理는 무형무위요, 기氣는 유형유위이기 때문에 유형유위의 현상이 경험의 단초가 된다는 입장에서 기氣를 말하는 것에 불과하니, 율곡이 진실로 기氣를 앞세우는 기일원론자氣一元論者는 아닌 것이다. 왜냐하면 리理를 말할 때나 기氣를 말할 때나 언제나 리기는 혼륜하여 무간하다고 말하였고, 더구나 무형무위의 리理가 유형유위의 기氣의 주재主宰가 된다고 하였기 때문이다. 여기에 율곡의 '리기지묘'가 있게 되는 것이다.

여하간 율곡은 양현의 사상을 극복하고 조화하려는 데 그의 리기론의 특징이 있으며, 또한 리理를 밝히려는 데 기氣의 기능을 치밀하게 분석하고 설명하기 때문에 리理보다 기氣의 분석이 더욱 능한 것은 사실이다. 그는 화담의 기일원론氣一元論을 공파攻破한 퇴계의 학설에 대하여 무한한 찬사를 보내면서 퇴계의 이 공파가 아니면 후학의 오견誤見을 구할 수 없었다고 하며, 다음과 같이 말하고 있다.

> 오직 퇴계가 공파한 설說이 그 병통을 깊이 지적해 내어 뒷사람들이 잘못 볼 것을 구하였다. 대개 퇴계는 의거依據한 것이 많으나 삼가는 데 구애拘礙되었고, 화담은 스스로 터득한 맛이 많으므로 방종放縱함을 즐겼다. 삼가면 실수가 적고 방종하면 실수가 많으니, 차라리 퇴계의 모방模倣하는 태도를 취할지언정 꼭 화담의 자득自得하는 것을 본받지 아니할 것이다.[76]

이 점에서 보면 확실히 그는 주기적主氣的이라 하지만, 역시 리기이원론적 입장에서 기일원론氣一元論을 배척하고 오히려 리기이원론으로 리理를 근원으로 보는 입장이 뚜렷하다. 다만 그가 이 기일원론氣一元論과 퇴계의 리기론을 극복하고 조화하려는 데서 리기불상리로서 '리기지묘'를 강조하고 동시에 리理의 근원성을 해명하는 데서 기氣와 불가리不可離임을 체험하여, 그 논리적 전개의 방법론에서 리理보다 기氣의 분석에 더욱 치중했음을 간과할 수는 없다.

그의 주기적 경향은 어디까지나 리理를 전제로 하고 리理의 주재성主

---

76) 『栗谷全書』, 권10, 「書2 · 答成浩原」, "惟退溪攻破之說, 深中其病, 可以救後學之誤見也. 蓋退溪多依樣之味, 故其言拘而謹花潭多自得之味, 故其言樂而放, 謹故少失, 放故多失. 寧爲退溪之依樣不必效花潭之自得也."

宰性을 벗어난 것이 아님을 또한 잊어서는 안 된다. 그렇기 때문에 그는 "리기지묘는 난견역난설難見亦難說이다"[77]라고 하였던 것이 아닌가 한다. 율곡의 이 리기지묘는 리기론의 극치極致로 그가 퇴계와 화담의 리기론을 조화, 극복하는 매개가 아닌가 한다. 이와 같은 율곡 리기론의 특징은 한편 '리유선악理有善惡'이라는 독특한 리기론을 전개하기도 한다.

3) 리유선악의 특징

율곡은 "정자왈程子曰, 인생기품人生氣稟, 리유선악理有善惡, 차효인심절팔자타개처야此曉人深切八字打開處也"[78]라고 하여 정명도程明道의 '인생기품, 리유선악'의 8글자는 심절히 사람을 깨우쳐 준다고 말하였다.

유가의 전통에 있어서 리理는 천리天理와 도道, 성性으로, 이것은 이미 순선純善인 것이다. 따라서 성선설性善說이 그 주류인데, 정명도가 리理에 선악이 있다고 하니 성선설이 성립될 수 없다고도 생각할 수 있다. 따라서 정명도의 리유선악의 본의는 어디에 있는가? 과연 리理를 어떻게 보고 있는가를 살펴야 그 진의가 나올 것이다. 정명도는 리유선악에 있어 리理에 대하여 뚜렷한 정의를 한 바가 없기 때문에 혼란이 일어난다. 그러나 명도는 이것에 대하여 비유를 통하여 설명했다.

---

77) 『栗谷全書』, 권10, 「書2 · 答成浩原」, "理氣之妙難見亦難說."

78) 『栗谷全書』, 권9, 「書1 · 答成浩原」. 여기에서 율곡이 단지 程子라고 말한 것을 明道라 하는 이유는 『二程全書』, 「遺書」, 권제1에서 "生之謂性, 性卽氣, 氣卽性, 生之謂也, 人生氣稟, 理有善惡"이라는 말이 있고 『朱子文集』, 권1의 「明道論性說」에서 이것을 明道說이라 하였으며, 牟宗三 教授도 『性體와 心體』 제2책, p.161에서 明道說로 확정했으며, 蔡茂松 教授도 『退栗性理學의 比較硏究』, p.109에서 明道說로 보았다.

'생지위성生之謂性, 성즉기性卽氣, 기즉성氣卽性, 생지위야生之謂也'라 하고, '인생기품人生氣稟이 리유선악理有善惡'이라 하였다. 그리고 '성性' 중에 원래로 이 양물兩物(善惡)이 상대하여 나오는 것이 아니라, '기품氣稟'이 자연히 그렇다는 것이다. '선善'한 것은 진실로 '성性'이다. 그러나 '악惡'도 '불가불성不可不性'이라고 할 수밖에 없다. 재才를 성性이라고 할 때는 이미 이 성性이 아니다. 무릇 사람들이 성性을 말하는 것은 '계지자선야繼之者善也'로서, 맹자가 말한 '인성人性은 선善이다'라는 것이다. 소위 계지자선이라 함은 수水(물)가 아래로 흐르는 것과 비교할 수 있다. 물이 흘러서 바다에 이르는데 마침내 더러운 바가 없다. 이것이 어찌 사람의 힘으로 될 수 있는가? 물은 흘러서 멀리 가기 전에 점점 탁濁해져 그 청탁淸濁이 부동不同하다. 그러나 탁하다고 물이 아니라고 할 수 없다. 이와 같으니 사람이 어찌 징치지공澄治之功을 하지 않을 수 있을까…… 물이 청淸한 것은 성선이라 할 수 있다. 그러므로 선善과 악惡이 성性 중에 양물로 상대하여 있다가 각자가 나온다고 할 수 없다. 이 리理가 천명天命이다. 순順하고 순循하면 곧 도道다.……[79]

위의 문장은 명도의 '성즉기, 기즉성…… '을 간략하게 요점만 임의로 약술한 것이다.

---

79) 『二程全書』, 「遺書」, 권제1, '二先生語一', "生之謂性, 性卽氣, 氣卽性, 生之謂也, 人生氣稟, 理有善惡. 然不是中元, 有此兩物相對而生也, 有自幼而善, 有自幼而惡, 是氣稟有然也(有然, 一作自然). 善固性也. 然惡亦不可不謂之性也. 蓋'生之謂性', '人生而靜'以上, 不容說, 才說性時, 便己, 不是性也. 凡人說性, 只是說, '繼之者善也', 孟子言人性善是也. 夫所謂'繼之者善也'者, 猶水流而就下也. 皆水也, 有流而至海, 終無所汗. 此何煩人力之爲也. 有流而未遠, 固己漸濁, 有出甚遠, 方有所濁, 有濁之多者, 有濁之少者, 淸濁雖不同. 然不可以濁者不爲水也. 如此, 則人不可以澄治之功. 故用力敏勇, 則疾淸, 用力緩怠則遲淸, 及其淸也, 則部只是元初之水也. 亦不是將淸來換部濁, 亦不是取出濁來置於一隅也, 水之淸, 則性善之謂也. 故不是將善與惡在性中爲兩物相對, 各自出來. 此理, 天命也. 順而循之, 則道也. 循此而修之, 各得其分, 則敎也. 自天命以至於敎, 我無加損焉. 此'舜有天下而不與焉也."

우리는 여기에서 먼저 명도가 말한 기氣와 기품과 성性의 의미를 좀 더 구체적으로 살펴볼 필요가 있다.

명도가 '성즉기, 기즉성, 생지위도'라고 한 것은 성性과 기氣가 곤재滾在하여 함께 있음을 말하였다. 이 '기氣' 자는 우주론의 기화氣化 중의 기氣가 아니라, '기품'을 말한다. 성性은 성性 자체가 개체를 형성하여 일개의 구체적 개체가 되는데 이때 기품에 의하여 차별상의 성性이 된다. 따라서 여기서의 성性은 이미 기품에 있는 성性의 구체적인 실實을 말한다. 성性은 그 자신 절대적이면서 끊임없는 창조성, 소위 '오목불이於穆不已'[80]의 천명이기 때문에 기화에 따라서 구체적인 활동을 하고 거기에 개체가 형성되는 것이다. 기화에 의하여 청탁후박淸濁厚薄, 강유완급剛柔緩急으로 기품이 형성된다.

기氣를 품수稟受함에 있어서 성자체性自體는 이 기氣를 떠나 독존하지 않는다. 명도는 바로 이 점을 보아 성자체와 기품이 혼합하여 서로 떨어져 있지 않음을 지적하여,[81] '성즉기, 기즉성'이라 했다고 보인다. 이것은 개념단정상槪念斷定上의 진술어가 아니다. '생지위야生之謂也'라는 말은 '생지위성지위야生之謂性之謂也'라는 말을 간략하게 한 것인데, 이 성性은 '유생이후有生以後'를 끊어서 개체형성個體形成 시를 말했다. 물론 이 '생生' 자 가운데는 이미 성性이 은장隱藏되어 있다. 따라서 이 '성性'은 성 자체를 말한 것이 아니라, 성 자체와 기품을 곤재하는 것을 동시에 말한 것

80) 牟宗三, 『心體와 性體』 제2책, p.161. 牟 敎授는 性自體(性體)는 於穆不已이면서 그것의 실현은 氣化에 帶着하여 俱行하므로 氣稟이 나누어진다고 말하고 俱體는 性體의 실질적인 실현이라 보고 있다.

81) 蔡仁厚 撰述, 『宋明理學: 北宋篇』, p.311 참조.

이다.

이렇게 보면 우리는 명도의 진의가 어디 있었는가를 알 수 있을 것이다. '생지위성生之謂性'이 이미 기품과 관계되어 출생 이후의 것이라면 '인생기품, 리유선악'이란 역시 기품과 관련하여 살펴보아야 할 것이다.

율곡은 이 뜻을 가장 적절히 명도의 본의를 살려서 정확하게 설명하고 있다.

> '인생기품人生氣稟, 리유선악理有善惡'이라 할 때의 리理는 기氣를 타고 유행流行하는 리理를 말함이요, 리理의 본연을 말한 것이 아니다. 본연지리本然之理는 순선이나 기氣를 타고 유행하는 데서 그 분分이 만수萬殊로 다르니, 기품이 선악이 있는 고로 리理도 역시 선악이 있다.[82]

이것은 리유선악의 리理는 유행지리流行之理의 리理이니 본연지리가 곧 선악이 있다는 것은 아니다. 다시 말하면 리理 자체自體를 리유선악이라 보는 것이 아니라, 기품을 타는 리理가 선악이라고 보는 것이다. 리본연理本然이란 제일의적第一義的 천리天理 또는 성리지리性理之理로 순수지선純粹之善의 리理를 말하며 유행지리는 제이의적第二義的 천리로 기품에 의하여 편잡偏雜하고 물정물상物情物狀의 차이가 있고 또한 선악미추善惡美醜가 부동不同한 리理를 말하는 것이다.[83]

이것은 율곡이 명도가 성性을 생후生後의 성性으로 성性 자체와 기품

82) 『栗谷全書』, 권9, 「書1 · 答成浩原」, "所謂理者, 指其乘氣流行之理, 而非指理之本然也. 本然之理固純善, 而乘氣流行, 其分萬殊, 氣稟有善惡, 故理亦有善惡也."

83) 蔡仁厚, 『宋明理學』, 「心體與性體義旨述引」, p.268 참조.

에 의한 성性으로 나누어서 생각하면서 성性을 성性 자체와 기품이 혼재한 성性으로 말할 때의 본의를 충분히 새겨서 유행지리를 기품과 관계하여 설명하고 있다.

어째서 기품에 선악이 있으므로 리理에도 선악이 있을 수밖에 없는가?

> 참치부제參差不齊함은 기氣의 소위所爲이다. 비록 기氣의 소위라 하더라도 리理가 이것을 주재함이니, 리理는 참치부제의 소이이다. 역시 리理가 마땅히 이렇기 때문에 기氣가 이러한 것이지, 리理가 이와 같지 않은데 기氣만 홀로 이러한 것이 아니다.[84]

즉, 기氣의 유행은 리기불상리에 의하여 리理의 소이로서 주재되므로 기氣가 홀로 선악이 있는 것이 아니라, 기氣를 탄 리理에도 선악이 있다는 것이다. 이는 율곡이 리기의 관계를 이미 근저와 의착, 일이이一而二, 이이일二而一의 일체양면一體兩面의 사상을 일관하여 적용하는 것이다.

그러면 본연지리와 유행지리의 관계는 어떠한가?

> 본연이라 함은 리일理一이다. 유행이라 함은 분지수分之殊이다. 유행지리를 버리고 따로 본연지리를 구함도 옳지 않다. 만약 리理에 선악이 있다고 하여, 이것을 리理의 본연이라고 하는 것도 옳지 않다. 리일분수理一分殊 사자四字는 마땅히 최의체구最宜體究해야 한다.[85]

---

84) 『栗谷全書』, 권10, 「書2 · 答成浩原」, "參差不齊者, 氣之所爲也. 雖曰氣之所爲, 而必有理爲之主宰, 則其所以參差不齊者. 亦是理當如此, 非理不如此, 而氣獨如此也."

85) 『栗谷全書』, 권9, 「書1 · 答成浩原」, "本然者, 理之一也. 流行者, 分之殊也. 捨流行之理, 而別求本然之理, 固不可. 若以理之有善惡者, 爲理之本然, 則亦不可. 理一分殊四字, 最宜體究."

율곡은 다음과 같이 말하여, 본연지리와 유행지리를 리일분수理一分殊로 보아 체용體用으로 설명하였다.

본연지리와 유행지리는 별개의 것이 아니라 체體와 용用의 관계라는 것이다. 즉 유행지리를 떠나 본연지리를 구해서는 옳지 않다. 그렇다고 유행지리를 순선이라 보아서도 옳지 않고 본연지리가 선악이 있다고 해도 옳지 않다는 것이다. 이것이야말로 리분수理分殊를 체구體究해 보아야 하는 것으로 리일理一과 분수分殊를 함께 살펴야 한다고 말하고 있는 것이다.

율곡은 이 점을 예로 들어 다음과 같이 말한다.

> 다만 리지일理之一만 알고 분지수分之殊를 알지 못하면, 바로 불씨佛氏가 작용作用을 성性이라 함으로써 창광자자猖狂自恣함이 이것이요, 다만 분지수分之殊만 알고 리지일理之一을 알지 못하면, 순자나 양웅이 성性을 악惡이라든가 또는 선악혼善惡混이라 하는 것과 같다.86)

불씨가 리일理一만을 즉, 리理의 절대성, 리자체, 리본연, 성자체가 순선임을 주장하여 현실의 다양한 모든 도덕적 판단을 자비, 평등, 무차별으로 보는 견해를 반대하고 또 현실의 다양한 차별세계의 선악의 분수만을 보고 리일理一의 세계를 보지 못하는 순자나 양웅揚雄 유類의 잘못을 비판한 것이다.

---

86) 『栗谷全書』, 권9, 「書1」, "徒知理之一而不知分之殊, 則釋氏之以作用爲性, 而猖狂自恣, 是也, 徒知分之殊而不知理之一, 則荀揚以性爲惡, 或以爲善惡混者, 是也."

리일분수는 양극단론적 사고를 조화하여 '체구體究'하여야 한다고 하였다. 체구라는 말은 몸으로 마땅히 체험하여 구명하라는 말이다. 리일분수는 리理의 절대적 객관성과 주관성을 우리의 내면 속에서 직접 체험함으로써 더욱 개현開現된다고 보았던 것이다. 내재적 리일理一의 현상화의 다양화에 있어서 오직 현상의 차별만 보고 리理를 파악해서는 안 되고, 또한 내재적 리理를 활간하지 않아도 옳지 않다는 것이다.

율곡은 한편 이러한 리일분수에 입각한 사상으로 성선의 진실한 뜻을 밝히어 다음과 같이 말하고 있다.

> 순자·양자는 낱낱이 분산된 리理가 각각 한 가지 물物에 있다는 것만 보고 본체를 보지 못하였으므로, 순자는 '성性은 악惡이다' 하였고, 양자는 '성性은 선악이 섞였다'는 설說을 주장하게 되었다. 맹자는 다만 본체만 예를 들고 기氣를 탄 것은 미처 말하지 않았으므로 고자告子(孟子의 性善說을 반대한 사람)를 굴복시키지 못한 것이다.[87)]

이것이야말로 명도의 리일분수가 묵자와 양자의 이 성선의 본의와 다르다는 것을 해명하려는 데 있었는데, 율곡은 명도의 이 점을 더욱 고명하게 리기와 관련하여 일관된 전개를 하고 있음은 그의 독특한 점이라 아니할 수 없다.

더구나 이 리일분수설理一分殊說은 다시 발전되어 그의 리통기국설로 독창화되었던 것이다. 다음 장에서 우리는 율곡의 리통기국설을 고구해

---

87) 『栗谷全書』, 권10, 「書2·答成浩原」, "荀揚徒見零碎之理各在一物, 而不見本體. 故有性惡善惡混之說. 孟子只擧本體而不及乘氣之說, 故不能折服告子."

볼 것이다.

그런데 리일분수설은 기氣와 관계해서 설명되어졌으며, 특히 성性의 측면에서도 설명되었다. 기품에 선악이 있으므로 성性과 관계되지 않으면 안 된다. 리일분수에서 천지, 만물, 인간의 각일기성各一其性의 형성은 "대저 리理는 일一일 뿐으로 본래 편정偏正 · 통색通塞 · 청탁淸濁 · 수박粹駁의 상이가 없으나 리理의 타는 바의 기氣가 승강비양升降飛揚하여 잡유참치雜糅參差하여 천지, 만물, 인간 등의 분수가 있게 되었다.…… "[88]라고 하여 천지 만물의 각일기성이 기氣의 통색 · 편정 · 수박의 상이에 의하여 이루어졌다고 한다. 그리고 리유선악에서는 리본연理本然은 순선인데 리理에 선악이 있음은 기氣의 참치부제에 그 원인이 있다는 것이다. 따라서 기氣가 선善하면 리理도 선善할 것이다. 그런데 리理는 기氣의 청탁수박淸濁粹駁 오예지처汚穢之處에도 없는 데가 없다. 그리고 리理의 본연은 청수淸粹한 것이다. 이것이 곧 선善이다. 이에 대하여 율곡은 다음과 같이 말한다.

> 리理의 본연은 순선이다. 기氣를 타고 유행할 때 참치부제하여 청정지귀지물淸淨至貴之物에서나 오예지처에도 무소부재無所不在하다. 청정한 데서는 리역청정理亦淸淨하고 오예한 데서는 리역오예理亦汚穢하다. 만약 오예한 것을 리理의 본연이라 함도 옳지 않지만 그렇다고 오예한 물物에 리理가 없다면 옳지 않다.[89]

88) 『栗谷全書』, 권10, 「書2 · 答成浩原」, "夫理一而已矣, 本無偏正通塞淸濁粹駁之異, 而所乘之氣升降飛揚, 未嘗止息, 雜糅參差, 是生天地萬物, 而或正或偏或通或塞或淸或濁或粹或駁焉, 理雖一而旣乘於氣, 則其分萬殊."

89) 『栗谷全書』, 권9, 「書1 · 答成浩原」, "夫理之本然則純善而已. 乘氣之際, 參差不齊, 淸淨至貴之物, 及汚穢至賤之處, 理無所不在. 而在淸淨則理亦淸淨, 在汚穢則理亦汚穢. 若以汚穢者爲非理之

리理의 본연은 순선임을 강조하고 청정한 것이 리理의 본연이라고 보았다. 그런데 리理는 기氣로 인하여 본연을 잃기 때문에 기氣가 변하면 리理도 변한다. 따라서 우리의 성性은 본래 순선이지만 기氣의 유행에 의하여 선악이 나누어진 것뿐이다.

여기에서 율곡은 다음과 같이 말한다.

> 천지는 기氣의 지정지통至正至通을 얻어 정성定性이 있어 변함이 없고, 만물은 기氣의 편偏하고 새塞한 것을 얻어 정성定性이 있어 변함이 없다. 천지만물은 수위修爲의 술術이 없다. 오직 사람은 기氣의 정正하고 통通한 것을 얻었으나, 그 기氣의 청탁수박이 만萬 가지로 부동不同하여 천지의 순일함과 같지 않다. 단 심心이 허령통철虛靈洞徹하여 만리萬理를 구족具足하고 있으므로 탁濁한 것을 변화시켜 청기淸氣를 만들고 박駁한 것을 변화시켜 순수한 것으로 변화시키는 수위修爲의 공功이 있다.[90)]

인간은 허령통철虛靈洞徹한 마음이 있어 기氣를 변화시킬 수 있다고 하였다. 이것은 리理는 무위이고 기氣는 유위이므로 기氣를 변화시켜 악惡을 선善으로 바꿀 수 있다. 기氣는 가변可變이고 소장消長이 있으므로 변탁위청變濁爲淸이 가능한 것이다. 이것은 오직 우리의 마음 수양에 달려 있다. 선善을 키우고 악惡을 버리는 것은 바로 이 기氣의 변화에 있다.

本然則可, 遂以爲汚穢之物, 無理則不可也."

90) 『栗谷全書』, 권9, 「書1 · 答成浩原」, "天地得氣之至正至通者, 故有定性而無變焉, 萬物得氣之偏且塞者, 故亦有定性而無變焉. 是故天地萬物更無修爲之術. 惟人也, 得氣之正且通者, 而淸淨粹駁, 有萬不同, 非若天地純一矣. 但心之爲物, 虛靈洞徹, 萬理具備濁者可變而之淸, 駁者可變而之粹, 故修爲之功, 獨在於人, 而修爲之極."

성인은 그 기氣가 청수하기 때문에 그의 행위는 모두 선善인 것이다. 여기에서 인간의 주체성과 자유의지를 역설하게 되는 것이다. 심心의 만리구족으로 인간은 금수와 다르고 그 스스로 자율적 도덕행위를 할 수 있다는 것이다.

율곡은 “본연지성을 엄폐掩蔽시키는 것도 기氣요, 다시 회복시키는 것도 기氣다”[91]라고 말한다. 여기에 그의 변화기질론變化氣質論을 교기질矯氣質이라 하여 특히 강조하는 근거가 발견된다.

한편 이러한 변화기질론은 명도가 비유로 밝힌 것을 리기론으로 이론화시키고 체계화시켰다. 명도의 ‘징치지공澄治之功’의 이론 근거가 여기에서 드러나며 동시에 리일분수와 리유선악을 리기의 불상리와 리기의 일이이一而二, 이이일二而一 의착과 근저로 일이관지一以貫之하고 있음을 보았다.

또한 율곡의 리일분수와 리유선악은 그의 교기질의 근거가 되고 있음을 알 수 있다.

율곡이 리유선악을 말하면서 본연지리의 순선을 주장한 것은 그가 본체와 현상을 분리시켜 볼 수 없다는 리기불상리의 형이상학을 가치론적으로는 절대적 도덕적 순선이 실재하나 천리유행天理流行에 있어서는 상대적 선악이 있음을 해명하여 도덕의 절대성과 상대성을 극복하려는데 그 의의가 깊다고 하겠다. 상대적 도덕은 그 시대에 따라 변천하지만, 그 도덕의 절대적 근원성으로 순선은 변할 수 없고 오히려 상대적

91) 『栗谷全書』, 권31, 「語錄上」, “本然之性, 使之蔽者, 氣也, 使之復者, 亦氣也耶, 曰理無爲, 氣有爲, 君子亦然也.”

변화 속에서 그 자신의 절대성을 드러낸다고 보아야 할 것이다. 이러한 면으로 보아 율곡의 가치론은 현실감각이 짙고 동시에 근대적 경향이라 볼 수 있다.

제2절 독자적 리통기국설

1. 리통기국설의 개념규정

율곡의 리통기국설은 그 연원을 보면 리일분수의 리기론적 특징에서 발상이 되었다고 보인다. 비록 리일분수의 사상에서 발상되었다 하지만, 율곡은 리일분수의 논리적 가능성을 율곡 특유의 독자적 리기관에 의하여 리통기국으로 더욱 발전시키고, 리일분수가 내포하고 있는 논리적 약점을 보완·체계화하여 그의 리기론의 독자성을 확보하였던 것이다.

따라서 우리는 리통기국설의 구체적 개념규정에 들어가기 전에 율곡이 리일분수를 리理의 측면과 성性의 측면으로 독자적인 해석을 하게 된, 리일분수의 연원에 대하여 고찰하면서 리통기국을 논하고자 한다.

리일분수론은 정이천이 문인 양시楊時(龜山)에게 답한 「답양시논서명서答楊時論西銘書」에서 처음 나타난다. 그 내용을 간략하게 살피면 다음과 같다.

『서명西銘』은 리理를 궁구하여 의義를 보존케 하여 전성前聖이 미발한 바를 넓혔다. 따라서 맹자의 성선양기론性善養氣論과 함께 그 공功이 크다. 어찌 이것을 묵씨墨氏(兼愛論)에 비할 수 있을까? 『서명』은 리일분수를 밝혔고 묵씨사상墨氏思想은 이본이무분二本而無分이다.(原註:……老幼及人, 理一也. 愛無差等, 本二也.) 분수지폐分殊之蔽는 사승私勝하여 인仁을 잃고 무분지죄無分之罪는 겸애兼愛하여 의義가 없다. 분分을 세워 리일理一을 궁구하면 사승私勝의 흐름을 제지함으로 인仁이 방정方正하다. 무별無別은 겸애兼愛를 말하는데 마침내 무부無父의 극단에 이르러 의義를 해친다. 자식을 비교하여 아버지와 같다고 말하니 잘못 아닌가! 여기에 체體를 말하여 용用에 미치지 못하였고 저것(兼愛)을 사람들로 하여금 궁구窮究하여 실행實行토록 한 것은 본本을 용用으로 삼았고 도리어 미치지 못하였으니 (理一分殊와) 다르다고 하지 않을 수 있겠는가![92]

이것은 구산龜山이 『서명』에 묵가의 사상이 혹시 들어 있지 않은가 하는 의문을 품었었고 또 『서명』은 체體를 말하고 용用에 미치지 않는 것이 아닌가 하는 의혹점을 이천伊川이 풀어 주기 위하여 쓴 글이다.

여기에서 이천伊川이 처음으로 리일분수라는 말을 사용하였는데 이것을 더욱 발전시켜 주자朱子가 그 뜻을 밝히어 후유後儒들의 논의가 분분하였다.

주회암이 설명한 것을 보면 다음과 같다.

---

92) 『程氏文集』, 「答楊時論西銘書」, 권9, "西銘之爲書, 推理以存義, 擴前聖所來發. 與孟子性善養氣之論同功. 豈墨氏之比哉. 西銘明理一而分殊, 墨氏則二本而無分. (原註: 老幼及人理一也, 愛無差別等本二也分.) 分殊之蔽, 私勝而失仁, 無分之罪, 兼愛而無義. 分立而推理一, 以止私勝之流, 仁之方也. 無別而述兼愛, 至於無父之極, 義之賊也. 子比而同之, 過矣. 且謂言體而不及用, 彼欲使人推而行之, 本爲用也, 反謂不及, 不亦異乎."

『서명』은 횡거선생橫渠先生이 사람들에게 보여 준 바가 지극至極하며 심절深切하다. 이천선생伊川先生은 또한 리일분수로써 이것을 밝혀 놓았다. 말은 비록 지극히 간단하나 리理는 더 밝힐 여지가 없다. 대개 건乾은 부父로 삼고 곤坤은 모母로 삼는다. 이것이 리일자理一者이다. 건곤乾坤은 천하의 부모요 부모란 또 일신一身의 부모이다. 그 분分이 다르지 않을 수 없다. 고로 민民을 동포同胞라 하고 물物을 나와 함께 있다고 한다. 천하의 부모로부터 이것을 말하면 소위 리일理一이라 한다. 민民은 진실로 동포(兄弟)는 아니다. 물物도 역시 나의 동류同類(人類)가 아니다. 이것을 그 일신지부모一身之父母에서 말하면 소위분수所謂分殊이다. 또한 비유하여 왈동포曰同胞, 왈오여曰吾與, 왈종자曰宗子, 왈가상曰家相, 왈노曰老, 왈유曰幼, 왈성曰聖, 왈현曰賢, 왈전연曰顚連이라 하여 헤아릴 수 없다. 그리고 그 가운데서도 등차等差의 수殊는 수없이 많지 않은가! 또 그 소위 리일理一은 분수의 가운데에 일관一貫한다. 어찌 상리相離가 있을쏜가. 이것이 천지자연과 고금에 부역不易의 리理이다. 이선생二先生(程明道, 程伊川을 말함)이 이것을 발명하셨다.[93]

주회암은 『서명』의 문구文句를 들어 리일분수의 뜻을 밝혔는데, 참으로 구체적이다. 그것은 곧 리理로 말하면 만물동일본원萬物同一本原이라는 것이다. 또한 실천지사實踐之事로 말하면, 대소의 분分과 친소親疎의 별別로 그 차등의 분수分殊가 있지 않을 수 없다는 것이다. 이것을 『서명』의

93) 『張子全書』, 권1, 「西銘總論」, "(所引朱子語)西銘之書橫渠先生所示人, 至爲深切. 而伊川先生又以理一分殊者, 贊之. 言雖之約, 而理卽無餘矣. 蓋乾之爲父, 坤之爲母. 所謂理一者也. 然乾坤者, 天下之父母也, 父母者一身之父母也. 則其分不得不殊矣. 故以民爲同胞, 物爲吾與也. 自其天下之父母, 言之所謂理一者也. 然謂之民, 則非眞以爲吾之同胞(兄弟). 謂之物, 則非眞以爲吾之同類人類矣. 也自其一身之父母者言之, 所謂分殊者此. 又況其曰同胞, 曰吾與曰宗子, 曰家相, 曰老, 曰幼, 曰聖, 曰賢, 曰顚連而無告, 則於其問又有如是等差之殊哉. 但其所謂理一者, 貫乎分殊之中. 而未始相離耳. 此天地自然古今不易之理. 而二先生始發明之."

인의仁義로 예를 들어 풀어 보면 다음과 같다.

'인仁'은 '리일理一'이요, '의義'는 '분수分殊'이다. 인심仁心의 감통각윤感通覺潤은 유한한 극極이 없다. 필연히 이것은 만물일체萬物一體의 인仁이다. 맹자가 말하기를 '만물개비어아萬物皆備於我', '상하여천지동류上下與天地同類'에 해당된다. 또한 이것은 본심本心의 인체仁體가 무외무격無外無隔이라는 말이다. 이러한 사상이 송유宋儒에 미쳐서는 더욱 발전되어 수시수처隨時隨處에 이 뜻을 발휘한 것이다. 바로 『서명』과 「식인편識仁篇」이 대표적 문헌이다.
양명은 '인심人心과 물物은 동체同體'라고 말한다. 또 '대인大人이라 함은 천지만물天地萬物을 일체一體로 삼는 자'이다. 그는 천하天下를 일가一家와 같이 보고 중국中國도 일인一人으로 본다. 역시 이것도 인물人物을 일체一體의 인仁으로 본 데서 한 말이다. 의義라 함은 곧 우리들 마음이 응사접물應事接物하는 그 입장에서 보는 말이다. 사물의 수이분별殊異分別이 우리들의 응사접물應事接物하는 데서 나타난다. 사물의 수이분별을 따라서 역시분별亦是分別의 일一이 생긴다. 일一은 리理에서 합해진다. 이것이 인仁으로서 리일理一이요, 의義는 분수分殊이다.
다시 인효仁孝로서 말하면 인효의 리理는 하나이다. 그러나 실제로 인효를 실천궁행實踐窮行하는 데는 분수分殊 즉 그 양상樣相이 다르다. 리理로부터 분수分殊를 궁구하여 친소의 다름과 본말과 선후의 순서를 알아 인효를 실천하면, 묵씨의 겸애의 폐단에 빠지지 않을 수 있고 분수로부터 리일을 궁구하여 만물이 동출일원同出一原임을 알아 그 일체一體의 인仁을 창저彰著함으로써 양씨楊氏의 위아주의爲我主義에 빠지지 않을 수 있다. 유자儒者는 건곤乾坤으로 대부모大父母를 삼고, 계천繼天으로 극極을 세우고, 진성盡性으로 덕행德行의 실천을 전개해 나가는 것이다. 바로 『서명』은 이러한 뜻을 절실히 계합하여 일체一體인 인仁의 의리경계義理境界를 진술하고 또한 주객양면主客兩面으로부터 성기성물成己成物의 실천이행實踐履行의 규모를 개시開示하였다. 이것이 곧 유가가 공통共通으로 인정하는 의의意義이다.[94]

이것이 곧 『서명』의 본의요, 또 이 『서명』은 리일분수를 창출하여 인간본성人間本性의 선함을 확인시키고 성악설性惡說이나 성선악혼설性善惡混說 등에 대한 반대의 합리성이 부여된다. 리일분수에 있어서 리理를 인仁으로 생각하고 분수를 의義로 설명하였던 것이다.

이천伊川이 『서명』의 사상을 발굴하여 리일분수라 할 때의 리理는 어디까지나 성性(道=性卽理의 性=純善)으로서의 리理요, 그것은 인仁이였다. 아직 리기로 분개해서 설명하는 단계는 아니었다. 본래 이천伊川의 답서에는 양시楊時가 『서명』을 묵자의 겸애의 학설이 있지 않은가 하는 의혹을 풀어 주기 위하여 인仁은 하나지만 그 인仁의 실천에는 다양할 수밖에 없다는 것을 리일분수로 말한 것이다. 인仁은 절대적 평등이지만 인仁을 실현하는 데는 구체적 개별성 속에서 전개되기 때문에 차별성이 있을 수밖에 없다는 것을 말하려는 데 그 근본 취지가 있었던 것이다. 다시 말하면 리일인 리理 자체의 보편적 객관성과 그것이 차별세계에서의 리理의 분수인 주체적 상대성을 조화하려는 의도로부터 리일분수설이 나왔던 것이다.

리理와 기氣의 관계로서 리일분수의 원형을 보여 준 이는 송대의 주

---

94) 蔡仁厚, 『宋明理學: 北宋篇』, p.95 참조.

렴계로부터 시작된다. 물론 주렴계는 리일분수라는 말을 사용하지는 않았다.

주렴계의 『태극도설』에 의하면 다음과 같다.

> 무극지진無極之眞(理)과 이오지정二五之精(氣)이 묘합응취妙合凝聚하고 음양이기陰陽二氣가 교감交感하여 만물을 화생化生한다.…… 만물은 일개오행一個五行이요, 오행五行은 일개음양一個陰陽이요, 음양陰陽은 일개태극一個太極이다.95)

여기에서 태극이란 음양의 근본인 리理요, 음양은 오행의 근본으로 기氣이다. 그리고 오행에서 만물이 화생한다. 이것은 태극에서 다양한 만물이 전개된다는 것이다.

주렴계의 이러한 사상을 주회암朱晦菴은 더욱 뚜렷하게 말한다.

> 만물로 보면 만물이 각기일태극各其一太極을 그 성性으로 삼으니 만물이 일태극一太極이다. 대개 합해서 말하면 만물통체태극萬物統體太極이요, 나누어서 말하면 일물一物이 각각 일태극一太極을 구비한다.96)

이 말은 만물이 통체일태극統體一太極에서 화생한다고 말하고 화생한 만물에는 각기일태극各其一太極을 구존한다는 뜻이다. 따라서 만물의 근

95) 『周子全書』, 권1, "無極之眞, 二元之精, 妙合而凝, 乾道成男, 坤道成女, 二氣交感, 化生萬物. 萬物生生而變化無窮焉."

96) 『周子全書』, 권1, "自萬物而觀之, 則萬物各一其性, 而萬物一太極也. 蓋合而言之, 萬物統體一太極也, 分而言之, 一物各具一太極也."

원을 추구하면 일태극一太極이란 말이다. 이 일태극에서 만물이 나왔으니 일一이 만萬이요, 만萬이 일一이 된다. 그런데 태극은 리理이다. 그러므로 리일은 리만理萬이 된다. 여기에서 리일분수설이 성립된다. 주회암은 또한 이렇게 말한다.

만물의 일원一原을 논하면 리理는 동일同一하되 기氣는 상이相異하고, 만물의 이체異體로 보면 기氣는 오히려 상근하되 리理는 절대로 부동하다.[97)]

이는 리기로서 본체와 현상을 논하였는데 이것은 그 근원을 보면 주렴계의 『태극도설』과 장횡거의 태극설 및 정이천의 리기설을 종합한 것이다.

율곡은 이러한 사상을 이어 받아 다시 리일분수설을 체體와 용用으로 더욱 구체화하여 리理의 측면과 성性의 측면으로 설명을 가한다.

본연本然은 리지일理之一이요, 유행流行은 리理의 분지수分之殊이다.[98)]

일본지리一本之理는 리理의 체體요, 만수지리萬殊之理는 리理의 용用이다.[99)]

---

97) 『朱子大全』, 권제46, 「答黃商伯」, "論萬物之一原, 則理同而氣異, 觀萬物之異體, 則氣猶相近, 而理絶不同."

98) 『栗谷全書』, 권9, 「書1 · 答成浩原」, "未本然者理之一也, 流行者分之殊也."

99) 『栗谷全書』, 권12, 「書4 · 答安應休」, "一本之理, 理之體也, 萬殊之理, 理之用也."

리理의 측면에서 리理의 체體는 리일의 본연이고, 리理의 용用은 유행으로 만수지리萬殊之理라는 것이다. 그러나 이 본연의 본체와 유행의 용用이 둘이 아니라 체體와 용用의 관계에 있다는 것이다.

본체 안에 유행이 갖추어져 있으며, 유행 안에 본체가 있다.100)

이것은 리理가 체용으로 나누어지면서 그 리理는 유행의 용用에도 그 자신은 변함이 없고 또 체體 안에 이미 용用이 갖추어져 있다는 것이다.

리理는 보편적 객관성과 주관적 상대성이 동시에 함장含藏하고 있음을 말한다. 이는 리理의 양면성이다. 따라서 유행하는 그 리理는 곧 만물을 형성하게 되는데 그러한 관계를 율곡은 기氣에 의하여 리일이 분수가 된다고 말한다. 또한 이것은 성性의 측면으로도 해석한다.

대저 리理는 일一뿐이므로 본래는 편정偏正, 통새通塞, 청탁淸濁, 수박粹駁의 상이相異가 없으나, 리理의 승乘하는 바의 기氣는 승강비양하여 일찍이 지식止息하지 아니하고 잡유참치雜糅參差하니 이것이 천지와 만물을 생하므로 혹정或正하고 혹편或偏하고 혹통或通하고 혹새或塞하고 혹청或淸하고 혹탁或濁하고 혹수或粹하고 혹박或駁하다. 리理는 비록 일一이나 이미 기氣를 승乘하고 있으므로 그 분分이 만수이다. 고로 천지에 있어서 천지의 리理가 되고 만물에 있어서는 만물의 리理가 되며 오인吾人에게 있어서는 오인의 리理가 된다. 그러나 참치부제함은 기氣의 소위所爲이다. 비록 기氣의 소위라 할지라도 반드시 리理가 이를 주재하고 있으

100) 『栗谷全書』, 권10, 「書2 · 答成浩原」, "本體之中, 流行具焉, 流行之中, 本體存焉."

> 니 그 참치부제함의 소이는 역시 리理가 마땅히 이와 같은 것이다. 리理가 이와 같지 아니한데 기氣만 홀로 이와 같음은 아니다. 천지와 인물이 각기 그 리理를 가지나 천지의 리理는 곧 만물의 리理요, 만물의 리理는 곧 오인의 리理이니, 이것이 이른바 통체태극統體太極이다. 비록 일리一理라 할지라도 인人의 성性은 물物의 성性이 아니요 개의 성性은 소의 성性이 아니니 이른바 각일기성이다.[101]

이것은, 리일이 분수로 되는 것은 리理의 주재를 받은 기氣의 다양성 때문에 그렇게 된 것이지만, 결코 현상계의 다양성이 리일을 떠나 있는 것은 아니라는 뜻이다. 리理를 가지고 있되 그들은 서로 각각의 성性을 가져 사람의 성性이 물物의 성性이 아니요, 개의 성性이 소의 성性이 아니라는 것이다. 그들은 각각 기氣에 의하여 자신의 성性을 가지면서 리일을 함장하고 있음을 말한다. 율곡은 이와 같이 각일기성을 독특하게 이해한다. 율곡은 성性을 다음과 같이 말한다.

> 성性은 리기의 합이다. 대개 리理가 기氣 가운데 있은 후에 성性이 된다. 만약 형질形質 가운데 있지 않으면 마땅히 리理라 할 것이요, 성性이라고 말할 수 없는 것이다.[102]

101) 『栗谷全書』, 권10, 「書2 · 答成浩原」, "夫理一已矣, 本無偏正通塞粹駁之異, 而所乘之氣, 升降飛揚, 未嘗止息, 雜糅參差, 是生天地萬物, 而或正或偏, 或通或塞, 或淸或濁, 或粹或駁焉. 理雖一而旣乘於氣, 則氣分萬殊. 故在天地而爲天地之理, 在萬物而爲萬物之理, 在吾人而爲吾人之理. 然則參差不齊者氣之所爲也. 雖曰氣之所爲而必有理爲之主宰, 則其所以參差不齊者, 亦是理當如此. 非理不如此而氣獨如此也. 天地人物雖各有其理, 而天地之理, 卽萬物之理, 萬物之理, 卽吾人之理也, 此所謂統體一太極也. 雖曰一理, 而人之性非物之性, 犬之性, 非牛之性, 此所謂各一其性者也."

102) 『栗谷全書』, 권10, 「書2 · 理氣詠 呈牛溪道兄」, "性者, 理氣之合也. 蓋理在氣中, 然後爲性. 若不在形質之中, 則當謂之理, 不當謂之性也."

리일이 기氣로 인하여 기품氣稟의 형질形質을 이루는 것을 성性이라 한다. 따라서 성性은 리일과 리분수理分殊가 함께 내재하는 것이다. 리理는 항존恒存하고 있으면서 기氣로 인하여 그 항존 영구성이 다양하게 나타나는 것이다.

율곡은 결코 성性 속에 분수의 성性만을 말하지 않는다. 그렇다고 리일의 성性만을 고집하지 않는다. 그는, 성性은 일성一性만을 주장하기 때문에 이미 기질지성氣質之性에는 본연지성本然之性까지 들어 있는 것이다.

성性은 두 가지가 있다. 그 하나는 공동의의共同意義의 성性으로 천도天道에 상용相容하는 것이요, 다른 하나는 수별의의殊別意義의 성性으로 이 성性은 각종 존재들이 특수하게 구유具有한 본성本性(아리스토텔레스의 Essence에 해당)을 의미한다.[103)]

이렇게 보면 율곡이 사용한 성性에는 이러한 공동의共同義와 수별의殊別義가 함께 있음을 알 수 있다.

율곡은 이와 같이 리일분수를 어디까지나 보편자로서의 리일만을 생각한 것이 아니라, 그것이 어떻게 구체적인 현실계의 개별자와 연결되고 있는가를 해명하는 데서 리理의 측면과 성性의 측면을 나누어 보았던 것이다.

리일과 분수를 함께 이해하여야 한다. 단지 리일만 주장해서도 안 되고 분수만을 주장해서도 안 된다. 이미 리일인 본체 속에 분수의 유행이 들어 있어 유행에 의하여 이루어진 리기 합의 성性 속에 이미 리기가

---

103) 勞思光, 『中國哲學史』 上3, p.208 참조.

함께 있기 때문에, 여기에서 리일만을 주장하고 분수가 된 성性만을 주장할 수 없음을 말하였다.

율곡은 리일과 분수의 어느 한 면만을 주장하는 극단론자에 대하여 다음과 같이 개탄慨嘆하였다.

> 한갓 이치理致가 하나인 줄만 상상하는 사람이여, 밭은 두고 농사 않는 것과 같도다.…… 한갓 이치가 분수分殊되는 데만 얽매임이여, 농사는 않고 수확만 바라는 것과 같도다.……[104)]

따라서 리일이나 분수를 함께 보아야지 결코 한쪽만 보아서는 안 된다는 것을 역설한다. 율곡의 리일분수설은 리理의 측면과 성性의 측면으로 고찰하였다.

리일의 분수되는 근거를 리理가 기氣를 타고 유행하는 데서 기氣의 승강비양에 두고 있으면서도 이러한 기氣는 언제나 리理의 주재를 받는다고 하였다. 이는 율곡이 이미 리기의 관계를 일이이一而二이요, 이이일二而一의 논리로서 리理와 기氣의 근저와 의착의 양면으로 보고 리기불상리理氣不相離의 이론을 일관하여 전개하고 있음을 본다.

자연세계의 모든 현상은 리일과 분수의 관계로 전개된다. 그러나 그것은 리理가 스스로 운동을 하여 개별자의 분수의 성性이 되는 것이 아니라, 어디까지나 기氣의 승강비양에 의하여 기氣가 정편正偏, 통색通塞,

104) 『栗谷全書』, 권1, 「賦 · 理一分殊賦」, "徒想像乎理一兮, 若有田而不治.……徒拘拘於分殊兮, 若不耕而求獲.……"

청탁淸濁, 수박粹駁으로 변화되기 때문에 비록 리理는 일一이지만, 이 기氣를 타면 그 분分이 만수萬殊가 된다. 그러나 만수가 된 분수 속에는 언제나 리일이 있으므로 만수의 현상만 볼 것이 아니라, 리일인 본체를 아울러 보아야 한다는 것이다. 리기론의 구조인 리체기용理體氣用에 있어서 리理의 체體와 용用을 설명하는 데 기氣의 참치부제로 인하여 리일의 분수됨을 말하고 있는 것이다.

리통기국설은 율곡 자신이 "'리통기국' 네 글자는 나의 발견이라 생각하면서도 또 나의 독서가 넓지 못한가 생각되는데……"[105]라고 말함으로써 자신의 독창성임을 은근히 자랑한다. 이러한 그의 언명言明은 리통기국의 독자성을 의미하며 동시에 리기개념理氣槪念의 새로운 정립이라고 보이는 것이다.

물론 리기에 대한 정주학의 체계에 있어서도 리일분수나 리기理氣의 불상리不相離 불상잡不相雜의 성격에 의하여 일이이一而二, 이이일二而一이라든지, 리理는 무위무형, 기氣는 유위유형의 개념 정의는 이미 있어 왔다. 그러나 율곡은 개념을 더욱 뚜렷이 하고 그것의 논리적 체계를 완성했으며, 동시에 리통기국으로 그의 독자적인 리기개념을 정립했다고 보이는 것이다.

그러면 과연 리통기국이란 무엇인가. 율곡은 다음과 같이 말한다.

리기가 원래 서로 떨어지지 아니하여 일물一物인 것 같으나, 그 구별되

---

105) 『栗谷全書』, 권10, 「書2 · 答成浩原」, "理通氣局四字, 自謂見得, 而又恐珥讀書, 不多先有此等言, 未之見也."

는 바는 리理는 무형이며 기氣는 유형有形이다. 리理는 무위이며 기氣는 유위이다. 무형무위하여 유형유위의 주재가 된 것은 리理요, 유형유위하여 무형무위의 기器가 된 것은 기氣이다. 리理는 무형이요 기氣는 유형이므로, 리理는 통通하고 기氣는 국한局限한다. 리理는 무위요 기氣는 유위이므로, 기氣가 발發하면 리理가 탄다. 리理가 통通한다는 것은 무엇을 말하는가? 리理는 본말本末이 없고 선후先後가 없다. 본말도 선후도 없으므로 미응未應이 선先도 아니며 이응已應이 후後도 아닌 것이다. (程子의 說) 이러한 까닭에 리理가 기氣를 타고 유행하여 참치부제하지만, 그 본연의 묘妙는 있지 않은 데가 없다. 그리하여 기氣가 편偏하면 리理도 역시 편偏하나, 편偏하여 진 것은 리理가 아니라 기氣이다. 청탁淸濁, 수박粹駁, 조박糟粕, 외신煨燼, 분양糞壤, 오예汚穢 가운데 이르기까지 리理가 있지 않은 데가 없어서 각각各各 그 성性이 되지만, 그 본연의 묘妙로 말하면 자약自若함을 잃지 않으니 이것을 일러 리理의 통通이라 한다.[106]

리통기국은 리理의 무형, 기氣의 유형한 특성의 차이를 근거하여 설명하고 있다. 다시 말해 리理는 무형으로 초감각적 보편자요, 또 리理 자체는 그 자신 객관성의 존재(다른 것에 依하여 本性이 變化될 수 없다는 意味임)이기 때문에 현상사물과 같이 본말이라든가 선후가 있을 수 없다. 리理란

106) 『栗谷全書』, 권10, 「書2 · 答成浩原」, "理氣元不相離, 似是一物, 而其所以異者, 理無形也, 氣有形也. 理無爲也, 氣有爲也. 無形無爲而爲有形有爲之主者, 理也, 有形有爲而爲無形無爲之器者氣也. 理無形而氣有形, 故理通而氣局. 理無爲而氣有爲, 故氣發而理乘. 理通者何謂也. 理者無本末也, 無先後也. 無本末無先後, 故未應不是先, 已應不是後(程子說)是故乘氣流行, 參差不齊, 而其本然之妙, 無乎不在. 氣之偏, 則理亦偏, 而所偏非理也, 氣也. 氣之全, 則理亦全, 而所全非理也, 氣也, 至於淸濁粹駁, 糟粕煨燼糞壤汚穢之中, 理無所不在, 各爲其性, 而其本然之妙, 則不害其自若也, 此之謂理之通也."

우리가 눈으로 볼 수 있고 들을 수 있는 감각적 경험에 의하여 파악할 수 없다. 왜냐하면 리理는 그 자신이 이미 순수한 비실체적인 관념성이기 때문에 현상적인 기氣의 존재성과 같은 형식으로 존재하지 않는다.

리理는 언제나 기氣 속에 있어서 기氣라는 질료를 소재로 하여 그 자신의 존재성이 현현된다.

리理는 무한하고 항구불변의 존재이다. 만약 유형이라면 그것은 한정되어 지고 시종始終이 있을 것이다. 리理는 시종이 없기 때문에 어느 곳에나 있다. 그렇기 때문에 기氣를 타고 유행할 때도 리理는 그 자신의 무한성 · 불변성을 유지하면서 기氣 속에서 그 기氣를 재료로 하여 현상 사물을 변화하게 하며 그 사물의 특성과 본성을 드러낸다. 따라서 현상 사물은 기氣의 유무로 되지만 리理는 자약自若하고 동시에 기氣는 언제나 리理의 주재를 받아야 한다. 리理는 기氣의 원인성, 내재성으로 기氣를 통通하여 자신을 드러낸다. 리理는 결코 사물이 아니다. 리理는 기氣 속에서 기氣의 변화에 의한 모든 사물의 특성과 본성을 통通하여 자기를 드러내는 '산'(活物) 것이다. 여기에서 리理가 모든 것의 성性이 된다 함은 리理가 기氣 속에서 내재하여 모든 사물의 본성을 형성하는 원인성을 말한다. 이와 동시에 리理는 본연의 묘妙가 있다는 의미는 리理 자체의 보편성을 말한다. 그것은 기氣의 어떠한 작용에도 변함이 없다. 그러므로 또한 기화氣化의 무한한 근거가 된다.

실재적으로 이러한 무한, 항구적인 관념성의 리理가 의착하는 곳은 다른 곳이 아니라, 곧 기氣이다. 그런데 이 기氣는 편偏하기도 하고 전全하기도 하여, 참치부제하고 변화무상하다. 그러므로 현상의 다양한 양능에서 보면 기氣를 타고 있는 리理 역시 현상에 따라 편전偏全의 변화의 양상을 갖고 있는 것이라고 생각할 수 있으나, 사실 리理는 조금도 변함이 없다. 기氣가 편전하다 하더라도 리理 자체는 조금도 변함없이 그 본연의 묘妙가 없는 데가 없다. 왜냐하면 리理는 무형무위요 형이상자이기 때문에 그 자신을 잃어버리지 않고, 즉 본연의 묘妙를 가지고 자약自若하다는 것이다. 기氣를 타고 유행하면서 리理는 현상의 다양한 사물의 본성을 발현하고 자신의 본연의 묘妙를 잃지 않고 있음을 곧 리통이라 한다. 리통의 '통通'에는 "원융성圓融性, 활발성活潑性의 뜻"[107]이 있다고 볼 수 있다.

기국氣局이란 무엇을 말하는가?

> 기氣는 이미 형적形迹을 겪은 것이다. 그러므로 본말이 있고 선후가 있다. 기氣의 근본은 담일청허할 뿐이니, 어찌 조박糟粕, 외신煨燼, 분양糞壤, 오예汚穢의 기氣가 있었겠는가? 오직 그 승강비양이 일찍이 지식止息한 때가 없었기 때문에 참치부제하여 만변萬變이 생긴다. 여기서 기氣가 유행할 때에 그 본연을 잃지 않는 경우도 있고 그 본연을 잃은 경우도 있다. 이미 그 본연을 잃었다면 기氣의 본연은 이미 없다. 편偏한 것은 편偏한 기氣이지 전기全氣가 아니요, 청淸한 것은 청淸한 기氣요 탁기濁氣가 아니며, 조박외신은 조박외신한 기氣이지 담일청허의 기氣가 아니니, 리理가 만물 속에서 본연의 묘妙를 무소부재하게 잃지 않는 것과는 다르다. 이것이 이른바 기氣의 국局이다.[108]

107) 蔡茂松, 『退栗性理學의 比較硏究』(成均館大學校大學院, 1974), p.112 참조.

108) 『栗谷全書』, 권10, 「書2 · 答成浩原」, "氣局者, 何謂也. 氣已涉形迹. 故有本末也, 有先後也. 氣之本則湛一淸虛而已. 曷嘗有糟粕煨燼糞壤汚穢之氣哉. 惟其升降飛揚, 未嘗止息, 故參差不齊而

기氣는 이미 형적을 겪은 것이므로 본말이 있고 선후가 있다는 것이다. 원래 기氣의 근본은 담일청허하여 조박, 외신, 분양, 오예의 기氣가 있을 수 없다. 그러나 기氣는 승강비양이 참치부제한 가운데 청탁수박, 통通과 색塞으로 나누어져 만변萬變의 현상이 생긴다는 것이다. 그 기氣가 유행할 때 기작용氣作用의 편偏과 전全이 생기게 된다. 이 편偏과 전全이 만변하는 현상의 근거이다. '편偏'의 상태란 기氣의 담일청허한 전기全氣가 아니다. 왜냐하면 이미 그 기氣는 본연을 잃었기 때문이다.

청기淸氣는 이미 청기이고 탁기濁氣가 아니다. 탁기는 이미 탁기이지 청기가 아니다. 이것은 기氣가 유형의 형태이기 때문에 이미 국한된 것이다. 리理가 만물에 통해 있는 것과 같지 않다. 기氣는 이미 그 자신이 승강비양에 따라서 유한성이 되는 것이다. 그렇기 때문에 리理는 무소부재이지만 기氣는 그 본연을 유실한 것도 있고 부실한 것도 있어서 다유부재한 것이라고 말한다.

율곡은 여기에서 기氣의 국局은 기氣의 유형무위라 하면서 또한 기의 본연인 담일청허기湛一淸虛氣를 인정하고 그의 유실과 부실을 말함으로 담일청허지기의 무소부재를 부정한다.

율곡의 이러한 리통기국설은 리理의 관념성과 기氣의 사실성을 유기적으로 조화한 데에 깊은 의의가 있다고 보인다. 리理는 기氣의 운동과 변화의 근거가 되면서, 그 자신은 운동이나 변화를 하지 않는 것이다.

萬變生焉. 於是氣之流行也, 有不失其本然者, 有失其本然者. 旣失其本然, 則氣之本然者, 已無所在. 偏者, 偏氣也, 非全氣也. 淸者, 淸氣也, 非濁氣也. 糟粕煨燼, 糟粕煨燼之氣也, .非湛一淸虛之氣也, 非若理之於萬物, 本然之妙, 無乎不在也. 此所謂氣之局也."

또한 운동이나 변화를 초월하여 그가 실재하는 것도 아니다. 리理는 범통성으로 모든 기氣에 통通하고 있으나 기氣는 비범통성 또는 국한성을 갖는다. 모든 실재적인 존재들은 리理를 함유하고 있고 이 리理에 의하여 기氣의 질료성이 발휘되어 존재가 가능하게 된다는 것이다. 그 자신은 움직이지 않으면서 기氣의 변화성의 원인이 되고, 리理가 보이는 것은 기氣의 운동성 속에 제한되어 나타나지만, 리理 자신의 범통성 그 자체가 변화되는 것은 아니다. 리기에 의하여 상대적 한정된 만큼의 리理가 기氣를 통하여 나타날 뿐 리理 자신은 초자연약超自然若한 것이다.

진리란 관념과 사실의 일치에 있다. 율곡은 그의 리기철학을 관념과 사실의 일치면一致面에서 리통기국을 창안하고 리기의 유기적 관계를 통하여 설명한 것이 특징이다.

2. 리통기국설의 내부구조

여기서 율곡은 종래의 리일분수설을 중심으로 자기의 독자적인 리일분수 즉 본체와 현상의 관계를 논하고 있다. 따라서 리기이원론理氣二原論의 기본 구조인 리일분수와 율곡의 리통기국과의 동이同異를 살펴볼 필요가 있다.

주회암은 일찍이 리理와 기氣의 관계를 다음과 같이 말했다.

만물의 일원一原을 논하면 리理는 동일하되 기氣는 상이相異하고, 만물

의 이체異體로 보면 기氣는 오히려 상근相近하되 리理는 절대로 부동不同하다.[109]

이것은 본체와 현상의 관계를 논한 것인데, 근원을 소급하면 주렴계의 『태극도설』과 장횡거의 「태허설太虛說」 및 정이천의 리기설을 종합한 것이다. 사실 리일분수를 논하는 데에서 본 바와 같이 주회암은 정이천이 장횡거의 『서명』을 리일분수로 말한 것을 보고 높이 찬사를 보내 말하기를 "이로 인하여 후세의 학자들이 다투는 것이 민몰泯沒되었다"고 할 정도로 리일분수는 성리학의 기본 구조가 된다.

리일분수의 논리는 리일理一을 태극으로 보고 이것을 통체태극이라 한다. 주회암는 만물의 각일기성에 있어서 각일各一의 일一을 태극의 일一로 봄으로 만물萬物 각각各各이 이 근원적 일태극一太極을 그 본성으로 품수하고 있다고 본다. 이것은 만물이 각기 일태극一太極을 가진다는 뜻이다. 따라서 주회암은 태극을 기氣로 보지 아니하고 리理로 봄으로써 만물이 태극의 리일을 공유한다는 것이다.

그러므로 태극은 유일절대무한唯一絶對無限의 보편으로서의 리일이고, 이 리일이 만물이 된 분수의 개체 내에 분유分有되어 있고, 만물은 각기 분수로 그 특성을 갖고 존재하지만, 그 본성은 리일을 분유함으로써 태극을 공유한다는 것이다. 이때 리일은 보편의 유일의 일一이면서 동시에 만물의 특수로 그 존재성을 갖는다.

---

109) 『朱子大全』, 권제46, 「答黃商伯」, "論萬物之一原, 則理同氣異, 觀萬物之異體, 則氣猶相近而理絶不同."

이것은 리기론의 리체기용理體氣用의 리체理體 속에서 다시 리일理一의 본체와 만물의 특수인 용用의 관계가 성립된다. 따라서 리일과 리분수理分殊는 체용의 관계로 본체 즉 현상, 현상 즉 본체의 관계에 있다. 또한 리일과 분수는 동시동소同時同所이므로 리理는 리일이면서 분수이기 때문에 즉 리일분수라는 것이다.

이러한 리일분수는 리理와 기氣의 관계에 있어서 기氣보다 리理의 면에서 리일과 리분수의 체용을 설명하는 것을 중심으로 한다.

그러나 율곡의 리통기국은 기용의 분수국分殊局까지를 합하여 리기지묘와 리기불상리理氣不相離의 사상으로 종합한 것이 특성이다. 그것은 리理는 태극의 리일로 만물에 공유되고 있지만 그 리일이 기氣의 국한성 때문에 분수가 생긴다고 본다. 그러나 이때의 분수는 리일의 분수보다 기국의 국한성에 의한 것이다. 따라서 율곡은 리일理一의 리통理通은 무소부재하여 그 본연을 잃지 않으나 기氣는 국한성으로 인하여 그 본연을 잃어 그 본연이 다유부재라 하고 있다.

그러면 여기서 리일분수설의 정형인 리일이 분수되는 것, 즉 리理 자체가 분수되면서 분수 속에 리일이 공유되고 있다는 리일분수설과 율곡의 리통기국을 비교해 보기로 하자.

율곡은 말한다.

> 리통기국은 본체 위에서 말하여야 하는데 또 본체를 떠나서 따로 유행을 구할 수도 없다. 인人의 성性이 물物의 성性이 아님은 기氣의 국局이요, 인人의 리理가 곧 물物의 리理임은 리理의 통通이다. 방원方圓의 기器

는 부동不同하다. 기중器中의 물은 동일同一하고 대소大小의 병甁은 부동不同하니 병중甁中의 공기空氣는 동일同一하다. 기氣의 일본一本이란 리理의 통通 때문이요, 리理의 만수萬殊란 기氣의 국局 때문이다. 본체 가운데 유행이 구유具有하고 유행 가운데 본체體가 비존備存된다. 이로 말미암아 추구하면 리통기국의 설이 과연 일변一邊에 떨어질까.[110]

여기서 율곡은 리理와 기氣의 원불상리元不相離에 입각한 리기의 관계를 일이이一而二 · 이이일二而一로서 리理는 기氣의 근저이고 기氣는 리理의 의착처依著處로서 해명하고 있다. 즉 리理의 일본一本이란 다름이 아니라, 본연지기로서 담일청허지기이며 리통理通이란 리일 또는 본연지리를 가리킨다. 그런데 기氣의 근저와 의착依着 관계關係에서 리일인 본연지리의 의착처는 기지일본氣之一本인 본연지기이고 기지일氣之一의 근저는 리통理通인 리일理一, 즉 본연지리에 있게 된다.

리理는 무위요 무형인데, 기氣는 유위요 유형이다. 따라서 유형유위의 기氣는 국한성을 갖는 반면, 무형무위인 리理는 기氣의 국한성에 영향을 받지 않고 그 자신 그 본연의 묘妙를 그대로 자약하게 유지한다는 것이다. 리일이 분수됨은 리일 스스로의 자기 분화가 아니라 곧 기氣의 국한성 때문에 리理도 분수가 된다는 것으로 이해도 할 수 있다. 또한 리理와 기氣의 관계에 있어서 리理는 무위이기 때문에 사실상 기氣의 국한성이 기氣의 유위로 이루어지는 것이다. 그리고 이 기氣는 '기자이機自

---

110) 『栗谷全書』, 권10, 「書2 · 答成浩原」, "理通氣局, 要自本體上說出, 亦不可離了本體, 別求流行也. 人之性非物之性者, 氣之局也, 人之理卽物之理者, 理之通也. 方圓之器不同. 而器中之水一也, 大小之甁不同, 而甁中之空一也. 氣之一本者, 理之通故也, 理之萬殊者, 氣之局故也. 本體之中, 流行具焉, 流行之中, 本體存焉. 由是推之, 理通氣局之說, 果落一邊乎."

爾'요 '비유사지非有使之'이기 때문에 기氣의 분수라고 볼 수밖에 없다고 할 수 있다. 그러나 이때 기氣의 편偏과 전全이 있다 하더라도 본래 리理가 편전偏全한 것이 아니라 기氣가 편전偏全하기 때문에 리理도 그렇게 편전偏全으로 나타난 것이다. 따라서 리통기국설에서는 리理의 주재主宰가 희박해지고 기氣의 활동성, 유위성이 강조되고 있다. 여기에서 "리지만수理之萬殊는 기지국氣之局, 즉 기지분수氣之分殊 때문에 이루어지는 것으로, 리일理一의 '분수분화分殊分化'는 아니다"[111]라고 할 수 있는 것이다.

그러나 여기에 문제가 있다.

율곡에게 있어서의 리理와 기氣의 관계에서 리일이 있기 위해서는 기일氣一인 기지일본氣之一本이 있어야 의착과 근저의 관계가 성립된다. 그런데 이때 기氣는 유형유위요 리理는 무형무위이기 때문에 사실상 무형무위인 리理가 분화分化된다 하더라도 그것은 유형유위의 기氣가 없으면 스스로 분수화分殊化되지 못한다는 점이다. 또한 기氣도 역시 마찬가지다. 기氣의 국한성은 기氣 자신의 성질이라고만 볼 수 없다. 왜냐하면 유위有爲 자체가 이미 국한성을 내재하고 있지만 그것은 기氣 홀로 그의 활동성 및 국한성을 발휘할 수 없다. 이미 리기원불상리理氣元不相離요, 본유한 관계요, 근저와 의착이기 때문에 기氣의 유위에는 이미 리理의 소이所以가 있어야 하기 때문이다.

리理는 모든 기氣의 변화의 소이는 되지만 그 자신은 무형무위이기 때문에 그 자신은 조금도 변화되지 않는다. 따라서 기氣 분수 역시 리理

111) 裵宗鎬, 『韓國儒學의 課題와 展開』 Ⅱ, p.82 참조.

의 소이가 없이는 있을 수 없기 때문에 리일분수는 기일분수氣一分殊가 전제되어야 한다.

리통기국은 어떠한가? 사실 율곡의 리통기국설은 기일분수氣一分殊가 전제되어야 그 리기체계에 일관一貫된다고 볼 수 있다. 리일분수에서 리일과 리분수理分殊는 체용의 관계에 의하여 분수 속에 리일이 함장되어 있고 리일 속에 분수가 내재해 있다. 그런데 율곡의 리통기국에서 기일氣一과 기국氣局(分殊)의 관계가 성립되지 않는다. 왜냐하면 기지본氣之本인 기일氣一(理通의 依着處)이 기氣의 국한성으로 인해 그 본연의 기氣가 무소부재한 것이 아니라 다유부재하게 되어 있기 때문이다. 기일분수氣一分殊가 되려면 기일氣一인 본연지기가 기분수氣分殊 속에 고존固存되어야 하는데 분수 속에 내재되어야 할 본연지기가 다유부재하기 때문에 기氣의 체용이 성립되지 않는다.[112] 그래서 리통기국은 역시 리통기일분수理通氣一分殊라 할 수도 없게 되는 것이다. 그러므로 율곡의 리통기국은 리일분수에서 발상이 되었다 하더라도 역시 새로운 독자성을 전개한 것이라고 보이는 것이다.

리일분수설은 리理와 기氣의 관계보다 리理 자체의 체용體用을 더욱 중요시하였다. 그러나 존재를 해명할 때 리일분수설만으로 설명한다면 관념성의 우위優位에 서게 되기 쉽다. 여기에서 율곡은 순수관념성純粹觀念性과 특수성으로서의 사실성을 조화하려고 리통기국을 창안했던 것이라고 생각된다. 따라서 구체적 존재로서의 개별자들의 존재를 해명하는

---

112) 裵宗鎬, 『韓國儒學史』(延世大學校出版部, 1978), p.113 참조.

데 더욱 치중한 것 같다. 구체적 존재는 확실히 유형의 형상을 가지고 있는 한정된 존재이다. 유한적인 개별자의 사실성과 무한자인 초경험적 기氣의 주재자로서의 리理의 관념성이 어떻게 유기적 관계를 맺고 조화될 것인가 하는 점이 그의 문제이었던 것 같다.

율곡은 리기론의 리체기용理體氣用의 기본 구조 안에서 이 문제를 해명하려 했던 것 같다. 이때 율곡은 리理를 초월적, 초감각적인 무한자로 보기는 하지만 그 리理의 독립적인 초월자로 유일자로 보지 않는다. 이 리理는 이미 기氣와 함께 혼융무간渾融無間하게 본유하여 떨어질 수 없다. 다만 리理의 성격과 기氣의 성격이 다르므로 해서 그 기능이 다르다. 따라서 리理는 소이자요, 기氣는 실연이연자實然已然者이다. 이 기氣의 실현은 또 리理가 없이는 안 된다. 따라서 리통기국에 있어서도 비록 기氣의 국局이 기氣 자신自身의 승강비양에 의하여 기氣의 다양성이 전개되지만 이때에 리理의 소이, 즉 주재를 받지 않고는 성립이 되지 않는다. 또 기氣의 편전偏全이 리理가 아니라 기氣이고, 리理는 그것의 편전의 소이는 되지만 자기 자신은 편전偏全함이 없다.

사실 리통기국에서의 중요한 점은 리기원불상리理氣元不相離를 이해하는 것이다. 즉 본래 리일과 기일은 혼융무간하여 떨어지지 않고 있는 것이다. 그러나 리理와 기氣의 정실情實이 다르기 때문에 현상계의 만물이 생겨났고 그러한 만물의 리理는 동일하지만, '개'(犬)나 '소'(牛)의 성性이 아닌 특수성의 개체의 다양성이 기氣의 국한성 때문에 형성된다고 보는 것이다.

이것은 결국 리기론에 있어서 이는 무형무위이고(朱晦菴의 無計度, 無情

意, 無造作과 같다), 기氣는 유형유위(氣의 凝結聚散, 造作性)의 체계에 의한 것에 지나지 않는다. 즉 현상계의 다양성은 기氣의 응결취산에 의한 것인데 이것이 곧 기氣의 국한성이다. 그런데 이러한 기氣의 국한성이 기氣 자체에 의해서만은 아니다. 이미 기氣는 리理를 전제하고 동시동소에 혼융무간으로 있기 때문에 거기에는 리理의 소이가 있게 마련이다. 여기에서 리통기국을 리理와 기氣의 시간적 선후라든가 또는 그 관계를 유리有離할 경우에는 리기가 격단隔斷될[113] 우려가 있다.

율곡은 현상계의 다양성을 리理로 보면 통通하고 기氣로 보면 국한局限되지만, 본래 리理의 통通 속에는 리理의 분수分殊가 들어 있고 기氣의 국局 속에는 리일理一이 들어 있다 하였다. 그러나 기氣는 그 본연성을 잃기 때문에 리理와 같이 통通하지 못하고 국한局限된다. 그러기 때문에 기氣의 본연은 다유부재한 것이다.

리통기국을 고찰할 때에 리통理通의 면만을 강조한다든지 기국의 면만을 주장한다든지 하면 여기에는 필연코 상반된 이론이 나올 수 있다.

사실상 율곡은 리통기국을 내놓을 때 그의 말과 같이 리理와 기氣의 소중所重이 일변一邊에 멀어지지 않고 리기를 해명하려는 데에 있었다. 따라서 그는 리기이원론理氣二元論이나 유리론唯理論이나 기일원론氣一元論의 종합을 꾀하였던 것이다. 그렇기 때문에 태극이 동動하여 양陽이 생긴다는 것을 설명하여 "태극太極이 음양陰陽의 추뉴樞紐와 근저根抵가 된다는 말이지 음양陰陽이 무無로부터 생긴다는 것이 아니다"[114]라고 말했다.

---

113) 裵宗鎬, 『韓國儒學의 課題와 展開』 Ⅱ, p.82 참조.
114) 『栗谷全書』, 권10, 「書2 · 答成浩原」, "太極動而生陽, 余日以是樞紐根抵之說, 非謂陰陽自形而

음양이 태극이나 무無로부터 생긴다는 것을 반대한다. 오히려 율곡은 이 우주의 근원을 물을 때 리理에서 생겼다느니 또는 기氣에서 생겼다느니 하는 주장을 일변一邊에 떨어졌다고 보고 있는 것이다. 그는 리理가 선先이고 기氣가 후後라든지, 또는 기氣가 선先이요 리理가 후後라든지 하는 주장 등에 대하여 모두 만족하게 생각하지 않고 있다. 다만 그는 "리기가 본래 혼합되어 모두 있는 것이요, 처음 생긴 때가 있지 않은 것"115)으로 이해하고 있다. 따라서 리기의 혼융무간한 가운데 리理의 무형무위와 기氣의 유형유위의 정실情實이 달라서 유형유위의 주主가 되는 것을 리理이고, 무형무위의 기器가 된 것은 기氣라고 말한다.

리통기국설이 리일분수설과 다른 점은 리일분수의 일리一理는 만수萬殊의 분수리分殊理가 되지만 리통기국은 곧 리일기수理一氣殊라는 특징에 있다. 율곡은 리일분수의 유리론적唯理論的인 해석도 하지 않고 또 기일원론적氣一元論的인 기일분수氣一分殊로서도 해석하지 않는다. 다만 이 두 사상이 갖는 일변성一邊性을 극복하려는 의도에서 리통기국론을 전개한다.

리통理通은 기지일본氣之一本 때문이라고 간주한 율곡의 견해를 상고한다면 율곡이 기일분수氣一分殊를 이해하지 못했다고 추정할 수 없다. 그러나 기일분수氣一分殊가 성립되려면 기氣의 절대성 또는 본연지기의 항구성을 인정해야 한다. 그렇게 되면 그의 기氣의 유위국한성有爲局限性이 무너지게 된다. 따라서 소위 일기장존一氣長存의 사상으로 돌아가야 한다. 이렇게 되면 태극은 태허太虛 즉 태일太一인 기氣가 되고 동시에 리理는

生也."

115) 『栗谷全書』, 권10, 「書2 · 答成浩原」, "理氣本合也, 非有始合之時."

기氣의 내재적 법칙에 지나지 않게 된다. 여기서 율곡은 태극과 음양의 본유를 주장하여 태극 즉 리理는 음양의 추뉴근본樞紐根本이라 하여 리기론의 유리唯理, 기일원론氣一元論으로부터 종합을 꾀하게 되었던 것이다.

율곡의 리통기국 사상은 유리唯理, 기일원설氣一元說의 극복이라 할 수 있고, 그것은 곧 퇴계와 화담의 종합을 시도한 것이다. 율곡의 이러한 리기론의 종합과 조화의 시도는 결국 리일분수를 유리적 입장에서 전개한 노사蘆沙 기정진奇正鎭(1798~1879)과 유기적唯氣的 입장에서 기일분수氣一分殊를 주창한 녹문鹿門 임성주任聖周(1711~1788)의 사상에 영향을 주었으며, 그들 나름의 리통기국 설을 재해석하여 전개하도록 하였다. 그러나 그들의 관점들 역시 율곡의 리통기국으로 재종합해야만 하는 새로운 리통기국설이 요구되기도 한다. 율곡의 리통기국설은 그의 리기불상리理氣不相離, 리기본유理氣本有, 리理의 무형무위, 기氣의 유형유위의 개념을 통하여 유리론唯理論과 기일원론氣一元論을 종합 · 조화하여 우주의 근원을 해명하려는 본체론적 우주론으로 율곡의 독창성과 독자성을 십분 발휘한 것으로 생각된다. 이는 또한 그가 리기지묘理氣之妙의 오묘한 진리를 체득한 데서 나온 소치所致라 아니할 수 없다.

율곡은 리통理通의 의착처로 기氣의 본연인 담연청허지기湛然淸虛之氣의 다유부재라 하여 기국성氣局性을 뚜렷이 하였다. 이것은 화담 유의 기일원론氣一元論들을 반박하는 논거로 되었지만, 또한 이것은 리통理通의 의착처를 어디다 둘 것인가 하는 문제에 봉착하게 된다. 여기에서 율곡의 리통기국론의 새로운 역사적 전개가 이루어진다.

3. 리통기국설에 대한 시비

율곡은 리통理通의 의착처로 기氣의 본연인 담연청허지기湛然淸虛之氣를 다유부재라 하여 그의 항구성을 부정한다. 다만 원기元氣의 생생부식生生不息만을 주장할 뿐이다. 이것이 화담의 기일원론氣一元論을 반박하는 근거가 되기도 하였지만 한편 리통理通인 리일理一의 의착처를 어디에다 두느냐 하는 논리적 난점도 함께 가지고 있다.

이러한 난점을 지적한 노사蘆沙나 녹문鹿門은 이 난점을 극복하기 위하여 학문적 오묘한 토구討究를 통하여 독자적인 학설을 수립하였는데 이는 한국유학의 독자성의 전개라 할 수 있다. 이것은 율곡의 학문적 업적으로부터 초래된다.

그러면 먼저 율곡이 화담의 기일원론氣一元論을 비판한 데서부터 문제를 전개해 보자.

율곡은 다음과 같이 말한다.

> 화담花潭은 생각하기를 담일청허지기는 무소부재無所不在라 하여 스스로 천성千聖도 다 전하지 못한 묘妙를 얻었다고 한다. 그러나 그 위에 다시 리통기국의 일절一節이 있음을 누가 알리요? 계선성성繼善成性의 리理는 무소부재하지만 담일청허지기는 다유부재하다.[116)]

---

116) 『栗谷全書』, 권10, 「書2 · 答成浩原」, "所爲湛一淸虛之氣. 無物不在自所爲得千聖不盡傳之妙而殊不知. 同上更有理通氣局一節. 繼善成性之理, 則無物不在, 而湛一淸虛之氣, 多有不在也."

소위 화담의 기일원론氣一元論의 입장에서 기氣의 근본인 담일청허지기가 무소부재하여 그것이 곧 우주의 근본으로 영원하고 무한하다는 사상을 비판한다. 율곡은, 담일청허지기는 모든 만물에 공유되는 것이 아니라 다유부재로 있지 않은 데가 많고 오히려 리理가 모든 만물에 통하여 있어 그 리理가 변함이 없다는 것이다. 소위 리理는 통通하고 기氣는 국한한다는 리통기국론으로 담일청허지기의 상주불변론常住不變論을 비판하는 것이다.

율곡은 기氣의 본연인 담일청허지기를 처음부터 부정하지는 않는다. 기氣의 본성本性은 담일청허이지만 기氣는 그 자신의 속성이 승강비양이므로 다양한 양상으로 변화하기 때문에 그 본연을 잃어버릴 수도 있고 본연을 가질 수도 있다고 말한다. 즉 그는 기국氣局을 말하면서 기氣는 이 형적形迹을 섭涉하였으므로 본말도 있고 선후先後도 있다고 해설한다. 기氣의 본연은 담일청허할 뿐이나, 어찌 조박糟粕, 외신煨燼, 분양糞壤, 오예汚穢의 기氣가 있었겠는가. 오직 그 승강비양이 지식止息하지 않아 참치부제하여 만변萬變이 생긴다. 여기서 유행할 때 그 본연을 잃는 것도 있다. 그 본연을 잃었으므로 기氣의 본연이란 이미 없어졌다라고 하여 리理가 모든 사물에 무소부재無所不在하지만 기氣는 그 본연이 실失하여 여러 가지의 기氣로 변한다고 하였다. 그리고 "기氣가 일본一本인 것은 리理의 통通 때문이요, 리理가 만수萬殊인 것은 기氣의 국局"[117] 때문이라 하였다.

117) 『栗谷全書』, 권10, 「書2 · 答成浩原」, "氣局者, 何謂也. 氣已涉形迹, 故有本末也, 有先後也. 氣之本則湛一清虛而已. 曷嘗有糟粕煨燼糞壤汚穢之氣哉. 惟其升降飛揚, 未嘗止息, 故參差不齊而萬變生焉. 於是氣之流行也, 有不失其本然者, 有失其本然者. 旣失其本然, 則氣之本然者, 已無所在. 偏者, 偏氣也, 非全氣也. 清者, 清氣也, 非濁氣也. 糟粕煨燼, 糟粕煨燼之氣也, .非湛一清虛

그렇다면 기氣 일본一本인 본연지기本然之氣, 즉 담일청허지기로 리理가 통通하려면 모든 사물에 무소부재無所不在하게 내재되어야 하는데, 기氣가 변하면 자연히 그 본연은 실失하여 다유부재多有不在가 된다는 것이다. 따라서 리통理通의 저 의착처인 본연지기 즉, 담일청허지기가 없다는 것은 결국 리理의 본연인 리일의 의착처가 없다는 것이 아닌가 하는 난점이 생긴다.

이러한 난점에 관한 지적은 임녹문의 기일분수론氣一分殊論에서 나타난다. 임녹문의 기일분수론氣一分殊論에서 리일분수를 율곡의 리통기국에 맞추어 리통기이理通氣異로 보는 관점을 반대하는데, 녹문은 이에 관한 견해를 다음과 같이 말한다.

> 이제 사람들이(湖落兩派) 매양 리일분수를 리통기이理通氣異로 인작認作하니 리지일理之一이란 기지일氣之一에 즉해서 본 것임을 누가 알리오? 진실로 기지일氣之一이 아니면 무엇을 좇아서 그 리理의 반드시 일一임을 알리오.118)

녹문은 리일분수의 기저基底를 기일분수氣一分殊에 둔다. 다시 말하면 리일理一은 기일氣一을, 리분수理分殊는 기분수氣分殊를 그 기저基底로 한다는 것이다. 따라서 이른바 율곡의 리통기국은 리일기분수理一氣分殊란 뜻이다.

之氣也, 非若理之於萬物, 本然之妙, 無乎不在也, 此所謂氣之局也."

118) 『鹿門集』, 권19, 「雜著 · 鹿盧雜識」, "今人每以理一分殊認作理同氣異, 殊不知理之一卽氣之一而二見焉. 苟非氣之一, 縱何而知其理之必一乎."

녹문은 다시 율곡이 담일청허기湛一淸虛氣를 다유부재라 주장한 것은 일원기一元氣의 편만성遍滿性과 보편성普遍性을 부인한 것이라 하여 다음과 같이 말한다.

> 율곡선생은 리기원두처理氣源頭處에 있어 탐조독특探造獨特하여 그 견득見得이 명투明透를 극極하고 그 설득說得이 극極히 영롱玲瓏하다. 주자朱子 이후 아마 이 이치理致에 이르름이 그보다 더한 분은 거의 없다. 다만 기지본氣之本의 한곳에 있어 혹或 아직 더 밝히지 못함이 있다. 그가 말하기를 "리理의 근원은 일一뿐이요, 기氣의 근원도 일一뿐이다" 하고 또 도심道心을 본연지기本然之氣라 한 것은 또한 강구講究하지 아니함이라고 이를 수는 없다. 그러나 이에 이르자 곧 리통기국을 논함이 오로지 기氣로만 만수萬殊에 돌리며, 또 담일청허지기를 다유부재多有不在라 한다. 그러나 귀결歸結을 궁구窮究해 보면 리기를 이물二物로 하는 의아疑訝를 아직 면하지 못한다.[119)]

율곡이 음양, 동정은 기氣에 있고, 리理는 무위 즉 무동정無動靜이라 하여 만수萬殊를 기氣의 작위作爲로만 돌리고 있으므로, 리일의 근저로 기일氣一을 등한시함으로 리기이원관理氣二元觀을 면치 못한다는 뜻이다. 또한 리기의 근원을 리理의 근원도 일一이요, 기氣의 근원도 일一이 다함으로 리理와 기氣의 근원을 둘로 보는 의아심을 벗어날 수 없다는 것이다.

---

119) 『鹿門集』, 권19, 「雜著 · 鹿盧雜識」, "栗谷先生, 於理氣源頭深造獨得, 見得極明, 透說得極玲瓏. 朱子以後殆未有臻斯理者也. 獨於氣之本一處, 猶或有未盡瑩者. 其日理之源, 一而已, 氣之源, 亦一而已, 又以道心爲本然氣者, 亦不可謂不講究到此. 而乃於理通氣局之論, 專以氣歸之萬殊又以爲湛一淸虛之氣, 多有不在. 究其歸, 終未免於二物之疑."

결국 율곡의 리통기국사상은 유기론唯氣論의 기일분수氣一分殊로 담일청허지기의 항존성恒存性을 인정하게 되는 것이다. 그러나 율곡의 리통기국은 유기론唯氣論으로 전개하려는 본의는 아니었다. 그가 기일분수氣一分殊를 모르는 바도 아니었다. 다만 그가 화담의 기일원론氣一元論을 극복하고자 기氣를 중요시하면서 기국氣局을 말했던 것이다. 사실 율곡의 독자성은 바로 기일원론氣一元論이라든가 또는 유리론唯理論에 떨어지지 않고 리기의 관계를 해명하려한 데 있다고 보아야 한다.

그러나 율곡은 담일청허지기를 부정함으로써 리통理通의 의착처를 상실하게 되었는데, 그러나 율곡의 입장에서 보면 원기元氣의 생생부식生生不息을 주장함으로써 원기元氣의 어떤 잠세력潛勢力을 (湛一清虛之氣는 아니지만) 인정하여 리통理通의 의착처로 삼고 있는지 알 수 없다. 왜냐하면 그는 다음과 같이 말하였기 때문이다.

> 천지가 비록 끝이 아니더라도 원기元氣는 일찍부터 없어지지 않는다고 함은 어떤 것인가? 천지가 마지막으로 끝날 때에 원기元氣도 또한 따라서 소진한다면 후천지後天地의 기氣는 어떤 기氣에 근거하여 나오겠는가? 비유하면 나뭇잎이 비록 말라 떨어져 지더라도 근본의 기氣는 오히려 존재함과 같다. 그러므로 내년 봄의 잎을 생기게 할 수 있는 것이다. 그렇다면 천지의 기氣와 원기元氣는 서로 일치一致하지 않는가. 천지地의 기氣는 원기元氣 가운데 붙어 있다. 나무의 지엽이 그 근본을 떠나서 홀로 생生하는 일이 있겠는가?[120]

120) 『栗谷全書』, 권31, 「語錄」, “或問, 天地雖終, 而元氣則未嘗息, 何也. 振網答曰, 天地終窮之時, 元氣亦從而消盡. 則後天地之氣, 根於何氣而出也. 譬如木葉雖爲枯落, 而根本之氣猶存. 故能生

이렇듯 비록 기氣의 다양한 양태의 하나의 본연의 기氣를 담일청허지기는 아니지만 기氣의 변화성의 근원으로 기氣 내의 잠세적潛勢的 고존성固存性의 어떤 힘을 인정하고 있음은 틀림없을 것이다.

그것이 곧 "기지일본氣之一本은 리지통理之通 때문이다"라는 말의 진의가 아닌가 생각되어진다.

여하간 율곡의 리통기국은 주리主理 또는 주기主氣를 극복하고자 나온 사상인데 이 두 사상의 종합은 주기 쪽에서 보면 주리이고, 주리 쪽에서 보면 주기이기 때문에 주기주리主氣主理의 일원적一元的 사상가에게는 모두 비판의 대상이 되는 것이다.

그리하여 녹문이 다음과 같이 말한 것을 보아도 알 수 있다.

> 리일분수란 주리적으로 말한 것이므로 '분分' 자는 또한 마땅히 리理에 속한 것이다. 그런데 만일 주기적으로 말한다면 기일분수라 해도 무방할 것이다.[121)]

여기에서 또한 유리론唯理論의 입장에서 율곡의 리통기국을 전개하여 참다운 리일분수를 주장한 기노사의 주장을 살펴본다.

노사는 율곡의 리통기국의 리理를 비판하여, "그런 리理는 있어도 보탬이 없고 없어도 궐함이 없는 부육지우附肉之疣(혹)나 천리마千里馬에 붙

來春之葉矣. 曰, 然則天地之氣與元氣不相合耶. 曰, 天地之氣寓於元氣中矣, 木之枝葉, 有離其根本而獨生者乎. 先生曰, 是也."

121) 『鹿門集』, 권19, 「雜著 · 鹿盧雜識」, "理一分殊者, 主理而言, 分字亦當屬理. 若主氣而言, 則曰氣一分殊, 亦不可矣."

은 파리에 불과하다"[122]라고 비난하였다. 물론 이 말은 좀 과하긴 하지만, 율곡이 리통기국설에서 기氣는 '기자이機自爾'로 그 스스로 편偏하고 전全하고, 리理는 여기에 승乘하는 것이라 말하여 리理의 주재성主宰性이 희박稀薄하게 본 데 대하여 평한 것이다. 하지만 이는 역시 관점의 차이일 것이다.

리理의 주재능主宰能을 인정하려 하면 아무리 '기자이機自爾'라 하더라도 리理의 주재主宰가 없이는 그 '기자이機自爾'의 소이所以가 없게 되고, 또 이미 리기불상리理氣不相離에 의하여 그것은 리理의 주재성主宰性이 인정되어 있는 것이다. 다만 리理의 무위무형성無爲無形性을 강조하여 리통理通의 근거로 삼으니 자연히 그 리理는 기氣에 의하여 좌우左右되는 무능력자無能力者로 보기 쉬울 뿐이다. 참으로 이러한 난점은 "리기理氣의 묘妙함은 말할 수도 없고 볼 수도 없다"[123]는 율곡의 이해가 적합하다.

녹문이 리기理氣의 관계에서 리理를 기氣의 자연당연自然當然의 '연然'자로 이해함으로써 리理를 기중氣中에 포라包羅한 데 반해, 노사는 오히려 기氣를 리理 안에 융섭融攝함으로써 기氣를 리중사理中事 또는 '리유행수각理流行手脚'이라 하여 리기理氣를 가급적 리분理分이라는 용어로 사용하고 있다.[124]

노사는 다음과 같이 말하고 있다.

122) 『蘆沙集』, 권16, 「雜著 · 猥筆」, "做得甚事, 有之無所補, 無之靡所闕, 不過爲附肉之疣, 隨驥之蠅, 嗚呼可憐矣."

123) 『栗谷全書』, 권10, 「書2 · 答成浩原」, "理氣之妙, 難見亦難說."

124) 裵宗鎬, 『韓國儒學의 課題와 展開』, p.201 참조.

> 제가諸家의 학설을 살펴보면 리理를 무분지물無分之物로 보고 있다. 그리고 분分을 기氣로 인하여 있는 것으로 보아 리일理一을 형기形氣를 떠난 곳에 한정시키고 분수分殊는 형기에 수재隨在한 것으로 국한해 버린다. 여기에서 리자리理自理 분자분分自分으로 되므로 성性과 명命이 횡橫으로 절단切斷되어 버린다.[125]

즉 리일인 태극을 기氣와 관계있는 물物로 보아 버리고 분수를 기적氣的 존재로만 생각하여 리理와 기氣를 격단隔斷해 버린다는 것이다. 이것이야말로 리理와 기氣를 별개로 보아 리기를 둘로 보는 견해라는 것이다. 노사는 리일에 분수가 통괄되어짐을 다음과 같이 말한다.

> 분이란 것은 리일중理一中의 세조리細條理이므로 리理와 분分(氣)의 층절을 용인할 수 없다. 분은 리理의 대가 아니다. 분수 두 자는 곧 일一에 대할 것이다. 리는 만수를 함포涵包한다. 고로 일一이라 말한다. 그것은 실로 일물이라 말하는 것과 같다. 수殊는 진수眞殊가 아닌고로 분수라고 한다. 수라고 하는 것은 특히 그 분한을 말할 뿐이다. '리일분수' 일구양어一句兩語는 상통하여 뜻이 되는 것이니 하나도 제각際却할 수 없다. 고로 리일이라 말할 때 바로 일一이 저절로 있음을 보아야 한다.[126]

이것은 리일 속에 이미 기분수까지 함장하여 말한다는 것을 알아야

---

125) 『蘆沙集』, 권16, 「雜著 · 納凉私議」, "詳諸家之意, 一是皆以理爲無分之物. 分爲因氣而有限理一於離形氣之地, 局分殊於墮形氣之後. 於是理自理分自分, 而性命橫決矣."

126) 『蘆沙集』, 권16, 「雜著 · 納凉私議」, "分也者, 理一中細條理, 理分不容有層節. 分非理之對. 分殊二字, 乃對一者也. 理涵萬殊. 故曰一. 猶言其實一物也. 殊非眞殊, 故曰分殊. 言所殊者, 特其分限耳. 一句兩語, 相須爲義, 除一箇不得. 故說理一時, 可知分之涵, 說分殊時, 正見一之自在."

한다는 것이다. 결코 리일인 리와 분수인 기가 서로 격단된 것이 아니라 기는 이미 리함만수理涵萬殊로 리일 속에 있다고 하는 것이다. 따라서 노사는 리를 기의 포괄자로서 리의 주재능, 사지使之의 능能을 인정하여 기는 다만 리理의 주재, 사지에 따라 동정하는 것으로 격하한다.

이것은 율곡의 리통기국에서 리의 주재능이 희박한 것을 부활시켜 리理의 유위적인 '사지使之'의 능을 인정하게 된 것이다. 따라서 율곡의 리통기국은 임녹문에 의하여 유기론의 면에서 기일분수의 측면으로 다루어졌고 기노사에 의하여서는 유리적인 측면에서 리일분수로 다루어진 것이다.

이렇게 보면 율곡의 리통기국은 이미 두 학자들보다 200년 앞서 이러한 유기적 유리적인 면을 도리어 종합 지양한 것으로 볼 수 있다. 왜냐하면 율곡은 당시 퇴계의 리발과 화담의 기일원론을 종합하여 리통기국론을 창안했기 때문이다.

우리는 율곡의 리통기국이 리일분수에서 발상이 되었지만 리일분수의 리일과 기일분수의 분수의 조화를 통하여 리기불상리로서의 리와 기의 관계로 본체와 현상, 보편과 특수, 관념성과 사실성의 일치를 해명하려 하였음을 알 수 있다. 그러나 율곡의 리통기국이 가지고 있는 난점은 다시 '리기지묘'를 통하여 설명되어야 함도 사실이다.

제3절 리기지묘의 의의

1. 리기지묘의 함의

리기지묘는 율곡에게 있어서 리기론의 궁극점이다. 그는 형이상자인 무형무위의 리와 형이하자인 유형유위의 기가 혼융무간渾融無間한 관계에 있으면서 그들 각자들의 기능을 발휘함으로써 존재가 현현한다고 보았다. 우주의 삼라만상이 리기의 조화가 아닌 것이 없다. 이 자연세계는 유형유위의 기화로 이루어진다. 그러나 이 기화의 주재는 언제나 리와 기에 승乘함으로써 존재는 나타나는 것이다. 자연이 기화리승이듯이 인간도 그렇고, 인간의 마음도 기화리승이다. 그렇다면 과연 이러한 리와 기는 어떠한 관계 때문에 이와 같을 수 있는가? 어떻게 해서 무형무위의 리理가 유형유위의 주主가 되고 유형유위의 기氣가 무형무위의 기器가 되는가?

우리는 관념적 용어로 실재의 세계를 해명한다. 아무리 훌륭한 체계라 할지라도 그것은 언어를 통하지 않으면 안 된다. 언어는 언어인 한 실재의 세계의 다양성과 무한성을 완벽하게 설명할 수 없고 아직도 그것은 그 자체가 아니라 언어의 설명에 지나지 않는 것이다. 우리의 요구는 관념과 사실의 일치를 통하여 진리를 인식하고자 한다.

리기론에서 관념적인 것은 리이다. 사실적인 것은 기이다. 따라서 이 리기의 일치, 그것은 언어상의 일치가 아니라 진리로서의 일치가 중요하다. 우리의 사고는 유형적인 형상을 통하여 일차적으로 전개된다. 그러나 형상의 배면에 형상을 주재하는 것이 있으니 그것이 곧 무형의 리이다. 그러나 이 리와 기는 시간상으로 선후가 있는 것이 아니라는 것이다. 이 리기는 불상리이면서 그렇다고 하나, '일'도 아니라는 것이다. 일이이一而二요, 이이일二而一이라는 것이다. 우리의 사고는 여기에서 그 논리적 한계를 깨닫게 된다. 동일률이든 모순율이든 논리는 일一이면 일一이고 이二면 이二이기를 요구한다. 여기에 형식논리를 초월한 인식논리가 전용되기도 한다. 또 여기에 체험이라는 말이 그 문제의 극점을 용해溶解하기도 한다.

리기의 문제에 있어서도 우리는 이러한 한계에 부딪치고 만다. 그것은 바로 차원의 문제이다. 우리는 리기의 이 불상리성, 혼융무간 등의 용어가 그저 논리적 평행선에서는 이해될 수 없음을 알겠다. 더구나 성리학의 리기론적 궁리가 그저 지식에 국한된 것이라면 별문제이다. 성리학이 천인합일로서 수기치인, 성성성덕成聖成德에 그 목적이 있음을 간과하지 않는다면 우리는 리기의 문제가 '인간됨'에 있다는 것도 망각해서는 안 된다.

리기지묘理氣之妙라는 말도 바로 이러한 차원의 용어일 것이다. 이미 '묘妙'란 말은 논리적인 것은 아니다. 이것은 리와 기가 극복되는 하나의 차원을 상징한다.

그렇다면 이제 율곡이 쓰고 있는 '리기지묘理氣之妙'의 의미가 대략 어떤 것인가 살펴보자.

율곡은 리기지묘에 대하여 "리기지묘는 난견역난설難見亦難說"[127]이라 하였다. 리와 기의 미묘함은 보기도 어렵고 설명하기도 어렵다는 것이다. 이것은 리기의 관계를 다른 사람에게 설명하는 것만 어려울 뿐만 아니라 그 참된 모습도 보기 어렵다는 것이다.

따라서 리와 기의 묘함은 사실 언어적 차원을 넘어선 것이라는 뜻이다. 만약 언어적 차원의 것이라면 '난견역난설'이라 하지 않았을 것이다. 그러면 리기의 묘함의 실의가 어떠한 것이기에 '난견역난설'인가? 그리고 율곡은 난견역난설이라는 이 리기지묘를 보았다는 말인가?

율곡이 리기지묘의 난견역난설이라 함은 이미 그 자신이 이 리기의 묘함을 체험하고 말하는 뜻이다.

율곡은 우계에게 보낸 답서에서 그의 체험을 다음과 같이 말한 적이 있다.

> 나는 10년 전에 이미 이 단서를 얻어서 그 후로 점점 더 생각하고 매번 경전을 읽을 때마다 서로 대조하여 보니 당초에는 혹 불합할 때도 있었으나 그 뒤에 점점 합치되어 오늘날에 이르러서는 조그마한 차이도 없어 아무런 의심도 없어졌으니 어떤 사람들의 입으로도 나의 견해는 돌릴 수 없을 것입니다.[128]

---

127) 『栗谷全書』, 권10, 「書2 · 答成浩原」, "理氣之妙, 難見亦難說."

그는 이미 이 리기지묘를 체험하여 모든 경전과 대조해 보아도 합치되지 않는 점이 없음을 확인하고 이제는 그의 견해를 누가 나와서 말을 해도 돌이킬 수 없다는 확신을 피력하고 있다.

그가 리기지묘의 단서라고 한 것은 무엇을 의미하는가?

그것은 곧 리기가 서로 떠날 수 없다는 것을 의미한다. 율곡은 다음과 같이 말했다.

> 리와 기는 혼연무간하여 원불상리이므로 이물二物이라 할 수 없다. 그러므로 정자는 '도역기道亦器 기역도器亦道'라 하였다. 비록 서로 불상리한다 하지만 혼연한 가운데 실로 불상잡하므로 일물一物이라 할 수 없다. 그러므로 주자는 말하기를 "리는 리요 기는 기이니, 서로 섞여 있지 않다"라고 하였으니, 이 두 가지 말을 합하여 완색하면 리기의 묘한 것을 거의 알 것이다.[129]

리기지묘란 다름이 아니다. 리기가 혼연무간하여 원불상리라는 것이다. 서로 떨어져 있지 않다고 하여 하나의 물物이라는 것은 아니라는 말이다. 떨어져 있지 않으면서도 이 리와 기는 서로 자신의 독립성을 가지고 있다는 것이다. 그렇기 때문에 리는 스스로 리로, 기는 스스로 기라는 것이다. 따라서 서로 잡雜됨이 없다.

---

128) 『栗谷全書』, 권10, 「書2 · 答成浩原」, "珥則十年前已窺以端, 而厥後漸漸思繹, 每讀經傳, 輒取以相準, 當初或有不合之時, 厥後漸合, 以至今日, 則融會昭合, 決然無疑, 千百雄辯之口, 終不可所回鄙見, 但恨氣質浮駁, 不能力踐而實之, 每用慨嘆自訟耳."

129) 『栗谷全書』, 권20, 「聖學輯要」, "理氣渾然無間, 元不相離, 不可指爲二物. 故程子曰, 道亦器, 器亦道. 雖不相離, 而渾然之中, 實不相雜, 不可指謂一物. 故朱子曰理自理, 氣自氣, 不相挾雜, 合二說而玩索, 則理氣之妙, 庶乎見矣."

이것은 율곡이 리와 기의 독자성을 말하면서 또한 떨어져 있는 별물이 아님을 강조하는 것인데, 결국 리와 기의 원불상리와 불상잡을 말한다. 우리는 여기에서 리와 기가 어째서 원불상리이며 불상잡인가를 보아야 하겠다.

율곡은 다시 다음과 같이 말한다.

> 대저 리의 근원은 하나(一)뿐이니, 기의 근원도 하나(一)뿐입니다. 기의 유행이 참치부제하고 리도 역시 유행하여 참치부제합니다. 기가 리에서 떠나지 않고 리가 기에서 떠나지 않아 무릇 이와 같으니 리기는 하나(一)입니다. 그러니 어디에 그 다른 점이 있겠습니까? 소위 리자리理自理 기자기氣自氣라는 것을 어디서 볼 수 있겠습니까? 바라건대 형은 정사精思하여 이 말을 돌이켜 보아 식견의 소지所至를 체험하시기 바랍니다.[130]

이 말은 율곡이 우계에게 리기지묘를 체험하여야 리기지묘를 알 수 있다고 보낸 편지의 일단이다.

리의 근원도 하나이고 기의 근원도 하나뿐이다. 기의 활동이 참치부제하고 리도 역시 참치부제이다. 이것은 리와 기가 서로 떨어지지 않기 때문에 당연히 그러한 것이다. 리와 기가 서로 떨어져 있지 않으니 리기는 결국 일물이 아닌가? 그런데 어째서 이물이라고 할 수 있는가? 그러

---

130) 『栗谷全書』, 권10, 「書2 · 答成浩原」, "夫理之源一而已矣, 氣之源亦一而已矣. 氣流行而參差不齊, 理亦流行而參差不齊. 氣不離理, 理不離氣, 夫如是則理氣一也. 何處見其有異耶. 所謂理自理氣自氣者. 何處見其理自理氣自氣耶, 望吾兄精思, 著一轉語, 欲驗識見之所至也."

니 어째서 일물이라 할 수 있으면서 또 이물이 되는가를 정밀히 사색하여 체험하라는 것이다.

율곡의 이러한 논리는 그가 리기의 관계를 일이이一而二, 이이일二而一이라는 명제에서 뚜렷이 드러낸다. 리와 기는 일물이되 이물이요, 이물이되 일물이다. 이것이 형식논리의 사고범주를 넘어서는 것이다. 일물이면 일물이고 이물이면 이물이지 어째서 일이이 이이일이라는 말인가? 그런데 율곡은 바로 여기에서 그의 리기지묘를 찾고 있는 것이다.

리와 기가 불상리이면서 또 불상잡이며 동시에 리자리理自理 기자기氣自氣가 되는 것은 곧 리와 기의 성격이 다르기 때문이다. 우리는 이미 본 바와 같이 리는 무형무위의 형이상자이고, 기는 유형유위의 형이하자이다. 무형무위이면서 유형유위의 주재가 되는 것이 리요, 유형유위이면서 무형무위의 기器가 되는 것이 기氣이다.

기는 형상의 질료요, 리는 이 질료의 형상됨의 주재라는 것이다. 따라서 기가 형상이 되기 위하여서는 이 리의 주재를 받지 않으면 안 되는 것이다. 여기에서 리와 기는 일물이되 이물이요, 이물이되 일물이 되는 것이다. 눈으로 보는 형상은 곧 감각적 대상이다. 이 감각적 대상으로 시공에 있어서의 재료가 곧 기이고, 리는 시공을 초월하여 기의 주재능인 것이다. 따라서 리와 기는 일물의 양면성과 표리가 되는 것이다.

율곡은 이 점을 확연히 깨쳤던 것이다. 율곡은 바로 이러한 리기의 관계를 가지고 모든 만물의 생성과 조화 그리고 인간의 심성정心性情까지 일관하여 설명하고 있는 것이다.

2. 리기지묘의 의의

율곡의 리기지묘는 대략 위와 같은 내용으로 전개되었다. 율곡은 성리학의 본령인 리理와 기氣로 우주와 인생의 전면을 해석하고 있다. 주회암의 성리체계에서도 이미 지적한 바와 같이 주회암은 리기理氣의 혼동을 가장 우려하였는데, 율곡은 이 점을 충분히 이해하고 그 스스로의 리기체계 위에서 이를 지양한다. 그러면 이 리理와 기氣가 서로 혼동되어지지 않으면서 만물만화萬物萬化의 근거가 어떻게 형성되는 것인가? 그것은 리理는 기氣의 추뉴요 근저요 주재가 되는 반면, 기氣는 비록 유위의 능동성과 형상의 질료성을 가지고 있다 하더라도 리理가 없이는 근저할 곳이 없게 되는 것이다. 기氣가 현실의 사실성이라면 리理는 사실성의 통일의 원리이다. 그리고 리理는 관념성으로 사실 가운데서 그 자신의 무한성을 한정하여 자신을 기氣 가운데서 나타내는 것이다.

율곡은 화담과 퇴계를 종합 지양하고자 하였다. 그는 이미 화담의 용어인 '기자이機自爾'를 쓰면서 기氣의 능동성과 활동성을 충분히 통찰하여 기氣의 사실성과 실재성을 깊이 이해하고 있었다. 그러나 결코 기氣를 궁극적인 보편적 존재로 파악하고 기일원론적氣一元論的 입장에 서지는 않았다. 그는 정자程子의 '음양무시陰陽無始, 동정무단動靜無端'이라는 전통적 성리학의 이론을 근거로 하고 있으면서, 이 동정動靜에 소이의 리理가 동시에 존재하므로 동정에는 리理가 없다고 말할 수 없다는 것이다. 그리하여 화담이 '태극지기太極之氣'인 기氣로서 우주 만물의 근본 원리로 보려는 데 대하여 율곡은 오히려 '태극지리太極之理'로 보는 것이다. 화담이 담일청허지기가 모든 만물에 무소부재無所不在함을 주장하는 데 대하여 율곡은 그것의 다유부재를 말하여 오히려 리理의 우위성(事實, 理와 氣는 서로 同價라고 할 수 있다. 따라서 優位이니 下位이니 尊이니 賤이니 말할 수 없는 것이다. 그러나 말로 풀어 설명하자니 優位라 하는 것이다. 그것은 下位라고 보는 데 대한 상대적 강조에 지나지 않는다. 본질이 그렇다는 것은 아니다.)을 드러낸다. 율곡은 화담의 담일청허지기의 무소부재에 대하여 오히려 리통기국의 일절一節을 모른다고 비판하여 화담을 '견일우자야見一隅者也'라고 하였던 것이다.

율곡은 관념적인 리理로만 존재를 설명하고 기氣는 하나의 리理의 속성으로 볼 수 없었다. 엄연한 존재의 사실성과 실재성을 무시할 수 없는 것이었다. 따라서 율곡은 기氣의 사실성과 실재성을 충분히 이해하고, 이것은 그 자신만으로서 존재하는 것이 아니라 거기에는 관념성의 리理가 주재함을 역설하게 되는 것이다.

한편 율곡은 퇴계의 '리발理發'을 부정함으로써 철저한 리의 무위성을 강조하는 듯하다. 그러나 율곡이 퇴계의 '리발'을 부정하는 관점은 단지 리기의 리합離合과 선후先後가 없음을 말하는 데 그 중점이 있다. 그것이 곧 기발리승일도설氣發理乘一途說이었다. 리理는 무위요 기氣는 유위이기 때문에 기발리승일도인 것이다. 즉 "음양은 동정인데 태극이 이것을 올라타고 발發하는 것이 기氣이며 그 기機를 올라타는 것은 리理이기 때문에 인심人心에는 지각이 있고 도체道體는 무위이다"[131]라고 하였다. 기氣는 유위로 발發하는 운동성을 가지고 있으나, 리理는 무위이고

---

131) 『栗谷全書』, 권20, 「聖學輯要」, "理無爲而氣有爲, 故氣發而理乘, 陰陽動靜而太極乘之, 發者氣也, 乘其機者, 理也, 故人心有覺, 道體無爲."

활동성이 없다. 그러나 비록 리理의 운동성은 부정되나 기機(陰陽의 運動)를 승乘해서 음양이 운동하는 소이所以로 주재가 되기 때문에 사실상 기氣를 통하여 리理는 자기를 드러내는 것이다. 즉, 기氣의 국한성은 곧 리理의 무한성으로 인하여 가능한 것이다.

이와 같이 리기는 불상리한 것이기 때문에 직접적인 리理의 능동적 활동성은 부정되나 직접적인 능동성의 기氣의 주재가 되니 리理가 전부 무위로서 무용지물이 아닐 것이다. 무위 속의 유위가 곧 주재이지만 이것은 리理만 독립시켜 말할 수 없는 것이다. 이미 리기는 원불상리이기 때문이다.

여기에서 리기를 선후 또는 리합으로 보고 생각한다면 율곡의 이론에 큰 차질이 생기는 것이 된다. 율곡은 리理를 물질적이든 정신적이든 모든 현상의 소이연으로 리理가 말하고 있음으로 해서 리발이 따로 있을 수 없게 되는 것뿐이다. 그것은 "천지조화가 모두 기화이듯이 우리의 마음도 기발리승"132)이라고 보고 있는 데 있다. 자연을 통하여 인간을 보는 율곡의 리기론은 여기에 하나의 특징이 있게 되고 동시에 우리 마음에도 리발기발理發氣發이 있지 않고 오직 '심心은 기氣'이기 때문에 발發하는 것은 기氣인 것이요, 그 발發을 가능하게 하는 소이가 곧 리理인 것이다.

율곡은 리기가 원불상리이기 때문에 본연의 기氣나 본연의 리理나 하나인 것이다. 그것이 곧 리지원理之原도 일一이요, 기氣의 근원根源도 하나

---

132) 『栗谷全書』, 권10, 「書2 · 答成浩原」, "天地之化, 吾心之發, 無非氣發而理乘之也."

라는 것이다. 다만 기氣는 유형유위로서 그 스스로의 특성을 갖고 있음으로 현상적인 것은 기氣로 보일 뿐이다. 그렇기 때문에 "본연本然의 기氣가 회복되면 본연의 리理가 드러나게 되는 것이다."[133] 왜냐하면 이미 리理는 기氣 속에 무형으로 기氣를 주재하고 있기 때문이다. 따라서 본연의 기氣를 회복하면 본연의 리理가 스스로 드러내어지는 것이다. 이미 본연의 리理는 그 자신이 모든 사물 가운데 자약하게 있으며 무소부재하기 때문이다.

기氣는 그 자신이 엄폐성을 갖는 것이며 리理는 개명성開明性이 있는 것이다. 리理의 개명성이 기氣의 엄폐로 인하여 그 본연을 현현하지 못하는 것일 뿐이다. 기氣의 엄폐를 제거하면 리理도 그대로 재현되는 것이다. 여기에 율곡의 수위론修爲論으로 교기질의 의의가 나오는 것이다.

율곡은 그의 존재론을 통한 리기불상리理氣不相離 부잡성不雜性을 심성론心性論과 실천론實踐論에도 적용하고 있다.

기氣의 유위유형성有爲有形性으로 인하여 리理의 본연이 엄폐되지만 역시 기氣의 엄폐도 리理가 그렇지 아니한데 기氣만 홀로 그러한 것은 아니다. 다만 그 엄폐된 리理는 기氣에 이미 엄폐되어 있으므로 리理의 본연이 아닐 뿐이다. 여기에 율곡은 수위지공修爲之功이 인간에게 있음을 강조하고 있는 것이다. 리理와 기氣가 불상리하기 때문에 기氣의 본연을 회복하면 리理의 본연이 나타난다. 따라서 율곡은 "본연지기는 호연지기"[134]라 말하여 맹자의 호연지기가 성문에 공이 있음을 말하고 있는

133) 『栗谷全書』, 권31, 「語錄」, "本然之性使蔽者氣也, 使之復者亦氣也."
134) 『栗谷全書』, 권10, 「書2 · 答成浩原」, "氣之本然者浩然之氣也, 浩然之氣充塞天地則本善之理,

것이다.

그는 '도체道體가 무위'라고 하였다. 이러한 도체는 곧 리理이다. 이 리理인 도체는 무위이기 때문에 결국 우리 인간이 이를 준칙으로 스스로 도道를 확충해 나가는 것이다. '도체'가 우리에게 도道를 가르치는 것이 아니다. 인간이 도道를 수행하는 과정에서 도체가 드러나는 것이다. 그 도체는 곧 기氣를 떠나 있는 것이 아니다. 따라서 본연지기를 회복하고 기氣의 엄폐와 용사用事를 정찰하는 데서 도체는 그의 무한성을 드러낸다. 여기에 율곡은 '성의'를 강조하게 되었던 것이다.

율곡은 "사람은 도道를 넓힐 수 있으되 도道는 사람을 넓힐 수 없다"[135]라는 공자의 말을 인용하여 리기지묘의 궁극점을 설명하게 되는 것이다. 우리의 현실 속에 도道는 실현되는 것이지 도道가 우리의 현실을 초월하여 객관적 존재로 있는 것은 아니다.

바로 리理는 기氣 속에 기氣의 주재로 있는 것이다. 그리고 이 기氣는 리理를 발현하는 구체적 사실성이다.

율곡은 리기지묘를 「리기영理氣詠」이란 시를 통하여 다음과 같이 읊고 있다.

원기元氣는 어디서 비롯하였나.
무형이 유형에 있구나.
근원을 궁구하면 본래 합한 것임을 알 것이요.(自註: 理氣가 本來 합해

無少掩蔽, 收孟子養氣善之論, 所以有功於聖門也."
135) 『論語』, "人能弘道, 非道弘人."

있는 것이요. 처음 합하는 때가 없다. 理와 氣를 둘로 보려는 사람은 모두 道를 모르는 사람이다.)
파派에서 갈려 나온 갈래를 따르면 군정群精을 볼 수 있네.(自註: 理氣가 原來 하나이지만 나누어져 二[陰陽]五[五行]의 精이 된다.)
물은 그릇 따라 모나고 둥글며,
허공은 병甁을 따라 적고 커진다.(自註: 氣를 탄 理가 流行할 때 천차만별이 있음이 이와 같다. 병 안에 허공이 있다는 비유는 佛敎에서 나온 것을 인용하였다.)
그대여, 두 갈래(理氣互發)에 혹惑하지 말고,
성性이 정情이 되는 것을 묵험하시오.[136]

이것은 우계가 리기호발理氣互發을 심복心腹하여 율곡의 기발리승일도에 관하여 질의한 것에 대하여 시詩로써 대답한 것인데, 여기에서 보이듯 리기가 본래 합하여 있어 합하는 때(始合之時)가 따로 있는 것이 아니어서 호발互發할 수 없다는 것이다. 만약 리와 기가 떨어져 있다면 리가 발하고 기가 발할 수 있지만 이 둘은 언제나 함께 있기 때문에 발하는 것도 동시同時이다. 그렇기 때문에 율곡은 발하는 것은 기요, 발하는 소이는 리라 하여 이 둘이 서로 선후가 없고 리합이 없다는 것이다.

율곡은 이것을 이론적으로 알려고 하지 말고 오히려 묵험默驗하라 하여 체험을 통하여 알라고 했다. 체험은 논리적 방법이 아니라 그것은

136) 『栗谷全書』, 권10, 「書2 · 理氣詠 呈牛溪道兄」, "元氣何端始. 無形在有形. 窮源知本合.(自註: 理氣本合也, 非有始合之時, 欲以理氣二之者, 皆非知道也.) 沿派見群情.(自註: 理氣原一而分爲二五之精.) 水逐方圓器, 空隨小大甁.(自註: 理之乘氣流行, 參差不齊者如此. 空甁之說, 出於釋氏, 而其譬喩親切.) 故用之二岐君莫惑默驗性爲情."

오히려 직관적 방법을 말하는 것이다. 리기본자합理氣本自合을 이치로만 알 것이 아니라 직관으로 체험하라는 말에 율곡이 리기를 보는 견해가 드러난다.

그는 리기의 근원이 하나임을 말하며 양극단을 조화한다. 그것은 퇴계의 리발로 인한 리理의 극존무대성極尊無對性과 화담의 기일원론氣一元論을 종합함으로 리기지묘를 내세우는 것이다. 퇴계의 호발설에 대해서는 기발리승으로 화담의 기일원론氣一元論에 대해서는 리통기국을 말하게 되는 것이다. "리통기국 및 기발리승일도설은 보편적 원리와 특수한 사실을 상호 관계하에서 파악한 것이라 볼 수 있는 것이다."[137]

"율곡은 리기지묘의 사상으로 존재의 보편과 특수를 조화하였으며 한편 이러한 견해는 성리와 실사가 혼융무간한 관계에서 파악된 것이라고"[138] 볼 수 있는 것이다. 여기에 리기지묘가 차원의 문제라는 말이 성립된다. 리기지묘를 이해하려는 우리의 사유의 차원이 한층 높아져야 하는 것이다. 우리의 일상적이고 평면적인 사유로부터 한 차원 높여서 보아야만 리理와 기氣의 불가리성不可離性과 혼융무간한 관계에서 '성리性理와 실사實事'가 파악되리라 본다.

여기에 이론과 실천, 존재와 가치, 관념과 사실의 일치와 조화가 있게 되는 것이다.

율곡은 어느 성리학자보다 이 점을 중시했으며 그것이 곧 '리기지묘'라는 표현으로 대치되었던 것이다.

---

137) 李東俊, 『十六世紀韓國性理學派의 歷史意識에 關한 研究』(成均館大學敎大學院), p.199 참조.
138) 李東俊, 『十六世紀韓國性理學派의 歷史意識에 關한 研究』(成均館大學敎大學院), p.199 참조.

율곡의 존재론은 이와 같이 관념과 사실의 일치와 보편과 특수의 종합과 조화의 근거로서 리기지묘를 주장하였으며 또한 그것은 그의 심성론과 실천론으로 연결되는 것이다. 그는 심성론에서는 존재와 가치의 일치를 꾀하는 면에서 심心의 발發은 기氣이며, 기氣의 주재자는 리理임을 밝혔다. 그리고 실천론은, '심시기心是氣'인 우리의 마음은 결국 리理의 주재를 받고 있지만 먼저 발자發者가 기氣이기 때문에 우리의 모든 공부도 기氣에 대하여 하는 공부가 될 수밖에 없음을 강조하게 되는 것이다.

여기에 비록 율곡이 리理보다 기氣를 소상히 밝혔지만 그것은 어디까지나 기氣가 발자發者이기 때문에 그 발發하는 기氣의 본질을 알아야 무위인 리理가 그 자신을 개명할 수 있기 때문이었음을 알 수 있다.

리기지묘는 그의 성리학의 전 체계에 일관되어 있으면서 모든 사고의 독단성을 화쟁하는 논리가 되고 있는 것이다. 여기에 리기지묘의 의의가 있다.

제3장 심성정론

제1절 심성정의설

1. 심의 정의

우리는 이제까지 율곡의 형이상학적 존재론을 살펴 왔다. 존재론의 근본 구조였던 리理와 기氣는 결국 인간은 어떻게 살 것인가를 해명하려는 존재의 두 근원 개념이었다.

유학이 목적하는 바 이상적 인간상은 성인으로서 천인합일天人合一이다. 따라서 유학의 공부는 우리가 어떻게 해서 이러한 인간상에 접근하며, 될 수 있는가에 있다. 특히 율곡은 누구보다도 성인을 그의 학문의 준칙으로 삼았다. 어떠한 사람이 성인인가. 그것은 곧 불상이득不想而得이요 불면이중不勉而中의 세계에 있는 사람이다.

율곡은 다음과 같이 말하였다.

> 물物을 궁구하는 데 지극하고 지知를 다하는 데 지극하며 뜻을 다하는 데 지극하고 성실하고 마음을 다하는 데 바르게 한 이는 성인이요, 물物을 궁구하고 지知를 지극하게 하며 뜻을 성실히 하고 마음을 미루어

> 도 그 극진한 데 이르지 못하는 이는 군자君子이며, 군자 위에 나아가 성인聖人에게 가장 가까우면서도 한 사이를 도달하지 못한 이는 안자顔子이며, 격물치지를 하지 못하여 격물치지를 하고자 하고 성의정심을 하지 못하여 성의정심을 하고자 하는 사람은 배우는 사람이다.[1]

율곡은 성인은 격치성정格致誠正이 저절로 되는 이를 말하고, 격치성정을 지극히 해도 극진한 데 이르지 못하는 이를 군자라 하고, 격치성정이 안 되어 하고자 하는 사람은 곧 학자라고 하였다.

그렇다면 이러한 성인은 어디에서 이루어지는가? 성인은 바로 격치성정格致誠正에 있다. 이러한 격치성정은 곧 우리 마음에서 이루어진다. 따라서 우리의 이 마음은 모든 도리道理가 들어 있는 곳이다. 그리하여 주회암도 "모든 도리道理가 심心에 갖추어 있다. 심心은 도리의 존착처存着處이다"[2]라고 말하였다. 물론 모든 도리가 심心에 갖추어져 있다고 함은 심心이 최고 주체 혹은 만리萬理의 근원이라는 말은 아니지만 '리理'가 있는 곳임은 틀림이 없다. 이 마음에 의거하여 리理를 알 수밖에 없다.

율곡은 특히 심心을 중요하게 다루고 있다. 그의 『성학집요』 내용 중 「정심장」을 두어 다음과 같이 말한 것으로도 그 증거가 된다.

> 신臣이 살피건대 위 두 장章의 공부工夫는 정심이 아닌 것이 없으나 각각 주장하는 바가 있으므로 따로 정심을 주로 한 선현先賢의 훈계를 편

---

1) 『栗谷全書』, 권9, 「書1 · 答成浩原」, "愚則以爲物極其格, 知極其至, 意極其誠, 心極其正者, 聖人也, 格致誠正, 而未造其極者, 君子也, 就君子上, 最近聖人, 而未達一間者, 顔子也, 未格致, 而欲格致, 未誠正, 而欲誠正者, 學者也,"

2) 『朱子語類』, 권제5, "道理都具在心裏. 說一個心, 便教人言, 識得個道理存着處."

집하여 함양涵養과 성찰省察의 뜻을 상세히 논하였습니다. 주자朱子가 말하는 "경敬은 성문聖門의 제일의第一義이므로 철두철미하게 하여야지 간단間斷이 있어서는 아니된다" 하였습니다. 그러므로 이 글의 대요大要는 경敬을 주主로 하였습니다.[3)]

여기서 위 두 장이라 함은 「교기질장矯氣質章」과 「양기장養氣章」을 말한다. 이것을 미루어 보면, 교기질矯氣質이라든가 양기養氣는 모두 정심공부正心工夫에 의하여 이루어지는 것이다. 그리고 이 정심공부는 함양과 성찰로 나누었다. 그렇다면 과연 이러한 공부의 근본인 마음이란 어떠한 특징과 구조를 가지고 있는 것인가? 율곡은 정주의 성리학을 계승하였다. 따라서 그도 심을 리기론적 구조에 의하여 해석하고 또한 정주의 기본 심관心觀을 크게 벗어나지 않았다. 그리하여 다음과 같이 말하였다.

오직 사람은 정正하고 통通한 기氣를 얻었는데 청탁수박淸濁粹駁이 유만부동有萬不同하여 천지天地의 순일純一과는 부동不同하나, 그 심心이 허령하고 통철하여 만리萬理가 갖추었으므로 탁濁한 것도 청淸한 것으로 변하게 할 수 있고 잡雜된 것도 순잡純雜하게 변화하게 할 수 있다. 그러므로 인간에게만 홀로 수위지공修爲之功이 있다. 수위修爲가 지극至極하면 천지를 일정한 자리에 있게 하고 만물을 육성하게 되는 것이니, 이렇게 된 연후에야 우리의 할 일을 다한 것이다.[4)]

---

3) 『栗谷全書』, 권21, 「聖學輯要3」, "臣按上二章工夫莫非正心, 而名有所主, 故別輯訓之主於正心者, 詳論涵養省察之意. 朱子曰, 敬乃聖門第一義, 徹頭徹尾, 不可間斷. 故此章大要, 以敬爲主焉."

4) 『栗谷全書』, 권10, 「書2 · 答成浩原」, "惟人也得氣之正且通者, 情濁粹駁有萬不同, 非若天地之純一矣, 但心之爲物, 虛靈洞徹萬理具備, 濁者可變而之情, 駁者可變而之粹. 故修爲之功, 濁在於人. 而修爲人之極, 至於位天地育萬物, 然後吾人之能事畢矣."

마음은 허령통철虛靈洞徹하여 만리萬理를 구비하고 있고, 더구나 기질을 변화시킬 수 있어, 인간의 수위修爲의 원동력이라 말하고 있다.

물론 이러한 심心의 정의定義는 율곡의 독창獨創은 아니지만, 기질氣質을 변화시킬 수 있다는 데 강점을 두어 리론理論을 전개한 것이 특징이다. 이제 주회암이 심心을 어떻게 보고 있는가를 먼저 살펴보자.

주회암은 "심心은 기氣의 정상情爽이다"[5], "허령虛靈, 이것이 심心의 본체本體이다"[6], "인물의 태어남이 태극의 도道에 있지 않음이 없다. 음양오행에 기질氣質이 교운交運하여 사람이 품수하는바 홀로 그 기氣가 수秀함을 얻어 심心이 그 영靈을 취하고 그 성性을 잃지 않음으로써 완전하다"[7], 또 더 나아가 "심유선악心有善惡, 성무불선性無不善"[8], "성性은 심心의 소유리所有理요, 심心은 리理가 있는 바의 집이다"[9], 또 "성문聖門에 소위 심心은 곧 천질天秩, 천명天命, 천계天計, 측은惻隱, 선악善惡, 시비是非, 사양辭讓 등이 모두 구비하지 않은 바 없다. 그래서 심心 밖에 법法이 없다"고 한다. 그러므로 맹자가 말하길 "진기심盡其心이라 함은 그 성性을 아는 것이다. 그 성性을 알면 천天을 안다"[10]라고 하여 심心은 성덕聖德의 노력에 가장 중요한 관건임을 주장한다.

주회암의 이러한 내용은 율곡이 말하는 심心이 성덕聖德의 중요한 관

---

5) 『朱子語類』, 권제5, "心者氣之精爽."

6) 『朱子語類』, 권제5, "虛靈而是人之本體."

7) 『周子全書』, 권1, "蓋人物之生, 莫不有太極之道焉. 然陰陽五行, 氣質交運, 而人之所稟, 獨得其秀, 故心爲取靈, 而有以不失其性之全."

8) 『朱子語類』, 권제5, "心有善惡, 性無不善."

9) 『朱子語類』, 권제5, "性便是心之所有之理, 心便是理之所舍之地."

10) 『朱子文集』, 권30, 「答張欽夫」, "若聖門所謂心, 則天秩, 天命, 天計, 惻隱, 善惡是非, 辭讓, 莫不該備, 而心無外法, 故孟子曰, 盡其心者, 知其性也, 知其性則知天矣. ……"

건이라 함과 크게 다르지 않다.

주회암이 성性에 대하여 "성性은 심心의 리理요, 정情은 성性의 동動이요, 심心은 성정性情의 주主이다"[11]라고 하였다. 이것은 장횡거張橫渠(1020~1077)의 심통성정心統性情의 설說과 같다.

> 심心은 통성정統性情이다.…… 성性은 불선不善이 없다. 심心이 발發해서 정情이 되면서 혹 불선이 있다. 불선이라 말하는 것은 이 심心을 말하지 않고, 부득이 그렇게 말한 것이다. 도리어 이 심心의 본체는 본래 불선이 없다. 그것이 유행하여 불선이 된다 함은 정情이 물物에 옮겨서 그렇게 됨을 이른다.[12]

이와 같이 주회암은 심心은 성정을 모두 통합한 것이라 보았고, 심心의 본체는 본래 무불선無不善이나 정情에 의하여 선악善惡이 나타난다고 보았다.

다시 이것을 리기理氣에 관계해서 말하였다.

> 심心의 리理는 태극이요, 심의 동정은 음양이다.[13]

> 성性은 태극과 같고 심心은 음양과 같다. 태극은 단지 음양 가운데 있어서 음양을 떠날 수 없다. 그러나 그 궁극을 논하면 태극은 스스로

---

11) 『朱子語類』, 권제5, "性者, 心之理, 情者, 性之動, 心者, 性情之主."
12) 『朱子語類』, 권제5, "心統性情者也.……性無不善. 心所發爲情, 或有不善. 說不善非是心, 亦不得. 卻是心之本體, 本無不善. 其流而爲不善者, 情之遷於物而然也."
13) 『性理大全』, 권33, 「性理5」, "心之理是太極, 心之動靜是陰陽."

태극이요, 음양은 스스로 음양이다. 성性과 심心도 오직 이와 같다. 이른바 일이이一而二, 이이일二而一이다. 인의예지신仁義禮智信은 성性이요, 희노애락을 말하면 정情이다. 대개 제자諸子의 말이 이와 같다.[14]

또 성정性情을 겸兼하여 "리理가 인심에 있어서 이것을 성性이라고 하고 성性은 마치 심心의 전지田地와 같다.…… 심心은 신명神明의 집으로 일신一身의 주재가 된다"[15]라고 말하고 있다.

주회암의 이와 같은 언명言明을 종합해 보면, 심心은 일신一身의 주재로 기氣의 정상精爽이요, 허령의 본체로서 만리萬理가 구족具足되었다. 이 심心을 리기론으로 보면 심心은 리기의 합으로, 심心의 체體는 리理로서 성性이요, 심心이 발發하여 물物과 접촉하여 정情이 되는데, 이 정情은 곧 심心의 용用이다. 그렇다고 해서 심心은 성性과 정情이 따로 있는 것이 아니라, 심心은 성정性情을 통합하고 있다. 그러나 성性은 인의예지신仁義禮智信 오성五性이요, 정情은 희노애락 등 칠정七情에 속한다. 따라서 심心은 만물萬物 가운데 오직 인간만이 그 기氣의 정상精爽을 받아 허령지각虛靈知覺이 있으니, 이것으로 인간의 모든 수행修行의 근본으로 삼아야 하고, 성문聖門에 들어갈 수 있다. 심心이란 학學의 대본大本이라는 것이다. 가치론적으로 보면 심心은 본래 무불선無不善이지만, 정情이 물物에 천遷하여 유불선有不善이 있으니, 부득불不得不 불선不善이 있다고 말했다. 여하간

---

14) 『朱子語類』, 권제5, "性猶太極也, 心猶陰陽也. 太極只在陰陽之中, 非能離陰陽也. 然至論太極自是太極, 陰陽自是陰陽. 惟性與心亦然. 所謂一而二, 二而一也. 韓子以仁義禮智信言性, 以喜怒哀樂言情. 蓋愈於諸子之言性.……"

15) 『朱子語類』, 권제98, "理在人心, 是之謂性, 性如心之田地. 充此中虛, 莫非是理而已. 心是神明之舍, 爲一身之主宰."

심외무법心外無法이니, 이 심을 잘 수위修爲함으로 참다운 성문聖門에 들어갈 수 있다고 보았던 것이다.

이러한 주자의 심성정관心性情觀에 대하여 율곡은 그 대종大宗은 서로 크게 다르진 않지만, 가장 요긴한 곳에서는 주자朱子의 심성정관心性情觀에 대하여 더욱 치밀하게 해석하고 강조하는 것이 있다. 그것이 곧 심성정心性情 위에 의意를 하나 더한 것이다.

2. 일심과 심성정의일로

그러면 이제 율곡의 심성정의일로를 밝히기로 하겠다. 심心이란 무엇인가를 통하여 그 심心과 성性, 정情, 의意와의 관계를 밝히면서 리기와의 관계를 함께 서술하겠다. 그리고 마지막으로 심성정의心性情意가 왜 일로一路인가를 서술하겠다.

율곡은 주회암과 같이 심心은 기氣의 정상精爽으로 보고 있다. 율곡은 말하기를 "마음은 지통지정至通至正한 기氣가 엉키어 마음이 되었음으로 허령虛靈한 것이다"[16] 또는 "마음의 본체는 담연허명湛然虛明하여 빈 거울과도 같고 평평한 저울대와 같다"[17]라고 함으로 심心을 기氣의 지통지정至通至正으로 구성하였으며, 한편 기氣의 본체인 담연허명湛然虛明에 비교함을 볼 수 있다. 이것은 이미 그가 심心을 기氣의 정상精爽이라고 보는

16) 『栗谷全書』, 권31, 「語錄上」, "心之虛靈, 不特有性而然也, 至通至正之氣, 凝而爲心, 故虛靈也."
17) 『栗谷全書』, 권21, 「聖學輯要3」, "心之本體湛然虛明, 如鑒之空, 如衡之平."

주회암의 견해와 크게 다르지 않다. 이러한 마음의 능력은 어떠한가?

"사람의 한 마음에는 만萬 가지 이치가 전부 갖추어져 있다"[18], "마음은 허령통철虛靈洞徹하다"[19] 등이 곧 마음의 능력이다. 이러한 마음의 능력 때문에 수위修爲의 공功이 있다고 말할 수 있다. 다시 주자의 말을 인용하여, 율곡은 "마음의 허령虛靈이나 지각知覺은 하나이다"[20]라고 말하여 마음이 만리萬理를 구비하고 있는 반면, 지각능력知覺能力이 있다고 본다.

이러한 심心과 리기의 관계는 어떠한가?

"심心의 지知할 수 있고 각覺할 수 있는 것은 기氣이고, 지知하는 까닭과 각覺하는 까닭은 리理이다"[21]라고 말하여, 심心의 지각하는 능력은 기氣이나 그렇게 하는 까닭은 리理라고 하여, 리기불상리理氣不相離와 기발이리승氣發而理乘의 그의 논리를 전개하고 있다. 그리하여 심心을 성性과 관계하여 말하기를, "성性과 기氣를 합하여 일신一身에 주재된 것을 심心이라고 하며, 심心이 사물에 응하여 밖에 발發하는 것을 정情이라 이르는데, 성性은 심心의 체體요, 정情은 심心의 용用이다. 심心은 미발이발未發已發의 총명總名이므로 심心은 성정性情을 통합한다"[22] 하였다.

심心은 리理(性)와 기氣가 합하여 일신一身에 주재된 것으로 보며, 정情은 심心이 사물에 응하여 밖에 발發하는 것이라 말하고, 성性은 심心의

18) 『栗谷全書』, 권20, 「聖學輯要2」, "人之一心萬理全具, 堯舜之仁, 湯武之義."
19) 『栗谷全書』, 권2, 「書2 · 答成浩原」, "但心之爲物, 虛靈洞徹, 萬理具備."
20) 『栗谷全書』, 권20, 「聖學輯要2」, "朱子曰, 心之虛靈知覺一而之矣."
21) 『栗谷全書』, 권31, 「語錄上」, "能知能覺者氣也. 所以知所以覺者理也."
22) 『栗谷全書』, 권14, 「雜著1」, "合性與氣而爲主宰於一身者謂之心, 心應事物, 而發於外者謂之情. 性是心之體, 情是心之用, 心是未發已發之總名."

체體요, 정情은 심心의 용用이라 말한다.

여기에서 율곡은 심성정心性情의 리기관계理氣關係를 명백히 하고 성性은 리理이고 정情은 물物에 응하여 발發하는 기氣라 한다.

> 리기理氣가 혼융하여 원래 서로 떠나지 않는 것이니, 심心이 동動하면 정情이 되고, 발發하는 것은 기氣요 발發하는 까닭은 리理이다. 기氣가 아니면 능히 발發하지 못할 것이요, 리理가 아니면 발發하는 소이所以가 없을 것이니, 어찌 리발기발理發氣發의 다름이 있는 것인가.[23)]

또한 이것은 성정性情을 리기와의 관계에서 정情을 해명한 것인데, 심心의 용用이 정情이니 심心의 발發은 기氣이지만 그 까닭은 리理라 하여, 소위 사단칠정四端七情에 있어서 사단四端은 리理에서 발發하고 칠정七情은 기氣에서 발한다고 하여 퇴계의 호발설을 비판한다. 이 점은 사단칠정론四端七情論에서 다시 상론詳論하기로 하고 여기서는 논의하지 않겠다.

이와 같이 심心은 성정性情의 주主로 정情은 성性의 용用이요, 성性은 정情의 체體로 심성정心性情의 관계를 설명하고, 그 리기적 특성을 말하고 있음을 보았다.

율곡은 주회암이 다만 심통성정心統性情이라고 한 데 대하여 심성정의일로心性情意一路라고 하면서 의意를 하나 더 첨가하여 말하고 있다. 예를 들면 주회암은 다음과 같이 말한다.

---

23) 『栗谷全書』, 권14, 「說」, "理氣渾融元不相離, 心動爲情也, 發之者氣也, 所以發者理也. 非氣則不能發, 非理則無所發, 安有理發氣發之殊乎."

> 통統은 주재한다는 뜻이다. 성性은 마음의 리理요, 정情은 마음의 용用이요, 마음은 성정性情의 주재이니, 곧 리理를 갖추어서 이 정情을 행하는 것이다. 지智로써 말하면 시비是非의 리理를 아는 것은 곧 성性이요, 시비를 알고 시비를 하는 것은 정情이요, 이를 갖추어 그 시비가 되는 것을 깨닫는 것이 마음이다.[24]

즉 어디까지나 성정性情을 위주로 말하고 있는 데 대하여 율곡은 심心의 작용면을 하나 더 추가하여 의意까지 합해서 다음과 같이 말하며, 우리의 마음이 성정의性情意의 주主가 됨을 역설하고 있다.

> 성性은 심心의 리理요 정情은 심心의 동動이니, 정情이 동動한 연후에 정情으로 인하여 계교計較하는 것이 의意가 된다. 만일 심心과 성性이 둘이라면 도道와 기器가 서로 떠날 수도 있을 것이며, 정情과 의意가 둘이라면 사람의 마음에도 두 가지 근원이 있을 것이니, 어찌 그릇된 이론이 아니겠는가? 모름지기 심心, 성性, 정情, 의意가 같이 일로一路이면서 각각 경계境界가 있는 줄 안 연후에야 그릇됨이 없다 할 것이니, 어째서 일로一路라 하는가. 심心의 미발은 성性이요, 이발은 정情이요, 정情이 발發한 후에 헤아리는 것이 의意가 되는 것으로 이것이 일로一路인데, 어째서 각각 경계境界가 있다고 하는가. 심心이 고요히 동動하지 않을 때는 성性의 경계요, 심心이 감촉感觸하여 동動할 때는 정情의 경계요, 느끼는 바에 대하여 이리저리 계교計較하고 헤아리는 것은 의意의 경계가 되는 것이므로, 일심一心으로 각각의 이러한 경계가 있는 것이다.[25]

24) 『朱子大全』, 권제55, 「答潘濂」, "性只是理, 情是流出運用處, 心之知覺, 卽所以具, 此理而行此情也. 以智言之, 所以知是非之理, 則智也, 性也, 所以知是非而是, 非之者情也, 具此理而覺其爲是非者心也, 此處分別只在毫釐之間, 精而察之, 乃可見耳."

결코 심心과 성性은 둘이 아니며, 정情과 성性도 둘이 아니다. 다만 이 한 마음속에서 그 기능이 서로 다른 것뿐이다. 즉 심心의 리理로서 성性은 심의 체體이고 성의 발發로서 정情은 심의 용用이다. 그리고 정이 발發하여 있는 상태를 계교상량計較商量하는 것은 의意라 한다. 따라서 이것은 모두 심성정의일로이지 서로 이물二物이 되는 것은 아니라는 것이다.

율곡은 우리의 심리적 내면성을 이렇게 분석하여 이러한 심성정의 일로를 전제로 사단四端과 칠정七情도 심心의 발發로, 결국 리理의 발發은 있을 수 없고 기氣의 발發이라고 함으로써 그의 사단칠정설四端七情說을 전개한다.

---

25) 『栗谷全書』, 권14, 「雜著1 · 雜記」, "性是心之理也, 情是心之動也, 情動後緣情計較者爲意. 若心性分二, 則道器可相離也, 情意分二, 則人心有二本矣, 豈不大差乎. 須知性心情意, 只是一路而各有境界, 然後可謂不差矣, 何謂一路. 心之未發爲性, 已發爲情, 發後商量爲意, 此一路也, 何謂各有境界. 心之寂然不動時, 是性境界, 感而遂通時是情境界, 因所感而紬繹商量, 爲意境界, 只是一心各有境界."

제2절 사단칠정설

1. 사단칠정의 의미

사단四端이란 맹자가 그의 「공손추장公孫丑章」에서 처음 말한 것인데, 그것은 측은惻隱, 수오羞惡, 사양辭讓, 시비是非의 마음으로 인의예지仁義禮智의 단서端緖를 말한다.

맹자에 의하면 다음과 같다.

> 사람은 누구나 다 사람에게 차마 그렇게 하지 못하는 마음(不忍人之心)을 가지고 있다. 사람이 다 사람에게 차마 그렇게 하지 못하는 마음을 가지고 있다는 것은, 지금 갑자기 어린아이가 우물에 빠지려는 것(孺子入井)을 보고 흔연히 다 놀래어 측은惻隱한 마음을 갖게 되는데, 그것은 어린아이의 부모와 교제交際하려는 것도 아니고, 마을 사람이나 친구들에게 명예名譽를 얻으려는 것도 아니며, 그 비난非難하는 소리를 무서워해서 그런 것도 아니다.[26)]

---

26) 『孟子』, 「公孫丑上」, "孟子曰所以謂人皆有不忍人之心者. 今人乍見孺子將入於井, 皆有怵惕惻隱之心, 非所以內交於孺子之父母也, 非所以要譽於鄉黨朋友也, 非惡其聲而然也."

인간에게는 누구나 “사람에게 차마 그렇게 하지 못하는 마음이 있다”(不忍人之心)라는 데서부터 인간의 측은한 마음 등 사단이 있다는 것을 추론하는 것이다. 그리하여 맹자는 다음과 같이 말하였다.

> 측은한 마음은 인仁의 단端이고, 수오하는 마음은 의義의 단端이며, 사양하는 마음은 예禮의 단端이고, 시비의 마음은 지智의 단端이다.[27]

이에 대하여 주회암은 “인의예지는 성性이요, 측은, 수오, 사양, 시비를 사단으로 정情이라고 본다. 단端은 실마리이고, 그 정情이 발發하기 때문에 성性의 본연을 볼 수 있는데, 마치 물物이 중中에 있으면 실마리가 밖에 나타나는 것과 같다”[28]고 하였다.

인의예지(性)는 인간이면 누구나 그 마음속에 가지고 있는 것이다. 이것이 누구에게나 있음을 알 수 있는 사실은 측은, 수오, 사양, 시비를 사단의 발로현상發露現象이라고 보고 있는 것이다.

인간이면 누구나 가지고 있는 이 인의예지는 곧 인간의 본성이요, 이것이 곧 ‘인간의 성性’이다. 인간의 ‘본연지성’을 드러내는 것은 곧 정情을 통通하여 이 사단이 나오는 것이다.

맹자는 “인간이 사단을 가진 것은 사체四體를 가진 것과 같다”[29]라고

27) 『孟子』, 「公孫丑上」, “惻隱之心, 仁之端也, 羞惡之心, 義之端也, 辭讓之心, 禮之端也, 是非之心, 知之端也.”

28) 『孟子集註』, 「公孫丑上」, “惻隱羞惡辭讓是非情也, 仁義禮智, 性也, 心, 統性情者也. 端, 緖也, 因其情之發, 而性之本然可得, 而見猶有物在中, 而緖見於外也.”

29) 『孟子集註』, 「公孫丑上」, “人之有是四端也, 猶其有四體也, 有是四端, 而自謂不能者, 自賊子也. ……”

말하여, 인간의 육체적 사지四肢와 인간의 마음의 사단을 대비하여 말하고 있다. 그리고 이 사단은 확실히 있는 것이기에 이것을 실천하지 못하고 불능不能이라고 한다면 스스로를 해(賊)하는 것이라고 하여, 사단은 우리가 실천해야 할 당위當爲라고 말하고 있다.

맹자는 다음과 같이 말하여, 이 사단을 확충해야만 참된 인간이 되고 또 본성을 실현하는 길이라고 보고 있다.

> 이 사단이 나에게 있는 것을 알고 확충하면 불(火)이 타기 시작하는 것과 같고 샘(泉)이 처음으로 나기 시작하는 것과 같은 것이니, 진실로 능能히 이것을 충만하게 하면 사해四海를 보전할 것이요, 진실로 이것을 충만하게 하지 못하면 부모도 섬기지 못할 것이다.[30]

그런데 맹자는 그의 고자告者와의 대화에서 식색食色의 성性은 불선 또는 악성惡性으로 보아, 오직 "인간의 본성은 인의예지라고 보고, 이것만이 선善이라고 주장한다."[31] 따라서 맹자의 성선설性善說이 여기서 성립되며, 인의예지가 선善한 성性이므로 거기서 나온 사단의 정情도 선善임을 알 수 있다.

칠정七情이란 무엇인가?

칠정이란 『예기禮記』에서 말한 "희노애락애오욕喜怒哀樂愛惡欲"[32]을 가

---

30) 『孟子集註』, 「公孫丑上」, "凡有四端於我者, 知皆擴而充矣, 若火始然, 泉之始達, 苟能充之, 是以保四海, 苟不充之, 不足以事父母."

31) 『孟子』, 「告子上」, "惻隱之心, 仁也, 羞惡之心, 義也, 恭敬之心, 禮也, 是非之心, 智也, 仁義禮智, 非由外鑠我也, 我固有之也, 弗思耳矣, 故曰求則得之, 舍得失之, 或相倍蓰而, 無算者, 不能盡其才者."

리킨다. 이것은 사람이 나면서부터 본능적으로 가지고 있는 정情의 총화總和인데, 배우지 않고도 능能한 것이다. 이것은 곧 인정人情의 총화總和라고 볼 수 있다. 총화라는 뜻은 인간의 정情을 칠정 이상으로 더욱 세분할 수 있다 하더라도, 그것은 결국 이 칠정에 포함됨을 뜻하는 말임을 알 수가 있다. 우리의 정情에는 식색食色의 정情도 있고 또한 사단의 정情도 있지만, 이러한 식색이나 사단의 정情은 특수하고 부분적인 것에 지나지 않는다.

칠정七情은 그 명칭을 가지고 말하는 것이 아니라, 의미상으로 말하는 용어이다. 『중용』에서도 '희노애락미발喜怒哀樂未發'이라는 구절에서 칠정 전부를 들어 말하지 않는 것은 이미 정情이란 칠정을 말하는 것으로 통용되고 있기 때문이다. 따라서 우리의 정情, 즉 인간의 정情은 그 의미상으로 칠정七情으로 총칭될 수 있다.

정情은 아직 '선善이다 악惡이다'라고 규정할 수 없다. 그저 인간의 정情은 이와 같이 칠정으로 나타난다는 것에 불과하다. 이러한 사단과 칠정을 리기의 관계에서 논할 때 이것을 어떻게 해석하느냐 하는 것이 중요한 문제이다. 그리고 이러한 문제로 인하여 사단칠정설四端七情說이 더욱 중요하게 다루어진 것도 사실이다.

그렇다면 여기에서 퇴계의 사단칠정설을 먼저 살펴보고 퇴계와 율곡의 차이점을 발견해 내어 율곡의 사단칠정을 이해하기로 한다.

---

32) 『禮記』, 「禮運篇」.

2. 퇴계의 사단칠정설

퇴계의 사단칠정설이란 이 사단칠정을 리기로 해석한 것이다. 바로 「천명신도天命新圖」에서 "사단리지발四端理之發, 칠정기지발七情氣之發"이라고 말한 것이라든가, 『성학십도聖學十圖』에서 "사단리발이기수지四端理發而氣隨之, 칠정기발이리승지七情氣發而理乘之"라 한 것을 말한다.

퇴계가 처음에 "사단리지발四端理之發, 칠정기지발七情氣之發"이라 한 것은 원래 추만秋巒(鄭之雲)의 설인 "사단발어리四端發於理, 칠정발어기七情發於氣"를 정정訂正한 것이다. 퇴계가 이렇게 정정하자 이 정정된 해석은 곧 고봉高峯(奇大升, 1527~1572)을 비롯한 당대 학자들의 토론의 대상이 되었다.

그런데 퇴계와 고봉高峯 기대승奇大升 사이의 논쟁은 퇴계가 리기양발理氣兩發을 주장한 데 대하여 고봉도 마지막에 "정지발야情之發也, 혹리동이기구或理動而氣俱, 혹기감이리승或氣感而理乘"[33]이라는 그의 주장을 냈다. 이것은 퇴계가 호발互發로서 리발기발을 모두 인정한 데 대하여 고봉도 리발기발을 인정한 공발론共發論이 되고 말았다.

퇴계退溪와 고봉高峯이 모두 리기양발理氣兩發을 기반으로 하지만, 그 차이점은 첫째, "퇴계는 주회암의 이른바 리기의 결시이물決是二物과 불가분개不可分開의 양면을 절충 조절하여 리기의 불리부잡不離不雜을 주장하지만, 그가 리기상수호발理氣相須互發을 말함으로써 주리와 주기로 분설하는

---

33) 『退溪文集』, 권17, 「書 · 答奇明彦」, "大升欲改之曰, 情之發也, 或理動而氣俱, 或氣感而理乘, 如此下語."

것은 역시 리기결시이물理氣決是二物 쪽으로 기울어져 호발에 중점을 두는 것 같다. 이것은 확실히 불가분개不可分開에 모순이 되는 것이다. 그리고 리무위理無爲에도 어긋남이다. 그런데 고봉도 리理는 동動한다고 했다. 이때 리理는 활물活物이다. 퇴계의 리기호발理氣互發은 리기선후호발理氣先後互發이다. 고봉의 리기양발理氣兩發은 리기동시공발理氣同時共發이다."34)

둘째, "사단칠정에 대한 퇴계와 고봉 간의 개념 차이이다. 퇴계는 사단을 순리純理로서 무불선無不善, 칠정을 겸기兼氣로서 유선악有善惡이라 생각함으로, 이것이 리귀기천理貴氣賤사상과 결합하여 사단과 칠정을 별물로 봄으로 퇴계에게 사칠의 관계는 칠정 대對 사단의 논리로 일관한다. 그러나 이에 반해 고봉은 칠정을 정情의 전부로서의 유선악有善惡이며 사단은 칠정 중의 선일변善一邊을 가리킨다. 이것은 칠정포사단七情包四端의 논리이다. 이에 퇴계에게 있어서 무불선無不善과 유선악有善惡의 문제는 리발理發과 기발氣發, 따라서 기수氣隨와 리승理乘의 형식으로 주리主理와 주기主氣로 요약되지만, 고봉에게 있어 선善과 악惡의 문제는 리강기약理强氣弱, 기강리약氣强理弱의 관계형식으로 요약될 수밖에 없다."35)

퇴계와 고봉이 이와 같은 차이점을 가지면서, 그리고 그 많은 논변을 통하여 퇴계가 리발기발을 주장했던 근거는 어디에 있었던가? 그것은 "요컨대 사단칠정은 의미로 보거나 그 발출현상發出現象(所從來)으로 보거나 리발기발로 해석할 수 있다는 것이다. 즉 의미로 볼 때 사단은 선善인 데 비하여, 칠정은 선악미정善惡未定 또는 본래는 선善이지만 악惡으로

34) 裵宗鎬, 『韓國儒學의 課題와 展開』, pp.235~236 참조.
35) 裵宗鎬, 『韓國儒學의 課題와 展開』, pp.235~236 참조.

흐르기 쉬운 것(本善而易於惡)이므로, 전자는 리理에, 후자는 기氣에 분속대비分屬對比할 수 있으며, 발출發出하는 것으로 보아도 전자는 성性이 발發한 것 또는 리理가 우선 발發하는 것인 데 비하여, 후자는 형기形氣에 감동感動되어 발發하는 것 또는 기氣가 우선 발發한 것이므로 각각 리발기발이라 할 수 있다는 것이다. 뿐만 아니라 한 걸음 나아가 퇴계는 리理와 기氣가 서로 발용發用의 측면을 가졌다고(互有發用), 즉 호발互發한다는 이론을 근거로 리발기발을 주장한다."[36]

여기에서 퇴계는 리기통론理氣通論의 리理는 형이상자로 무형무위라고 하는데도 불구하고, 사단칠정설에서는 이러한 통론을 벗어나면서까지 사단을 리발이라 하여, 리理의 유위성有爲性을 주장하게 된다. 이러한 점에서 퇴계는 리理 중시 경향을 나타낸다.

이러한 퇴계와 고봉의 사단칠정의 이론에서 서로 상이한 점을 율곡은 어떠한 입장에서 보았던가?

율곡의 사단칠정의 문제는 성우계成牛溪(成浩原, 1534~1598)가 주자朱子의 인심도심人心道心이 혹생或生하며 혹원或原한다는 논을 퇴계의 사단, 칠정, 리기, 호발설互發說과 그 뜻이 서로 일치한다고 생각하고서 서면으로 질문하여 모두 6, 7차次를 왕복하였는데, 여기에 대한 율곡의 답서가 곧 율곡의 사단칠정설로 전개되었다.

---

36) 尹絲淳, 「退溪의 心情觀에 관한 硏究」, 『韓國儒學論究』(玄岩社, 1980), pp145~146 참조.

3. 기발리승일도설

이제 율곡의 사칠론四七論과 기발리승일도설氣發理乘一途說을 살펴보자.

이미 심성정의일로를 주장하는 율곡의 입장은 심성心性의 이용二用과 정의情意의 이기二岐를 반대하고 기발이리승일도氣發而理乘一途만을 주장한다. 물론 리발로서의 사단을 부정하는 관점에서 비롯된 것이다. 따라서 사단 역시 기발인 것이다. 그러면 율곡은 어떤 논거에서 이를 반대하는가?

우선 칠정과 사단의 관계에서 "성性은 하나인데 사단으로 말하고 혹은 칠정으로 말한 것은 오로지 리理(四端)만을 말할 때와 기氣를 겸兼할 때(七情)가 다른 것이다.…… 사단은 칠정을 다 겸하지 못하나 칠정은 사단을 포함할 수 있다"[37]라고 말하여 사단이 칠정 속에 포함되고 있으므로 칠정포사단七情包四端이 되는 것이요, 리기와의 관계를 보면 칠정은 리기를 겸하여 말하는 것이고, 사단은 오로지 리理만을 말한다는 것이다. 따라서 칠정은 리기의 겸으로 사단을 포함할 수 있으나, 사단은 칠정을 포함할 수 없는 관계에 있다.

율곡은 "칠정이란 사람의 심心이 동動할 때 이러한 일곱 가지가 있다는 것을 통틀어 말한 것이요, 사단이란 칠정 중의 선일변善一邊만을 가리켜 말한 것이다"[38]라고 말하여 사단이 칠정과 구별되어 따로 있는 것이 아니고 칠정 중의 선善의 일변一邊으로 있다는 것이다. 따라서 사단이란

37) 『栗谷全書』, 권9, 「書1 · 答成浩原」, "情一也, 而或曰四或曰七者, 專言理兼言氣之不同也, 是故人心道心, 不能相兼而相爲終始焉. 四端不能兼七情, 而七情則兼四端."

38) 『栗谷全書』, 권9, 「書1 · 答成浩原」, "七情則統言, 人心之動有此七者, 四端則就七情中擇其善一邊而言也."

정情이 따로 있고 칠정이라는 정情이 따로 있는 것이 아니라는 것이다. 그리고 다시 말하기를, "사단은 칠정의 선善한 일변一邊이요, 칠정은 사단의 집합체集合體이니 어찌 일변과 집합체로 상대적으로 말할 수 있겠는가?"[39]라고 하여 부분과 집합체인 전체를 대비하는 것이 부당하다고 해설한다.

이와 같이 칠정과 사단이 하나의 정情 가운데 선善한 일변을 사단이라고 말함에 지나지 않는데, 이 칠정과 사단을 두 정情인 것 같이 이용二用하여 칠정은 기발이라 하고, 사단은 리발이라 하니, 그것은 이미 심성정의가 일로임을 간과했기 때문에 일어난 것이다. 또한 퇴계가 호발설을 주장하는 근거가 되는 것은 "사단은 내內에서 발發하고 칠정은 밖에서 생긴다고 생각하여 소위 내발외감內發外感의 선입견 때문인 듯한데 이야말로 정견正見의 일루一累"[40]라고 율곡은 보고 있다.

퇴계의 생각은 내발內發의 내內는 리理로, 외감外感의 감感은 기氣로 보아서, 사단은 안에서 발發하는 것이기에 리발, 칠정은 밖에 감촉感觸하여 발發하는 것이기 때문에 기발로 보았다는 것이다.

율곡의 입장은 사단이든 칠정이든 그 감촉하는 바는 모두 외감이라는 견해이다. 감촉이란 이미 동정의 기氣이기 때문에 기氣가 아니면 감촉이 있을 수 없다는 의미이다.

율곡은 다음과 같이 말한다.

---

39) 『栗谷全書』, 권10, 「書2 · 答成浩原」, "四端是七情之善一邊也, 七情是四端地總會者也, 一邊安可與總會者, 分兩邊相對乎."

40) 『栗谷全書』, 권10, 「書2 · 答成浩原」, "竊詳退溪之意, 以四端爲由中而發, 七情爲感外而發, 以此爲先人之見,……以爲正見之一累也."

> 반드시 느낌이 있어야 움직이는 것이다. 느끼는 바는 외물外物이다.…… 천하에 어찌 밖에서 느끼지 않고 안으로부터 스스로 발發하는 정情이 있겠는가?[41]

사람의 심心은 반드시 느낌이 있어야 움직인다. 이때 느낌의 소이가 곧 리理이며 성性인 것이다. 이 느낌이 곧 정情인데 이 정情의 총명이 칠정이다. 그런데 느끼게 하는 바는 외물이다. 외물이 없이는 느끼지 못한다. 정情이 발發하는 것은 자연히 발發하는 것이 아니라, 외물에 느껴야 정情이 나타나는 것이다. 만약 이때 외물에 느끼지 않고 안으로부터 나오는 정情이 있다고 한다면, 그것은 사람의 진정眞情이 아니라고 보았다. 따라서 안으로부터 느끼지 않고 나오는 정情은 있을 수 없다. 사단四端이 리발理發이라 말함은 밖에서 느끼지 않고 안으로부터 스스로 나온다는 의미인데, 이는 그럴 수 없다는 것이다. 왜냐하면 "사단을 밖에서 느끼기를 기다리지 않고도 안에서 스스로 나온다 하면, 이것은 부모가 없어도 효孝를 잘할 수 있고, 임금이 없어도 충忠을 잘할 수 있으며, 형兄이 없어도 경敬을 발發할 수 있다는 말이다. 이것이 어찌 사람이 진정眞情이겠는가?"[42] 하였다.

여기에서 율곡은 사단이나 칠정이 모두 기氣가 발發하는데 리理가 타는 것(氣發理乘)이라고 주장하여 다음과 같이 말한다.

---

41) 『栗谷全書』, 권10, 「書2 · 答成浩原」, "必有感而動. 而所感皆外物也. 何以言之, 感於父則孝動焉. 感於君則忠動焉.……天下安有無感而由中自發之情乎."

42) 『栗谷全書』, 권10, 「書2 · 答成浩原」, "今若以不待外感由中自發者, 爲四端, 則是無父而孝發, 無君而忠發, 無兄而敬發矣. 豈人之眞情乎."

대체 정情이 발發할 때 발發하는 것은 기氣요, 발發하는 까닭은 리理이다. 기氣가 아니면 발發할 수 없고 리理가 아니면 발發할 까닭(所以)이 없다.[43]

다시 자주自註를 달아 "발자이하發字以下, 이십삼자二十三字는 성인이 다시 나오시더라도 바꿀 수 없다"고 확언한다. 리기는 원래부터 혼륜무문渾淪無間하여 그 선후가 없고 리합이 없는 것이다. 만약 리기가 선후가 있게 된다면 리합離合이 있게 되고, 리합이 있게 된다면 동정動靜도 끝이 있게 되고 음양陰陽도 처음이 있게 된다. 리理는 태극이며 기氣란 음양인데, 만약 리발이라 하면 태극이 동動한다는 뜻이 되니, 태극과 음양이 서로 동動한다는 뜻이 된다. 음양의 동정은 본래 누가 시켜서 동정이 있는 것이 아니요, 그 음양의 기틀이 스스로 동정을 갖는 것이지만, 그 동정의 소이(까닭)는 리理인 것이다. 이때 리理는 동정의 소이이지 스스로 동정하는 것은 아니다. 그러나 리발이라 하면, 그 동정의 소이가 또 동정을 하게 되니 호발론이 성립될 수 없다는 것이다.

율곡은 이와 같이 퇴계의 호발론인 '사단은 리발이기수理發而氣隨'를 비판하고 오직 기발이리승일도氣發而理乘一途만을 인정하고 있다. 그리고 우리 마음도 기발이리승氣發而理乘이라는 근거를 천지조화에 준거하여 다음과 같이 말한다.

천지조화天地造化가 곧 오심지발吾心之發이다.[44]

---

43) 『栗谷全書』, 권10, 「書2 · 答成浩原」, "大抵發之者氣也, 所以發者理也. 非氣則不能發, 非理則無所發."(自註: 發之以不二十三字, 聖人復起, 不易斯言.)

44) 『栗谷全書』, 권10, 「書2 · 答成浩原」, "天地之化, 卽吾心之發."

천지조화도 역시 기氣가 화化하여 리理가 탄다는 것이다. 그런데 천지 조화가 기발氣發의 기화氣化와 리발理發의 리화理化가 있다면 우리의 마음도 리발기발이 있다 하겠지만, 이미 천지의 조화가 리발기발이 없는데 어찌 리발이 있을 것이냐는 생각이다. 우리의 마음은 이미 리理와 기氣를 합하여 된 것이다. 그러나 이 마음이 감촉하는 작용은 기氣의 작용이고, 이 기氣의 작용은 동시에 소이의 리理가 없으면 발發할 수 없는 것이다. 여기에서 천지의 조화도 리기에 의하여 이루어져 기화하듯, 우리의 마음도 리기로 이루어졌기 때문에 '기발리승'이라고 말하는 것이다.

그러나 여기에서 우리가 하나 알아둘 것은 '기발이리승氣發而理乘'이라고 할 때의 뜻은 "기氣가 리理보다 앞선다는 뜻이 아님"[45]을 이해하여야 한다. 기발이리승氣發而理乘이라고 한 말은 기氣는 유위요, 리理는 무위라 그렇게 말하지 않을 수 없다는 것이다.

따라서 주회암의 리발기발에 대해서도 그의 독자적 견해는 뚜렷하다.

> 만일 주자朱子가 참으로 리기가 서로 발용發用의 측면을 가져 상대적으로 각각 나온다고 생각하였다면, 주자 역시 틀렸고 어떻게 주자가 되겠는가?[46]

그는 위와 같이 비판하여 자신의 기발이리승氣發而理乘의 사상을 명백히 하고 주회암으로부터 독자성을 선언하게 된다. 율곡의 기발리승의

---

45) 『栗谷全書』, 권10, 「書2 · 答成浩原」, "所謂氣發理乘者, 非氣先於理也."

46) 『栗谷全書』, 권10, 「書2 · 答成浩原」, "若朱子眞以爲理氣互有發用, 相對各出, 則是朱子亦誤也, 何以爲朱子乎."

사고는 마침내 심心도 기氣라고 하는 데에서 극치에 달한다.

율곡은 "심心은 기氣이다"[47]라고 말한다.

그는 '심心은 기氣이다'라는 이 말을 하는데도 독단이 아님을 밝혀 주회암의 "허령지각虛靈之覺은 하나이다"라는 말을 인출하여 그의 주장을 뒷받침한다. 즉 다음과 같이 말하였다.

> 주회암은 "심心의 허령虛靈하고 지각知覺함은 하나일 뿐이다. 혹은 성명性命의 정正에서 근원하기도 하고 혹 형기形氣의 사私에서 발생한다" 말하였는데, 먼저 한 개의 심心 자를 앞에 놓으니 심心은 기氣이다. 혹或은 근원하고 혹或은 발생하는 것이 심心의 발發이 아님이 없으니, 어찌 기발氣發이 아닐까?[48]

이와 같이 심心을 기氣라고까지 말하는 율곡의 사상은 확실히 그의 독자성을 드러내는 증거이다. 이는 퇴계가 리理를 높이고 기氣를 천賤하게 보아 악惡의 요소로 보는 경향에 대하여, 그의 독자적 독창성을 증명하는 것이 된다. 그리고 이것은 주회암이나 또는 당시의 성리학에 비하면 주기적으로 이질異質로 보일 것임은 틀림이 없다.

율곡은 사단칠정설을 통하여 기포리氣包理의 사상을 확고히 했으며 동시에 '심시기心是氣'라 하여 후세에 주기론으로 통칭되어 한국유학에 있어서 주리적인 퇴계와 함께 거봉이 되었던 것이다. 그리고 후세에 이

---

47) 『栗谷全書』, 권10, 「書2 · 答成浩原」, "則心是氣也."

48) 『栗谷全書』, 권10, 「書2 · 答成浩原」, "且朱子曰, 心之虛靈知覺一而已矣, 或原於性命之正, 或生於形氣之私, 先下一心字在前, 則心是氣也. 或原或生而無非心之發, 則豈非氣發耶."

사단칠정설은 많은 논의와 학적 토론의 대상이 되었던 것이다.

한편 율곡은 사단칠정설을 통하여, 기발리승의 사상을 확립하고 기氣에 대한 관심을 높이므로 종래의 정주학에서보다 독자적인 독창성을 갖게 되는 것이다. 그러나 우리가 주의할 것은 율곡의 기氣는 언제나 리理가 주재하는 기氣임을 망각해서는 안 될 것이다.

율곡이 기氣를 리理보다 더욱 분석하고 그것에 관심을 두는 것은 기氣의 유형유위에 비하여 리理는 무형무위이기 때문에, 비록 리理는 음양동정의 소이所以이지만 역시 기氣를 통하여 리理가 개명되기 때문이라고 생각한다. 여기에 율곡의 기발리승의 의의가 있는 것이다. 무조건 주기론자라 하여 범칭하는 것은 타당하지 않다. 사실 그의 입장에서도 주리주기主理主氣가 문제될 수 없다.

율곡은 사단이 칠정 중의 선일변善一邊이라 하였다. 따라서 이 문제는 자연히 선악의 문제와 직결되어 있다.

퇴계에 의하면 사단인 리理의 발發은 순선純善이었고 칠정은 선악미정善惡未定이었다. 이에 반하여 율곡은 사단이 리理의 발發이 아니고 모두 기氣의 발發이었다. 따라서 사단은 칠정 중의 선善의 일변一邊에 지나지 않으니, 선악의 근원과 분별이 명백해지지 않는다고 생각할 수 있다. 그러나 그에 있어서는 성性의 발發이 정情이니, 모든 선악은 정情에 의하여 나타난다. 그러나 성性은 리理로 순선이기 때문에 성性에는 선악이라는 상대성이 없다. 다만 그것이 발출처發出處에 있어서 기氣의 용사用事에 관계해서 선악이 나누어질 뿐이다.

따라서 율곡은 선악이 본래 있는 것으로 보지 않고 리理의 발發을 인정하지 않음으로 사단을 선천적인 순선이라 해서 사단이 별도로 그 근원을 갖는다고 보지 않는다. 선악이 모두 성性에서 나온다고 보고 있는 것이다. 성性은 곧 리理이다. 그러하기 때문에 인간에게 있어서 이 성性은 오성五性에 지나지 않는다. 어떠한 정情도 이 성性에서 나오지 않는 것이 없다. 따라서 이 성性인 리理가 발發하는 데서 선악이 구별될 뿐이다. 그러면 선악은 어떻게 나누어지는가?

율곡의 입장에서는 성性은 본래 순선純善이기 때문에 그 성性이 나올 때 선악이 구분된다는 것이다.

> 특히 느낀 바가 정正이 있고 사邪가 있으며, 그 동動함이 과過도 있고 불급不及도 있으니, 이러므로 선善과 악惡의 구분이 있다.[49]

율곡은 위와 같이 말하여 형기形氣가 느끼는 데 따라 과過, 불급不及에 의하여 선善과 악惡이 구분이 된다고 하였다. 이는 확실히 본래부터 선악이 있는 것이 아니라, 형기에 의하여 선악이 나온다고 하는 것이다.

따라서 그의 심성정도心性情圖를 보면 명백하다.

> 이 정情이 발發하는데 형기의 엄폐됨이 없이 그 성性의 본연이 직출하여 나오면 선善이요 중절中絶로서 인의예지의 사단을 볼 수 있고, 이 정情이 발發하는데 형기의 엄폐로 그 본연의 성性을 잃어버리면 그것이 악惡이요 부중절不中絶로서 인의예지의 단을 볼 수 없다.[50]

49) 『栗谷全書』, 권9, 「書1 · 答成浩原」, "特所感有正有邪, 其動有中有過不及, 斯有善惡之分耳."
50) 『栗谷全書』, 권9, 「書1 · 答成浩原」, '心性情圖', "此情之發, 而不爲形氣所掩, 直逐其性之本然,

위와 같이 도圖에 설명을 가한 것을 보면 선악은 형기形氣에 의하여 결정되는 것이지 선천적인 악惡은 없다는 것을 명언한다. 이것은 마치 선善을 선천적인 고원高遠한 것으로만 보려는 경향에 대하여, 우리의 칠정의 발發에 형기形氣의 엄폐를 제거하여 과불급過不及이 없이 할 때, 선善이 됨을 강조하여 근대적 선악관을 보여 주고 있다. 다시 말하면 천상에 있는 선善은 곧 우리 현실 위에 끄집어내려 우리의 기질 속에서 실현하려는 것이다.

그의 '심시기心是氣'라든가 기발리승의 소위 주기적 경향은 결국 성性인 리理를, 또 도덕적 순선純善인 오성五性을 그대로 개명하는 데 목적이 있지, 결코 기氣의 능동적 성향이 우주인생宇宙人生의 근본이라고 보지 않는다. 성즉리性卽理로서의 성性과 도道는 형기에 의하여 엄폐되느냐 또는 엄폐되지 않느냐에 따라 그의 본래성인 순선純善이 현상계에 개현되기 때문에, 이 형기의 용사用事를 잘 정찰하여 본래성인 리理가 드러나도록 하는데 그 목적이 있는 것이지, 기氣를 존귀하게 보아 그것을 높이려는 의도는 없다. 율곡의 주기적 경향의 특징은 그가 성리학자의 범주를 벗어나지 못한다. 그는 기氣 속엔 언제나 주재의 리理가 있는 것으로 보고 있다. 여기에 율곡의 성리학적 전통과 그의 독자적인 조화성調和性이 들어 있지 않는가 한다. 그것은 곧 보수 속의 진보라 할 수 있다.

故善而中節, 可見其爲仁義禮智端也, 直發, 故直書, 此情之發而爲形其掩失其性之本然, 故惡不中節, 不見其爲仁義禮智之端, 橫發, 故橫書."

제3절 본연 · 기질성의 관계

1. 본성론의 역사적 배경

먼저 성性이 문제된 배경을 사상사적인 입장에서 살펴볼 때, 그것은 맹자가 사단을 예로 들면서, 이 사단심四端心이 곧 인간이 인간됨의 고유성이요, 이 사단심이 없으면 인간이 아니라는 데에서부터 연원한다고 볼 수 있다. 맹자는 이 사단의 정情은 후천적으로 경험을 통하여 얻어진 것이 아니라, 인간이 태어날 때부터 품수된 본성이요 선善이라는 것이다. 그리고 이 사단심은 곧 인의예지 사성四性의 단서라고 했다. 여기에서 인성은 선善이라는 성선설의 명제가 확립되었던 것이다. 그런데 이 성선은 맹자 시대에도 고자告子의 성무선무불선性無善無不善의 주장에 의하여 위협을 받았고 그 뒤에는 순자荀子(B.C. 298~238)가 성악性惡을 말하면서 "기선자위야其善者僞也"51)라 함으로 성선의 철칙은 압박을 면할 수 없었다. 또한 서한西漢 양웅揚雄(B.C. 53~18)은 사람의 성性은 "선악혼善惡

51) 『荀子』, 「性惡篇」, "人之性惡, 其善者僞也."

混"[52]이라 했고 당唐의 한유韓愈(A.D. 768~824)는 성삼품설性三品說을 주장하여 성性의 "상중하上中下"[53]가 있다고 하였다.

이러한 과정에서 맹자의 성선설의 그 타당성의 문제가 제기되었던 것은 주지의 사실이다.

이러한 상황에서 북송 때 장횡거張橫渠(A.D. 1020~1077)가 태허太虛의 이론을 내세우면서 "태허로 말미암아 천天의 명名이 생겼고, 기화氣化로 말미암아 도道의 명名이 생겼고, 허虛와 기氣를 합으로 성性의 명名이 생겼고, 성性과 지각知覺을 합함으로 심心의 명名이 생겼다"[54]라고 말하고 "형形이 생긴 뒤에 기질지성氣質之性이 생겼고, 잘 돌이키면 천지지성天地之性이 보존되므로 기질지성은 군자가 성性이라 하지 않는다"[55]고 하여 성性을 천지지성과 기질지성으로 갈라서 말하였다.

그 뒤 정이천이 "성性은 불선이 없다. 불선함이 있는 것은 재才이다. 성性은 곧 리理이다. 리理는 요순으로부터 거리의 사람에 이르기까지 다 같은 것이다. 성性은 천天에서 온 것이요, 재才는 기氣에서 온 것이다. 기氣가 청탁淸濁이 있으니, 그 청淸한 기氣를 타고난 것이 현자賢者가 되고, 탁濁한 기氣를 타고난 것이 우인愚人이다"[56]라고 하여 무불선無不善한 것

---

52) 楊雄, 『法言』, 권제3, 「修身」, "人之性也, 善惡混, 修其善則爲善人, 修己惡則爲惡人."

53) 韓愈, 『昌黎集』, 권11, 「原性」, "性三品, 有上中下三, 上焉者, 善焉而已矣, 中焉者可導, 而上下也, 下焉者惡焉而已矣."

54) 張橫渠, 『正蒙』, 「大和篇」, 제1, "由大虛, 有天之名, 由氣化, 有道之名, 合虛與氣, 有性之名, 合性與知覺, 有心之名."

55) 張橫渠, 『正蒙』, 「誠明篇」, 제6, "形而後有氣質之性, 善反之則天地之性存焉, 故氣質之性, 君子有弗性者焉."

56) 『二程全書』, 「遺書」, 권제18, "性無不善. 而有不善者才也. 性卽是理. 理卽自堯舜至於途人一也. 才稟於氣, 氣有淸濁, 稟其淸者爲賢, 稟其濁者爲愚."

은 천天에서 타고난 성性이요, 불선不善이 있는 것은 기품이라 주장하면서, 천天의 성性과 기품의 성性을 분별해서 말했다.

성性에 대한 이러한 구별로 인해 종래로부터 내려오던 '성선性善'이냐 '성악性惡'이냐, '성유선유악性有善有惡'이냐 '성무선무불선性無善無不善'이냐 하는 문제가 쉽게 해결을 보게 되었다. 즉 맹자의 성선은 천지지성天地之性(本然之性)을 말하는 것이요, 고자, 순자, 양웅, 한유 등이 말하는 성性은 소위 맹자가 말하는 이목구비耳目口鼻의 욕欲과 같은 성性으로서, 그것은 기질지성氣質之性을 말하는 것이라고 정주 계통 성리학자들은 말하게 되었다.[57]

이리하여 주회암에 이르러 이 구별을 매우 찬양하여 "기질의 성性이 장횡거와 정이천으로부터 시작하여 성문聖門에 지극히 공功이 크고 후학에 보충함이 많다. 이들 앞에 이 말을 한 사람들이 없었다. 장횡거와 정이천의 설說이 세워지면서 제자의 학설이 퇴몰되게 되었다"[58]라고 말하였다.

그리고 다시 다음과 같이 말하였다.

> 천지지성天地之性은 태극지본연지묘太極之本然之妙로 만수지본萬殊之本이다. 기질지성氣質之性은 이기二氣가 교운交運하여 생生한 것으로 일본이 만수一本而萬殊이다.[59]

57) 李相殷, 『李滉의 哲學』(『韓國哲學硏究』 中卷, 1978), p.239 참조.
58) 『張子全書』, 「正蒙」, '誠明篇' 제6, "氣質之說起于張程, 極有功于聖門有補于後學. 前人未經說到. 故張程之說立, 則者子之說泯矣."
59) 『張子全書』, 「正蒙」, '誠明篇' 제6, "天地之性, 則太極本然之妙, 萬殊之一本也."

천지지성天地之性은 오로지 리理를 가리켜 말했고, 기질지성氣質之性은 리理에서 기氣가 섞인 것을 말한다.[60] 단 기질지성으로 말하면 이 체體(本然之性)가 기질 가운데 있기 때문에 별도의 성性이 아니다.[61]

이를 요약해 풀이하여 보면 천지지성은 태극의 본연지묘本然之妙로 리일분수에 있어서 만수萬殊는 일본一本을 가리키는 것이요, 기질지성은 음양이 교운交運하는 데에 생기는 기질로 인하여 이루어진 일본이만수一本而萬殊라는 것이다. 여기에서 만수萬殊는 일본一本으로 곧 리일을 가리키는 것이요, 일본이만수一本而萬殊란 분수로서 리만理萬이다. 리일분수로 말하여, 리일은 체體요, 리만理萬은 용用이다. 그런데 체體와 용用은 불가분不可分의 관계로 리일은 리만理萬을 내장內藏하고 있고, 리만理萬은 리일을 함장含藏한다. 따라서 비록 일성一性을 천지지성과 기질지성으로 양분했지만, 이 두 사이는 이와 같은 불가분不可分의 밀접한 관계에 있다는 것이다.

그런데 천지지성은 리理만을 전지專指한 것이요, 기질지성은 리理와 기氣를 잡언한 것이라 한다. 이때의 리일과 리분수理分殊의 관계는 어떠한가? 천지지성은 리理만을 전지한다고 말하는 것은 리일을 말하는 것이요, 기질지성의 리기잡언理氣雜言의 리理는 기氣를 탄 리理, 즉 리분수理分殊의 분수지리分殊之理를 가리킨다고 보아야 할 것이다. 왜냐하면 만약 리기잡언理氣雜言의 리기를 분수의 리理로 해석하지 않고 "리理와 기氣의 잡

60) 『張子全書』, 「正蒙」, '誠明篇' 제6, "論天地之性, 則專指理, 而言論氣質之性, 則以理與氣雜而言之."

61) 『張子全書』, 「正蒙」, '誠明篇' 제6, "但論氣質之性, 卽此體墮在氣質之中耳, 非別一性也."

雜으로 기질지성을 보게 되면, 기氣도 성性이 될 것이므로 성즉리性卽理의 정주학에 어긋나는 결과가 된다."[62]

주회암에게 천지지성과 기질지성의 관계는 일성一性 안에 만수지일본萬殊之一本으로서의 본연지성과 일본이만수一本而萬殊로서의 기질지성氣質之性이 혼융되어 하나로서의 성性이 있을 뿐이다.

주회암은 천지지성과 기질지성의 관계를 다음과 같이 말한다.

> 기질지성은 다만 이 리理가 기질氣質 안에 수재隨在한 것이다. 고로 기질에 따라서 스스로 한 개의 성性이 된 것이다.…… 가령 본연지성이 없다면, 이 기질지성도 또 어떤 곳을 좇아서 올 것인가.[63]

천지지성과 기질지성의 불가분의 관계, 더욱이 천지지성이 없다면 기질지성이 어디서 올 것인가 하고 반문하는 것은 이 둘의 밀접함을 일一과 만萬의 관계로 밝히고 있음을 알 수 있다.

정주의 성리학에서는 본연지성(天地之性)과 기질지성의 선악 관계는 본연지성이 순선이고 기질지성은 유선악有善惡으로 보는 것이 통설이다.

주회암도 선악이 있는 이유를 밝히어 다음과 같이 말하였다.

> 천지 사이에는 다만 한 개의 도리道理(理)뿐이니, 성性은 곧 리理이다. 한 사람의 선善이 있고 불선不善이 있는 까닭은 다만 기질의 품수에 각

---

62) 裵宗鎬, 『韓國儒學의 課題와 展開』, p.240.

63) 『朱子大全』, 권제58, 「答徐子融」, "氣質之性, 只是此性隨在氣質之中. 故隨氣質而自爲一性.…… 假使無本然之性, 則此氣質之性又從何處來耶."

기 청탁이 있는 것에 연유한다.[64)]

인간에게 선善이 있고 불선不善이 있게 되는 것은, 그 기질을 품수할 때 청淸한 기질과 탁濁한 기질에 연유한다는 것이다. 그러나 인간이 본래 보편적으로 공동으로 가지고 있는 것은, 곧 성性인 리理라는 것이다. 따라서 본연(天地)지성은 인간이 누구나 공동으로 가지고 있는 바이요, 기질지성은 인간마다 그 기질에 따라 서로 다른 것이다. 따라서 본연지성인 이 '성즉리性卽理'의 성性은 순선이나, 기질에 따라 다른 기질지성은 유선악有善惡이 되는 것이다. 그러므로 청淸한 기질은 선善이 되고 탁濁한 기질에는 악惡이 있다는 것이다.

정주의 이와 같은 본연지성과 기질지성의 관계가 우리의 퇴계와 율곡에게는 어떻게 이해되었는가를 살펴본다.

퇴계는 성性을 본연지성과 기질지성으로 획연劃然히 이분二分하여 보며, 따라서 정情도 사단과 칠정으로 이분하여 본연지성은 사단에, 기질지성은 칠정에 배속시킨다.

이러한 주회암의 본연지성과 기질지성의 구별에 따라 율곡도 본연지성을 말하고 있으나 그 차이는 있는 것이다. 그러면 율곡의 본연지성과 기질지성의 관계는 어떠한가 살펴보자.

64) 『朱子語類』, 권제4, "天地之間只是一個道理, 性便是理, 人之所以有善, 有不善, 只緣氣質之稟, 各有清濁."

2. 기질성포본연성

율곡은 다만 하나의 기질지성 내에 본연지성을 말하고 또 다만 하나의 칠정 안에 사단을 말하고 있음이 그 차이가 있다.

퇴계는 다음과 같이 말했다.

> 정情에 사단과 칠정의 구별이 있음은 오히려 성性에 본연(本然之性)과 기품(氣質之性)의 차이가 있음과 같다고 본다. 그러니 그것이 성性에 있어 이미 리理(本性)와 기氣(氣稟)로 분언할 수 있는데 정情에 이르러서는 홀로 리理와 기氣로 분언할 수 없으리오.[65]

이 말은 퇴계가 이미 주회암도 전지專指한 리理를 말하여 본연지성이라고 말하였고, 또한 기氣를 겸지兼旨하여 기질지성으로 이분하여 말하였는데, 어찌 사단을 리理, 칠정을 기氣로 분언할 수 없을 것인가 하는 말이다. 그러나 퇴계가 말하는 리理와 기氣는 결코 하나의 리理 하나의 기氣를 말하지 않는다. 그는 이미 리기의 불상리不相離임을 주장함으로 리기의 상수相須 속의 리理와 기氣를 말하는 것이다. 따라서 퇴계는 리와 기를 사단과 칠정으로 나누고 본연지성과 기질지성을 나누는데, 다시 주리와 주기를 나누어 설명한다.

65) 『退溪文集』, 권16, 「答寄明彦」, '論四端七情 第二書', "故愚嘗妄以爲情之有四端七情之分, 猶性之有本性氣質稟之異也. 然則其於性也, 旣可以理氣分言之, 至於情, 獨不可以理氣分言之乎."

> 천지지성은 물론 리理만 전지專指한 것이다. 그러나 모를 일은 이때 다만 리理만 있고, 또한 기氣는 없는 것인가? 천하 아직까지 기氣 없는 리理란 없은즉, 다만 리理만 있는 게 아니다. 그러나 오히려 리理만 전지할 수 있거늘 기질지성이 비록 리기를 잡했을지라도 어찌 기氣만 가리키어 말할 수 없으리오. 하나는 기氣를 주主로 한 것이므로 기氣에 나아가 말할 따름이다.[66]

퇴계의 이 말은, 리기理氣는 불상리不相離이기 때문에 비록 리기의 합에서 리理만을 말한다고 할 때도, 역시 거기에는 기氣가 있다는 것이다. 천지지성天地之性은 단 리理가 주主가 되기 때문에 리理라고 말하고, 기질지성氣質之性은 리기 중에 기氣가 주主이기 때문에 기氣로서 말할 수 있다는 것이다.

퇴계의 의도를 자세히 살피면 그가 '천하 기氣 없는 리理란 없은즉 다만 리理만 있는 게 아니다. 그러나 리理만 전지할 수 있거늘'이라는 내용을 보면, 리기의 일반론에서 리기의 불상리不相離로 보아 이미 리理하면 기氣가 혼윤渾淪된다는 뜻으로, 자기의 의도는 결코 일반론을 벗어나 그의 주장인 리기불상리理氣不相離에 어긋나지 않는다는 것이다. 그러므로 리理만 전지專指할 수 있다는 것이다. 그러니 기질지성은 리기잡理氣雜했을지라도, 기氣만 가리켜 말할 수 있지 않느냐는 것이다. 그러나 앞의 말은 사실 기氣가 구체적으로 합해 있지 않은 상태의 리理만을 가리키는

66) 『退溪文集』, 권16, 「答寄明彦」, "滉謂天地之性, 固專指理. 不知此際只有理環無氣乎. 天下未有無氣之理則非亦有理. 然猶可以專指理而言, 則氣質之性, 雖雜理氣, 寧不可指氣而言之乎. 一則理爲主, 故就理言, 一則氣爲主, 故就氣言耳."

것이요, 뒤의 말은 리기합理氣合 속에서 구체적으로 기질 속에 리理가 들어 있는데 거기에 기氣만 가리켜 말하는 것이 된다. 비록 퇴계가 주리, 주기로 그 위주에 따라 말했다 하더라도, 명백하게 두 개의 성性, 즉 본연지성과 기질지성을 말하고 있는 것이다.

퇴계의 본연지성과 기질지성을 리기에 배속하여 리일분수로 분석해 보면, 본연지성은 만수萬殊의 일본一本의 리일理一로 말할 수 있고, 기질지성의 리기합理氣合은 기질을 탄 리理, 즉 일본이만수一本而萬殊인 분수지리로 보아야 하는 것이다. 퇴계는 끝까지 본연지성과 기질지성을 양분하여 보려고 하였다.

그런데 율곡은 퇴계가 이와 같이 본연지성과 기질지성의 주리주기主理主氣로 구별하여 말한 데 대하여 이의異議를 제기한다.

그것은 우계가 퇴계의 학설인 '성性에도 리理에 위주함과 기氣에 위주함이 있다'라는 말을 심복心服하여 율곡의 '기발리승일도설'에 의심을 품고 질의한 것에 대한 율곡의 답으로 명백해진다. 즉 퇴계의 성性에 대한 주리주기설은 사단과 칠정의 상대적 구분을 통하여, 리발기발을 논증하기 위한 것이었는데, 율곡은 기발리승일도로 오직 기발만 인정하고, 사단과 칠정의 칠정에서도 칠정포사단七情包四端이었던 것이다. 여기에서 율곡의 이론은 자연히 성性에 있어서도 기질지성포본연지성氣質之性包本然之性이 되어야 하는 것이다. 따라서 그는 주리주기의 위주설爲主說을 반박하게 되는 것이다.

율곡의 말은 다음과 같다.

본연성本然性은 리理만 오로지 말하고 기氣에는 미치지 아니하였으며, 기질지성氣質之性은 기氣의 위주爲主를 겸하여 말하고 리理를 그 가운데 포함하여 있는 것으로 리理를 위주함과 기氣를 위주하는 설로서, 아무렇게나 양변으로 나누지 못할 것이다. 만일 본연지성과 기질지성을 양변으로 나눈다면, 혹 두 가지 성性이 있는 줄 오해하지 않겠는가? 그리고 사단은 리理의 위주라 함은 옳지마는, 칠정은 리理와 기氣를 포함하여 말한 것이니, 기氣를 위주함이 아니다.(自註: 人心과 道心에는 理의 爲主와 氣를 爲主하는 說을 붙일 수 있지만, 四端과 七情에는 이렇게 말할 수 없으니, 왜냐하면 四端은 七情 중에 들어 있고, 七情은 理와 氣를 兼한 까닭이다.)[67]

율곡은, 본연지성은 기질을 겸하지 아니하고 오직 '전리專理'한 것이라고 한다. 그러나 기질지성은 겸언기兼言氣하여 포리재기중包理在其中을 말하는 것이다. 따라서 본연지성과 기질지성을 범연泛然히 양변할 수 없다는 것이다. 결국 율곡은 본연지성과 기질지성이 양변으로 상대하는 두 성性이 아니라는 것이다. 그것을 위주의 설로 말하자면, 결국은 양변을 주장하는 것에 지나지 않는다는 것이다. 기질지성을 기氣의 위주라 하지만 그것은 기氣의 위주가 될 수 없다. 왜냐하면 기질지성은 이미 그 기질 가운데 리理가 포함되어 있는데, 어찌 기氣만을 떼어 기氣 위주라 할 수 있느냐는 것이다. 그러면 과연 기질지성과 본연지성은 어떠한 관

67) 『栗谷全書』, 권10, 「書2 · 答成浩原」, "吾兄性有主理主氣之說, 雖似無害恐是病根藏于此中也, 本然之性則專言理, 而不及乎氣矣, 氣質之性則兼言氣, 而包理在其中, 亦不可以主理主氣之說, 泛然分兩邊也. 本然之性與氣質之性分兩邊, 則不知者, 豈不以爲二性乎. 且四端謂之主理可也, 七情謂之主氣則不可也, 七情包理氣, 而言非主氣也."

계인가. 율곡은 일성으로, 기질지성 속에 본연지성을 포함하여 말하기를 "본연지성은 기질을 겸하지 아니하고 말한 것이지만 기질지성은 도리어 본연지성을 겸한다"[68]라고 한다.

따라서 본연지성은 기질지성 속에서 순수한 리理만을 추상화하여 말하는 것이고, 기질지성은 리기를 합해서 된 구체적인 특수자의 개별성을 말한다. 다시 말하면, 리가 기질 가운데 있은 후에 성性을 말한다.

왜냐하면 율곡이 말하는 일반적인 성이란 "리기의 합合으로 리理가 기氣안에 있은 연후에 성性이라 하고, 마땅히 형질 안에 있지 아니하면 이것을 리理라 해야지 성性이라 할 수 없고, 다만 형질 안에 나아가 그 리理만 전지專指하면 본연지성이니, 본연지성은 기氣를 섞어서는 아니된다"[69]라고 말을 하는 것을 보면 알 수 있다.

율곡이 소주所主하여 말하는 것은 본연지성이 아니라, 기질지성으로 기질지성 속에 본연지성은 순수하게 무형무위의 리理만 가리켜 말함에 불과하다.

이것을 리일분수에 맞추어 보면 퇴계와 율곡의 차이점이 드러난다. "그런데 리분수理分殊란 구체적으로 각인各人의 형질이상形質異相으로서, 그 차이성을 기질 차이의 성性이라 하여 기질지성이라 이르는 것으로, 이것 역시 성性(理)이므로 리기잡언理氣雜言 또는 겸지리기兼指理氣라 한 것일 뿐이다. 그러나 또 일방一方 천天에 있어서의 구체화된 인간, 즉 기성

68) 『栗谷全書』, 권9, 「書1 · 答成浩原」, "本然之性則不兼氣質而言也, 氣質之性則却兼本然之性."
69) 『栗谷全書』, 권10, 「書2 · 答性浩原」, '理氣詠 呈牛溪道兄', "性者理氣之合也. 蓋理在氣中然後爲性, 若不在形質之中則當謂之理, 不當謂之性也, 但就形質中, 單指其理而言之, 則本然之性也, 不可雜以氣也."

형氣成形(氣의 質化 卽 氣質) 안에 들어옴으로써 비로소 성性이라 말하는 것이므로, 율곡은 기질 안의 성性 즉 기질지성 하나 안에 리일理一(理)과 분수分殊(理)를 말하려는 것이므로, 기질지성의 성性은 리일분수의 전全의 체體 즉 전체의 성性이 된다."70)

이때 리理의 일一은 본연지성이요 리理의 분수는 기氣의 분수이다. 여기에서 율곡은 기질지성 하나로 전체의 성性을 말하고 기질지성은 리일과 리분수理分殊가 모두 포함된 것이다. 그러나 퇴계의 기질지성은 오직 리분수理分殊의 리理만 가리키어 말하는 것이기 때문에, 율곡과 퇴계에게는 차이가 있는 것이다. 따라서 율곡은 칠정포사단七情包四端이듯, 기질지성포본연지성氣質之性包本然之性이 되는 것이다.

선악의 가치문제에 있어서는 본연지성을 천리로서 순선무악純善無惡이고, 기질지성은 기질의 품수에 있어서 청탁수박淸濁粹駁의 다양에 의하여 성형되므로 유선유악有善有惡이다. 기질의 청수淸粹는 본연지성과 같이 선善이지만, 탁박濁駁은 불선不善 즉 악惡이다.

그런데 퇴계는 본연지성을 사단에 대비하고 기질지성은 칠정에 대비하여 사단 즉 본연지성은 순선純善이고, 칠정 즉 기질지성은 유선악有善惡으로 본다. 이에 반해 율곡은 기질지성 속에 본연지성이 포함돼 있으므로, 칠정 중의 유선악有善惡의 선일변善一邊이 사단이 되는 것이요, 본연지성이 된다고 볼 수 있다.

따라서 퇴계는 리발로서의 사단이 독자적이며 칠정과 별개로 독립

70) 裵宗鎬, 『韓國儒學의 課題와 展開』 I, p.245.

되어 있는 데 비하여, 율곡은 사단이란 칠정을 떠나 독립된 것이 아니라 칠정 중의 선일변善一邊을 말하고 있을 뿐이다. 여기에 율곡이 사단으로서의 순선과 칠정의 유선악의 질적 차이가 문제된다. 그러나 율곡에게 있어서는 사단으로서의 순선이 칠정 밖에 있는 것이 아니기 때문에, 칠정 중의 모든 선일변善一邊은 사단이라고 보고 있음을 알 수 있다. 그렇기 때문에 그는 정情이 발發하여 기질(形氣)의 엄폐를 받지 않고 본연성(理)에서 직출하여 중절中節에 맞는 것을 모두 사단이라 했고, 만약 기질(形質)의 엄폐를 받아 그 성性의 본연을 실하면 악惡이 되고 부중절不中節이라고 하였던 것이다.

결국 퇴계는 리발인 사단이 가치론적으로 극존하게 되며, 칠정은 유선악으로 순수하지 못한 것으로 구별하려는 경향이 농후한 반면, 율곡은 사단의 순선이라 해서, 그것이 정情인 한限에 있어서 칠정 중에 포함되는데 단, 칠정 중의 선일변이 되는 것이 사단인 것이다. 율곡은 사단을 초월적 독립적인 가치체價値體로 보는 것이 아니라, 인간의 보편적 정情 가운데서 사단을 보려한 것이 특징이다. 그것은 성性에 있어서도 마찬가지인 것이다. 성性은 다만 하나이며 설명상 본연·기질로 나눌 뿐인데, 이때 본연지성을 초월적인 것으로 보아 기질과의 관계없이 보아 버리면, 그것은 성性을 바르게 보지 못한 결과가 되고 만다는 것이다.

율곡은 이 점을 정자程子의 "성性만 논하고 기氣를 논하지 않으면 불비不備하고 기氣를 논하고 성性을 논하지 않으면 불명不明하니 성性과 기氣를 둘로 만들면 옳지 않다"[71]라는 말을 들어 성性은 기氣와 성性을 함께 논하여, 둘로 보지 않으려는 그의 태도가 명백하다.

둘로 보지 않는다는 것과 부정한다는 것은 다르다. 율곡은 본연지성을 부정하고, 사단을 부정하는 것이 아니다. 사단을 객관적 실재로 하나의 독립적인 고유성을 인정하지 않을 뿐이다.

다만 기질지성은 본연지성을 통하여 그 본질을 드러내기 때문에, 기질지성에 본연지성이 내포될 수밖에 없는 것이다. 본연지성은 전지리專指理이기 때문에, 그 리理는 무형무위로 영원성과 보편성을 갖는다. 그러나 기질지성 속에 이미 내재될 때는 그 기질에 따라 한정되어 각인各人의 기질지성이 된다. 그렇다고 해서 그의 영원성 보편성이 없어지는 것이 아니다. 본연지성의 본연의 묘妙는 자재自在할 뿐이다. 따라서 기질의 엄폐와 비엄폐로 본연지성은 스스로의 무한성을 드러낼 수 있고, 또 은폐되기도 하는 것이다.

이렇게 볼 때 인간의 본성이 선善한 것은 영원무한하지만, 그것은 기질의 청탁수박의 차이로 그 영원무한성永遠無限性이 은폐되고 있지 않을 뿐이다. 그렇다고 엄폐된 성性으로 인하여 나타난 악惡의 현상을 부정하지 않는다. 여기에서 율곡은 다음과 같이 말한다.

> 순자, 양자는 낱낱이 분산된 리理가 각각 한 가지 물物에 있는 것만 보고 본체를 보지 못하였으므로, 순자는 "성性을 악惡이다"라고 하였고, 양자는 "성性은 선악이 섞였다"는 설을 주장하게 되었으며, 맹자는 다만 본체만 예를 들고 기氣를 탄 것은 미처 말하지 않았으므로 고자를 굴복시키지 못했다.[72]

---

71) 『二程全書』, 「遺書」 卷第6, '二先生語', "論性, 不論氣, 不備, 論氣, 不論性, 不明."

율곡이 본연지성을 기질지성에 포함시켜 설명하는 그 본의는 곧 이와 같이 일성중一性中에 양성兩性이 있음을 부정하지 않고, 이것을 조화하여 본연지성을 회복시키려는 데 있음을 알겠다.

72) 『栗谷全書』, 권10, 「書2 · 答成浩原」, "荀揚徒見, 零碎之理名在一物, 而不見本體, 故有性善惡混之說, 孟子只擧本體, 而不及乘氣之說, 故不能折服告子."

제4절 인심도심설

1. 주회암의 이론

인심人心 · 도심道心이란 『서경書經』에서 "인심은 위危하고 도심은 미微하니 오로지 정일精一하여 중中을 붙잡으라"[73]고 한 말로부터 비롯하였지만, 이것이 성리학자들의 중심 과제로 되기까지는 주회암의 해석이 큰 영향을 미쳤다. 주회암은 이를 해석하여 "이 마음의 영靈함이 리理를 깨달은 것이 도심이고, 욕欲을 아는 것이 인심이다"[74]라고 하였고, 또 "심心의 허령지각은 하나일 뿐인데 인심과 도심의 차이가 있는 것은 그것이 혹或은 형기지사形氣之私에서 발생하고, 혹或은 성명지정性命之正에서 근원함으로써(或生, 或原) 지각하는 것이 같지 않기 때문이다. 이로써 혹或은 위태하여 불안하며 혹或은 미묘하여 난견難見일 따름이다"[75]라고 하였다.

---

73) 『書經』, 「大禹謨篇」, "人心惟危, 道心惟微, 惟精惟一, 允執厥中."

74) 『朱子大全』, 「答鄭子上書」, "此心之靈, 覺於理者, 道心也, 覺於欲者, 人心也."

75) 『中庸章句』, 「序」, "心之虛靈知覺, 一而已矣, 而以爲有人心道心之異者, 則以其或生於形氣之私, 或原於性命之正, 而所以爲知覺者不同. 是以或危殆而不安, 或微妙而難見耳."

심心의 허령지각이 하나인데 인심과 도심이 나누어지는 것은 그 발생하는 곳이 인심은 형기지사形氣之私에서 나오는 것이요, 도심은 성명지정性命之正에서 근원함으로 나누어졌다는 것이다. 그러면 여기에서 형기지사란 무엇이며 성명지정은 무엇인가?

주회암은 말하기를 "형기지사란 기포한난지류飢飽寒暖之類이다. 이들은 모두 오신혈기형체吾身血氣形體에 생긴다. 타인이 관여하지 못한다. 이에 소위 사私라 한다."[76] 형기지사라고 할 때 형기란 리기이원론에서 말하는 리기의 기氣로서 본체론상의 기氣가 아니라 인간이 품수한 형체의 기氣로 말하고, 인간에게 있어서는 이목구비 사지四肢에 속해 있는 것을 말한다. 따라서 이러한 형기란 타인이 관여할 수 없는 것으로, 오신혈기형체吾身血氣形體에서 스스로 느끼는 기포한난飢飽寒暖 같은 종류를 말한다.

한편 성명지정性命之正이란 주회암이 "명의 정正은 리理로부터 나온다"(命之正者出於理)[77]라는 말에서 알 수 있듯이 순수한 리理에서 나오는 것을 말한다. 따라서 성명지정에 나온 것을 도심이라 하여, 천성지심天性之心 또는 의리로서 측은惻隱, 수오羞惡, 시비是非, 사양지심辭讓之心 등[78] 사단을 말한다.

이로써 보면 인심이란 형기지사에서 나온 것으로 구지어미口之於味, 목지어색目之於色, 이지어성耳之於聲, 비지어취鼻之於臭, 사지지안일四肢之安佚 등과 같은 물성物性을 말한다.[79] 한편 도심은 인지어부자仁之於父子, 의지

---

76) 『朱子大全』, 「答陳安卿」, "如飢飽寒暖之類. 皆生於吾身血氣形體. 而他人無與. 所謂私也."
77) 『朱子語類』, 권제4, "命之正者出於理. 命之變者出於氣質. 要之. 皆天所賦予."
78) 『朱子語類』, 권제62, "惻隱, 羞惡, 是非, 辭讓, 此道心也."
79) 『朱子語類』, 권제61, "人心如口之於味, 目之於色, 耳之於聲, 鼻之於臭, 四肢之於安佚."

어군신義之於君臣, 예지어빈주禮之於賓主, 지지어현자智之於賢者, 성인어천도聖人於天道 등[80] 의리적인 것을 말한다.

그렇다면 인심과 도심은 전혀 별개의 것인가? 주회암은 인심이나 도심이 비유이심非有二心이라 보고 있으며, 인심도 비록 성性의 본원은 아니지만, 성性 가운데 이 리理가 있어서 마땅히 입은 미味를 욕欲하고 눈은 색色을 욕欲하고 코는 취臭를 욕欲하고 사지四肢는 안일安佚을 욕欲할 수 있어, 이와 같은 것이 자연 발출된다고 하였다. 따라서 성性 중에 이 리理가 없다면, 미味, 색色, 성聲, 취臭를 욕欲할 수 없다고 하여 이들이 모두 천성天性임을 말한다.[81]

인심이나 도심이 모두 천성이나 인심은 형기지사形氣之私에서 발생하고 도심은 성명의 정正에서 근원함으로 그 발출함에 따라 인심, 도심으로 나누어진 것이다.

그러면 어째서 인심은 위危하고 도심은 미微하다 하였는가? 주회암은 다음과 같이 말한다.

> 인심은 몸이 기욕嗜欲이 있음을 지각知覺하는 것이다. 이른바 '내가 인을 욕구한다'(我欲仁), '마음이 욕하는 바를 따른다', '본성의 욕구란 물物에 감하여 동한다'는 말과 같이 어찌 기욕이 없을 수 있겠는가? 다만 물物에 유감誘感되어 마침내 함닉陷溺되므로 해롭게 된다. 그러므로 성

---

80) 『朱子語類』, 권제61, "道心如仁之於父子, 義之於君臣, 禮之於賓主, 智之於賢者, 聖人之於天道."

81) 『朱子語類』, 권제61, "口之於味, 目之於色, 耳之於聲, 鼻之於臭, 四肢之於安佚, 這雖說道性, 其實這已不是性之本原. 惟性中有此理, 故口必欲味, 耳必欲聲, 目必欲色, 鼻必欲臭, 四肢必欲安佚, 自然發出如此. 若本無此理, 口自不欲味, 耳自不欲聲, 目自不欲色, 鼻自不欲臭, 四肢自不欲安佚."

> 인은 인심人心이 기욕을 지각하는 것으로 주재하는 바가 없어서 흘러서 돌아옴을 잃어버리고 편안하게 할 근거가 없어서 위危라 하였다. 한편 도심은 의리지심義理之心으로 인심의 주재가 되니 인심이 이것을 표준으로 삼는 근거이다.…… 그러므로 마땅히 인심으로 하여금 항상 도심의 바른 처방을 청취聽取하여야 한다. 그러나 이 도심은 도리어 인심지간人心之間에 섞여서 나오는 것이기 때문에 미微하고 보기 어렵다. 그러므로 마땅히 이것을 정일精一하게 살펴야만 중中이 잡힌다. 또한 이것은 두 마음이 아니라, 단지 의리와 인욕으로 나눌 뿐이다.[82]

인심은 도심의 명령을 들어야만 그 위태로움을 벗어날 수 있고 또한 인심과 도심은 서로 섞이어 나타나기 때문에 정일精一로써 중中을 잡아야 한다고 말하게 되는 것이다.

또한 말하기를 인심은 요순도 없을 수 없다. 도심은 걸주桀紂도 없을 수 없다.

> 인심이라 해서 전부 인욕人欲은 아니다. 만약 전부가 인욕이라면 곧바로 상란喪亂이라 하지 지위止危할 수 있다고 말했겠는가? 단지 기식갈음飢食渴飮과 목시이청目視耳聽의 유類로 일컫는다. 이것은 쉽게 흐르기 때문에 위危라 할 것이다. 도심은 측은수오지심惻隱羞惡之心이라 그 단端이 심히 미묘微妙하다.[83]

82) 『朱子語類』, 권제62, "人心是此身有知覺, 有嗜欲者. 如所謂我欲仁, 從心所欲, 性之欲也, 感於物而動, 此豈能無. 但爲物誘而至於陷溺, 則爲害爾. 故聖人以爲此人心, 有知覺嗜欲, 然無所主宰, 則流而忘反, 不可據以爲安, 故曰危. 道心則是義理之心, 可以爲人心之主宰, 而人心據以爲準者也.……此道心也, 故當使人心每聽道心之區處, 方可. 然此道心卻雜出於人心之間, 微而難見, 故必須精之一之, 而後中可執. 然此又非有兩心也, 只是義理人欲之辨爾."

83) 『朱子語類』, 권제118, "人心堯舜不能無, 道心桀紂不能無, 蓋人心不全是人欲. 若全是人欲, 則

대개 위와 같이 말하여 인심은 전체가 인욕人欲은 아니고 그것이 쉽게 흘러서 과過, 불급不及으로 인하여 해를 가져오기 때문에 위危라고 한다고 하였고, 도심은 사단심四端心이기 때문에 심히 미微하다고 하였다.

그러면 인심과 도심의 리기 관계와 선악은 어떠한 것인가?

주회암은, 사람은 성性과 기氣가 합해져야만이 생生이 있다고 말했다. 성性은 리理에 주主가 되어 무형이고 기氣는 형形에 주主가 되어 질質이 있다. 주리로서 무형이므로 공公이요 무불선無不善이다. 주형主形으로서 유질有質이니 사私요 혹불선或不善이 있다. 공公이 공公으로 선善하니 그 발發이 모두 천리지소행天理之所行이다. 사私로서 혹불선이니 그 발發이 모두 인욕지소작人欲之所作이다. 이것이 순 임금이 우 임금에게 경계한 것이요, "인심 도심의 구별이 되는 바이다"[84)]라고 말하여 인심은 형기인 유형이요 동시에 사私이기 때문에 혹불선에 흐르기 쉽지만 도심은 리理로서 무형이요 동시에 공公이기 때문에 무불선이라는 것이다. 결국 인심이 불선에 흐르기 쉬움은 인욕으로 인함인데 이는 도심의 주재를 받지 않기 때문이라고 말하고 있다.

주회암의 인심과 도심의 관계는 기氣와 리理로서 인심은 혹불선或不善이 있고 도심은 무불선無不善임을 강조한다.

이제까지 주회암의 말을 종합해 보면 인심과 도심은 모두 천성天性으

直是喪亂, 豈止危而已哉. 只饑食渴飮, 目視耳聽之類是也. 易流故危. 道心, 卽惻隱, 羞惡之心, 其端甚微故也."

84) 『朱子大全』, 「答蔡季通」, "人之有生, 性與氣合而已然則其已, 合而析言之, 則性主於理而無形, 氣主於形而有質, 以其主理而無形, 故公而無不善, 以其主形而有質, 故私而或不善, 以其兮而善也, 故私而或不善, 以其主形而有質, 故私而或不善也. 以其兮而善也, 故發皆天理之所行, 以其私而或不善也, 故其發皆人欲所作, 此舜之戒禹, 所以有人心道心之別."

로 인심도심이 모두 일심一心이다. 그러나 기氣의 소감所感으로 보고 의리에 합당한 것은 도심이라 보았고, 인심은 그 주재능력이 없어서 위태롭고 도심은 주재능력을 가지고 있다 했다. 따라서 인심은 도심의 주재를 받아야만 불선으로 흐르지 않는다고 했다. 도심은 무불선이고 인심은 혹불선이 있는데 이것은 도심이 리理를 주主로 하여 무형의 공公이고 인심은 기氣를 주主로 하여 유형의 사私이기 때문이라는 것이다.

형기에서 발생한 인심이라 해서 모두 인욕으로 악惡은 아니다. 식색食色의 본능은 성인인 요순도 가지고 있고 도심은 걸주도 가지고 있다. 따라서 인심과 도심은 잡雜하여 나오기 때문에 이것은 잘 정찰精察하면 인심人心이 흐르지 않고 도심이 발양發揚된다고 하였다.

우리가 여기에서 주의하여 볼 것은 주회암은 "사단四端은 리지발理之發이요, 칠정七情은 기지발氣之發이다"[85]라는 말을 정확히 하였으나 인심도심의 발출에 대해서는 다만 "도심은 이것이 의리 위에서 발출해 온 것이요, 인심은 이것이 인신 위에서 발출해 온 것이다"[86] 했을 뿐이요, 인심은 기지발, 도심은 리지발이라는 말을 하지 않았다.

주회암은 "인심은 인욕人欲을 가지고 있기는 하되 모든 인심이 모두 악惡은 아니다"라고 말했다. 주회암은 형기形氣도 도심에서 나오면 선善이라고 하여 다음과 같이 말한다.

선생이 말하되 형기形氣가 모두 불선不善이 아니다. 단지 어기면 선善을

85) 『朱子語類』, 권제53, "四端是理之發, 七情是氣之發."
86) 『中庸章句』, 「序」, "朱子曰道心是義理上發出來底, 人心是人身上發出來底."

> 얻지 못한다. 계통季通이 말하기를 형기도 역시 선善이다. 형기의 선善이 모두 도심道心으로부터 나오는 것을 알지 못한다. 도심에 말미암지 않으면 형기에 붙어 있음으로 악惡이 된다. 형기는 선체船體와 같고 도심道心은 조타操舵와 같다. 선체에 조타가 없으면 이리저리 어지럽게 간다. 그래서 파도에 휩쓸릴 때도 있고 잔잔한 수면을 갈 때도 있어 일정하지 않다. 그러나 오직 하나의 조타가 있어 운전을 하면 비록 파도에 휩쓸린다 하더라도 해를 입지 않는다.[87]

위의 비유에서 선체는 형기심形氣心이요, 조타는 도심이다. 형기라고 해서 모두 불선은 아니다. 오히려 형기가 도심에 말미암으면 그것은 모두 선善이다. 도심이란 마치 조타와 같아서 형기가 어지럽게 움직이지 않게 하고 파도에 휩쓸리더라도 해롭지 않도록 하는 것과 같다.

도심은 형기를 선善으로 이끌어 주는 주도자이다.

주회암은 형기 자체는 악惡이라 보지 않음으로 인심을 모두 악惡이라 하지는 않았다. 그러나 주회암이 비록 인욕人欲도 천성天性이라고 말하지만 천리天理와 인욕人欲은 엄격히 구별하고 있다. 그러면 천리와 인욕은 어떻게 변별할 수 있는가?

> 문問: 음식의 사이에 어떤 것이 천리天理가 되며 어떤 것이 인욕人欲이 됩니까?
>
> 주자왈朱子曰: 음식하는 것은 천리요, 맛을 요구하는 것은 인욕이다.[88]

87) 『朱子語類』, 권제62, "先生曰……形氣非皆不善. 只是靠不得. 季通云……形氣亦皆有善. 不知形氣之善皆自道心出. 由道心則形氣善, 不由道心, 一付於形氣則爲惡. 形氣猶船也. 道心猶舵也. 船無舵, 縱之行. 有時入於波濤, 有時入於安流, 不可一定. 惟有舵以運之, 則雖入濤無害."

사람은 누구나 음식을 먹어야 하기 때문에 이것은 성인과 불초인不肖人에게 모두 당연한 생존본능이다. 그러나 이때 자기 구미口味에 맞는 음식을 원하는 것은 인욕이다. 그러나 이 인욕이라 해서 곧 불선不善은 아니다. 그 인욕이 과불급으로 흘러서 중절中節에 맞지 않으면 불선인 것이다. 그리고 천리와 인욕은 동일심同一心 안에 동시 공존할 수 없다 하여 다음과 같이 말한다.

> 사람의 일심一心에는 다만 이 천리인욕天理人欲이 있을 뿐인데, 천리가 존하면 인욕은 망하고 인욕이 승勝하면 천리는 멸한다. 아직까지 천리와 인욕이 협잡夾雜함이(共存) 있지 아니하니 학자는 모름지기 이것을 체인성찰體認省察해야 한다.[89)]

이처럼 천리天理와 인욕人欲은 공존할 수 없고 양변상대兩邊相對되는 것이라 한다. 따라서 주회암은 다시 천리, 인욕의 상대관계를 말하여 "천리인욕天理人欲은 상상대常相對이다"[90)]라 하였고 더 나아가 천리인욕은 상호相互 진퇴소장進退消長한다고 말하여 다음과 같이 말하였다.

> 사람은 다만 천리인욕이 있을 뿐인데 이것이 승勝하면 저것이 퇴退하고 저것이 승勝하면 이것이 퇴退하니, 중립中立함으로써 진퇴進退하지 아니하는 이치理致는 없다. 무릇 사람은 나아가지 아니하면 곧 퇴退하

---

88) 『朱子語類』, 권제13, "問飮食之間, 孰爲天理, 孰爲人欲. 曰飮食者天理, 要求美味人欲."
89) 『朱子語類』, 권제13, "人之一心, 天理存則人欲之, 天理存則人欲亡, 人欲勝則天理滅. 未有天理人欲夾雜者, 學者須要於此體認省察之."
90) 『朱子語類』, 권제13, "天理人欲, 常相對."

고 마는 것이다.[91]

이와 같이 상호 진퇴소장하는 천리와 인욕을 천리가 승勝하도록 인욕을 혁진革盡해야 한다고 하였다.

즉 주회암은 학學에 있어서 바로 존천리알인욕存天理遏人欲을 강조하여 다음과 같이 말한다.

> 학자는 모름지기 인욕을 혁진革盡함으로써 천리를 복진復進해야 한다.[92]

이러한 주회암의 말을 종합해 보면 도심을 조타에 비교하여 도심은 인심을 조종하는 추뉴로 보았다. 따라서 인심은 도심의 청명聽命에 순順하여 불선으로 흐르지 않는다고 보았다. 그리고 인간의 일심중一心中에는 결국 천리와 인욕뿐인데 여기서도 천리를 보존하고 인욕을 막아 도심을 확충해야 한다는 것이다. 도심의 회복을 정찰精察과 정일精一(居敬)로써 해야 한다고 보았다. 주회암의 이러한 사상은 '존천리알인욕'에 이르고 리기관에서는 역시 리우위사상理優位思想이 되고 있는 것이다.

---

91) 『朱子語類』, 권제13, "人只有箇天理人欲, 此勝則彼退, 彼勝則此退, 無中立不進退之理. 凡人不進便退也."

92) 『朱子語類』, 권제13, "學者須是革盡人欲, 復盡天理, 方是始學."

2. 퇴계의 이론

퇴계의 인심도심설은 그의 사단칠정론과 관계해서 논해야 한다. 왜냐하면 그는 사단은 도심으로, 칠정은 인심으로 대비하여 보았기 때문이다.

퇴계의 인심도심설은 주회암으로부터 계승된다.[93] 그리고 인심도심을 이물로 보지 않는 것도 주회암과 동일하다.

> 분分해서 이것을 말하면 인심은 오로지 형기에서 나오고 도심은 오로지 성명에 근원하고 합合해서 말하면 도심은 인심지간에서 잡출雜出하는 것이다. 실로 상자상발相資相發하여 이물二物로 판연判然히 가를 수 없다.[94]

위와 같이 말하여 인심도심은 이물二物이 아니라고 말하고 도심은 인심지간에 잡해서 나온다고 했다.

그리고 인심과 도심을 사단과 칠정에 대비한다. 「답이굉중문목答李宏仲問目」에 의하면 이미 칠정사단을 말하고 또 인심도심을 말하는 까닭은 무엇이냐는 물음에 답하여 "인심은 칠정이다. 도심은 사단이다. 양개의 도리가 있는 것이 아니다"[95]라고 하여 인심도심을 칠정사단으로 말하고

---

93) 柳正東, 『退溪의 哲學思想研究』, p.40 참조.

94) 『退溪文集』, 권39, 「書」, "分而言之, 人心固生於形氣, 道心固原於性命, 合而言之, 道心雜出於人心之間. 實相資相發, 而不可謂判然爲二物也. 故朱子言用功之際."

95) 『退溪文集』, 권36, 「書·答李宏仲問目」, "人心七情是也. 道心四端是也. 非有兩個道理也."

이 인심도심은 칠정사단과 하나의 도리라는 것이다.

그러면 어째서 하나의 도리라고 했나.

「답이평숙문목答李平叔問目」에 따르면 "먼저는 인심도심을 칠정사단으로 말하는 것이 불가하다고 했는데 「이덕홍록李德弘錄」에는 인심은 칠정이요, 도심은 사단이라고 했으니 그 까닭이 무엇이냐"고 물은 데 대하여 퇴계는 다음과 같이 대답하였다.

> 인심을 칠정이라 하고 도심을 사단이라 함은 「중용서中庸序」의 주자설과 허동양許東陽의 설로서 이것을 볼 수 있다. 이자二子를 칠정사단으로 봄은 불가함이 없다.[96]

도심은 심心을 가지고 말한 것이므로 시종을 일관하여 유무有無를 통관通貫한 것이며 사단은 단端을 가지고 말한 것이므로 발현처에 나아가서 단서를 가리켜 말한 것이니 소이少異가 없을 수 없으나 귀결점은 다르지 않다고 하였다. 이것은 퇴계가 인심도심을 구별하려는 태도이다.[97]

퇴계는 인심과 도심을 구별하고 인심과 인욕을 구별하면서도 마침내 인심을 인욕으로 변칭變稱할 수 있다고 본다.

> 인심은 인욕의 본원本源이고 인욕은 인심의 유출流出이다. 무릇 형기에

96) 『退溪文集』, 권37, 「書 · 答李平叔」, "人心爲七情道心爲四端, 以中庸序朱子說及許東陽說之類觀之. 二者之爲七情四端, 固無不可."

97) 柳正東, 『退溪哲學思想硏究』, p.41 참조.

> 서 생기는 마음은 성인이라도 없을 수 없다. 그러므로 다만 인심이라 할 수 있을 뿐 선불리 인욕이라 하지 않는다. 그러나 인욕이 일어나는 것은 실상 인심에 말미암았기 때문에 인욕이 본원이라 한다. 물욕이 마음에 빠진다는 것은 중인衆人이 하늘을 피하였기 때문에 그러한 것이다. 그러므로 인욕이라는 이름으로 인심을 변칭한다.98)

인심을 인욕으로 변칭할 수 있다고 말한다. 이것은 도심과 인심을 나누어 보면서 마지막에는 인심을 인욕으로 변칭해 버렸다. 또한 이러한 퇴계의 근본 의도는 존천리알인욕存天理遏人欲으로 존천리를 높이는 데 있었던 것이다.

> 대저 심학心學이 다단多端하지만 요약해서 말하면 알인욕존천리遏人欲存天理하는 두 가지 일에 불과하다.…… 인욕을 막는 일은 마땅히 인심이라는 측면에 속하여야 하고 천리를 보존하는 일은 마땅히 도심이라는 측면에 속하여야 할 것이다.99)

심학心學이 아무리 다단多端하다 하더라도 마침내 인욕을 막아 천리를 보존하는 데 있음을 강조한다. 이는 인심도심에 있어서 도심을 인심보다 우위優位에 놓으려는 의도가 명백히 흐르고 있다. 이러한 점은 주회

---

98)『退溪文集』, 권40,「書 · 答審姪問目」, "人心者, 人欲之本, 人欲者, 人心之流. 夫生於形氣之心, 聖人亦不能無. 故只可謂人心, 而未遽爲人欲也. 然而人欲之作, 實由於此, 故曰人欲之本. 陷於物欲之心, 衆人遁天而然. 故乃名爲人欲, 而變稱於人心也."

99)『退溪文集』, 권37,「書 · 答李平叔」, "大抵心學雖多端, 總要而言之, 不過遏人欲存天理兩事而已. 故戒懼以下所言諸說, 不問已發與未發, 做工與不做工. 凡遏人欲事, 當屬人心一邊, 存天理事, 當屬道心一邊, 可也."

암의 인심도심설의 근본적 태도와는 동일하다.

그러면서 퇴계는 그의 리기관에 있어서도 역시 이러한 의도가 내포된다.

> 만약 칠정七情 대對 사단四端으로 각각 분별로써 말하면 칠정의 기氣에 대함은 사단의 리理에 대함과 같다. 그 발發함에 각각혈맥各各血脈이 있으니, 그 이름도 다 가리키는 바가 있다. 고로 그 소주所主에 따라서 분속했을 뿐이다. 비록 황滉(退溪)일지라도 칠정이 리理에 간여干與함이 없이 외물이 우연히 서로 주착湊著해서 감동한 것이라고는 생각하지 아니한다. 또 사단도 물物에 감感하여 동動함은 진실로 칠정에 있어서와 다름이 없으나 사즉리발이기수지四則理發而氣隨之요 칠즉기발이리승지七則氣發而理乘之일 따름이다.[100]

위와 같이 말하여 사단은 리발, 칠정은 기발이라 하였다. 그런데 퇴계는 사단과 칠정을 인심도심으로 대비하면 사단은 도심이었고 칠정은 인심이었다. 따라서 인심도심의 발發 역시 인심은 기발, 도심은 리발이라고 하였던 것이다.

여기에서 퇴계의 생각은 인심이 기발인 한限에 있어서 그것은 인욕으로 도심의 명命을 들어야(聽) 할 것이기에 자연히 리기관에 있어서도 리가 우위에 있게 마련이다. 그리고 리理를 극존무대極尊無對로 보고 기氣는 천賤한 것으로 보게 된다.

---

100) 『退溪文集』, 권16, 「書・答寄明彦」, "若以七情對四端, 而各以其分言之, 七情之於氣, 猶四端之於理也. 其發各有血脈, 其名皆有所指. 故可隨其所主而分屬之耳. 雖滉亦非謂七情不干於理, 外物偶相湊著而感動也. 且四端感物而動, 固不異於七情, 但四則理發而氣隨之, 七則氣發而理乘之耳."

리理는 귀貴하고 기氣는 천賤한 것이나, 리理는 무위요 기氣는 유욕이므로 성현은 천리踐理를 주主로 하되 기氣를 기름이 기중其中에 있고 노장老莊은 양기養氣에 치우치므로 반드시 천성賤性에 이른다.[101]

위와 같이 말하여 리理를 귀貴하게 보고 기氣를 천賤하게 보아 유욕有欲으로 봄으로 인욕의 인심도 당연히 천賤하게 보고 동시에 악惡으로 보게 된다.

퇴계가 리는 활물活物로 인정하여 그것은 사물死物에 떨어뜨리지 않으려 하고 리理를 기氣보다 존중하게 보고 기氣를 천賤하게 보려는 의도는 그의 '존천리알인욕存天理遏人欲'이라는 심학心學의 부동한 리념理念을 실천하기 위한 강한 의지가 엿보이는 것이며 이는 주회암의 사상과 다르지 않다. 더구나 주회암이 수위修爲에 있어서 정일精一(居敬)을 주장하고 퇴계도 심공부心工夫는 거경으로 일관하여 역설하는 것은 동궤同軌이다.

여하간 퇴계의 인심도심은 주회암의 그것을 계승하여 전개하였으며 리존기천理尊氣賤사상으로 인심을 인욕으로 변칭하고, 인욕은 악惡한 것으로 일단 이해하고 있다. 따라서 도심을 우위에 놓고 도심으로 인심을 절제하도록 주장하여 '알인욕존천리遏人欲存天理'의 사고를 뚜렷이 나타낸다.

---

101) 『退溪文集』, 권20, 「書・與朴澤之」, "理貴氣賤, 然理無爲而氣有欲故主於踐理者, 養氣在其中, 聖賢是也, 偏於養氣者, 必至於賤性, 老莊是也."

3. 율곡설과 양설과의 차이

퇴계가 인심도심을 확연히 구별하려 하고 도심을 인심의 우위에 놓음으로 인심을 인욕으로 변칭하여 악惡한 것으로 보려는 경향에서 '존천리알인욕'을 강조하여 결국 '거경'을 중요시하게 되었다. 이러한 점에 착안하여 율곡은 인심과 도심을 어떻게 보았는가를 살펴 퇴계의 상이점 및 특징을 지적하고, 나아가 율곡의 인심도심의 구조가 가지고 있는 미해결의 문제가 무엇이며 그 의의가 어디에 있는가를 살펴보고자 한다.

율곡은 인심과 도심을 정의하여 다음과 같이 말하였다.

> 정情이 발發할 때 도의道義를 위하여 발發하는 것이 있으니, 어버이에게 효도하고자 하며, 임금에게 충성하는 것과, 어린애가 우물에 빠지는 것을 볼 때 측은惻隱히 여기는 것, 의義가 아닌 것을 볼 때 수오羞惡하는 것, 종묘宗廟에 지나갈 때 공경하는 것들이 이것이니, 이는 도심이라 하는 것이요, 정情의 발發하는 것이 구체口體를 위하여 발發하는 것이 있으니 배고플 때 먹으려 하는 것, 추울 때 입으려 하는 것, 피로할 때 쉬고자 하는 것, 정이 성盛하면 여실女室을 생각하는 것들이 이것이니 이는 인심이라 하는 것이다.[102)]

그러나 율곡은 이러한 인심과 도심이 본래 그 근원이 둘이 아니라고

---

102) 『栗谷全書』, 권14, 「人心道心圖說」, "情之發也, 有爲道義而發者, 如欲孝其親欲忠其君, 見孺子入井而惻隱, 見非義而羞惡, 過宗廟而恭敬之類是也, 此則謂之道心, 有爲口體而發者, 如飢欲者, 寒欲衣, 帶欲體精盛思室之類是也, 此則謂之人心."

말한다.

> 심心은 하나인데 도심과 인심이라고 둘로 나눈 것은 성명에서 나온 것과 형기에서 나온 것을 구별함이다.[103] 또한 인심과 도심의 명칭은 비록 두 가지이나 근원은 오직 일심一心뿐이다. 그 발發하는 것이 의리를 위하기도 하고 식색食色을 위하기도 하므로 발發하는 것을 따라 이름이 다를 뿐이다.[104]

> 인심과 도심은 다 성性에서 발發하는데 기氣의 가린 바가 되면 인심이고 기氣의 가린 바가 아니 되면 도심이다.[105]

위 세 가지의 예에서 보면 인심이나 도심은 모두 일심一心을 근거로 하고 있다. 다만 그것이 식색을 위爲하여 발發하느냐 또는 의리를 위爲하여 발發하느냐 하는 차이가 있다. 인심과 도심의 근원은 하나이기 때문에 그 근원에 이심二心이 있어 인심도심이 확고히 구별되는 것은 아니다.

처음에 성명지정性命之正에서 나온 도심도 사私에 가린 바가 되면 인심으로 마치는 것이요, 인심이라도 절제하여 정리正理에 일치하게 되면 도심으로 끝내는 것이라고 본다. 이것은 율곡이 인심도심의 분별보다는 미분별未分別 시의 '마음'에 더욱 큰 비중을 두고 있음을 말한다. 그러면 어찌하여 미분별 시의 '마음'에 더욱 비중을 두고 있는가? 그것은 그의 심성정의일로설과 밀접한 관계가 있다.

---

103) 『栗谷全書』, 권9, 「書1 · 答成浩原」, "心一也, 而謂之道, 謂之人者, 性命形氣之別也."
104) 『栗谷全書』, 권10, 「書2 · 答成浩原」, "人心道心雖二名, 而其原則, 只是一心其發也."
105) 『栗谷全書』, 권10, 「書2 · 答成浩原」, "人心道心皆發於性而爲氣所掩者人心, 不爲氣所掩者道心."

> 인심과 도심은 성명과 형기의 상대적으로 말한 것과 다르다. 정情은 발發한 그대로요, 비교하고 상호 대어 보는 데까지 이르지 아니한 것이다.[106] 생각하건대 인심과 도심은 정情과 의意를 겸兼한 것이다.[107]

위와 같이 말하여 정情은 성性이 발發하여 정情이 되었으나 그것은 발發한 그대로이지만 인심이나 도심은 정情에 상량계교商量計較를 하는 의意가 들어 있음으로 이것은 확고하게 고정적인 인심과 도심으로 분별할 수 없다. 오히려 가변적이고 유동적인 현상에 있는 것이다. 따라서 여기에 그의 인심도심종시설이 성립된다.

> 지금 우리의 마음이 처음에는 성명性命의 정正에서 바로 나오다가도 우리가 그것을 선善으로 완성시키지 못하고 사私를 섞으면 이것은 처음에 도심이었지만 나중에는 인심으로 마치게 되는 것이다. 그와 반대로 우리의 마음이 처음에는 형기에서 나오다가도 그것이 어그러지지 않을 때에는 도심과 다르지 않은 것이다. 처음에는 정리에 어긋난 마음이라도 곧 그릇된 줄 알고 그 마음을 고치어 욕欲에 따르지 않으면 이것은 처음의 인심이 도심으로 결말짓는 것이다.[108]

이것은 의의 상량계교에 의하여 인심이 도심으로 도심이 인심으로 상호 전환될 수 있음을 말하는 것이다. 따라서 인심과 도심을 고정적으

---

106) 『栗谷全書』, 권9, 「書1 · 答成浩原」, "且情是發出恁地, 不及計較."

107) 『栗谷全書』, 권9, 「書1 · 答成浩原」, "蓋人心道心兼情意而言也."

108) 『栗谷全書』, 권9, 「書1 · 答成浩原」, "今人之心直出於性命之正, 而或不能順而遂之間之, 以私意則是始, 以道心, 而終以人心也. 或出於形氣, 而不咈乎正理, 則固不違於道心矣. 或咈乎正理, 而知非制伏, 不從其欲, 則是始以人心, 而終以道心也."

로 구별할 수 없다는 것이다. 그러면 과연 인심과 도심은 어디서 발생하는 것인가? 퇴계에 의하면 인심은 기氣에서 발發하고, 도심은 리理에서 발發했다. 이에 반하여 율곡은 리理와 기氣가 혼융되어 원래 서로 떠나지 않는 것이다.

> 마음이 동動하여 정情으로 될 때 발發하는 것은 기氣이고 발發하는 까닭은 리理이다. 기氣가 아니면 발發하지 못하고 리理가 아니면 발發하는 바가 없게 된다. 어찌 리발기발理發氣發의 다름이 있겠는가? 처음에는 방촌方村 가운데 두 마음이 있지 않으나 다만 발처發處에 이 이단二端이 있을 뿐이다. 그리하여 도심을 발發하는 것은 기氣이지만 성명이 아니면 도심이 생기지 않고, 인심의 근원은 리理이지만 형기가 아니면 인심이 생生기지 않는다. 이것이 바로 혹은 성명에 근원하고 혹은 형기에서 생긴다는 차이점이다.109)

이것은 그의 지론持論인 기발리승으로 리기원불상리理氣元不相離의 리기관에 의한 해석이다. 인심도심은 일심一心의 두 가지 발현 현상이기 때문에 그것은 리기의 합合이다. 도심이라도 유위의 기氣가 없이는 발發할 수 없다. 기氣로 인하여 발發하였지만 성명性命(理) 있음으로써 도심道心이 된 것이다. 인심도 형기가 있어서 그 기氣로 인하여 발發하였지만 그

109) 『栗谷全書』, 권14, 「人心道心圖說」, "理氣渾融元不相離, 心動爲情也, 發之者, 氣也, 所以發者理也. 非氣則不能發非理則無所發, 安有理發氣發之殊乎, 但道心雖不離乎氣, 而其發也爲道義, 故屬之性命, 人心雖亦本乎理, 而其發也爲口體, 故屬之形氣, 對之中初無二心, 只於發處有此二端. 故發道心者, 氣也, 而非性命, 則道心不生, 原人心者, 理也, 而非形氣, 則人心不生. 此所以或原或生, 兮私之異者也."

근원은 리理이다. 따라서 리理가 아니면 인심이 생기지 않는다는 것이다.

결국 인심이나 도심이 모두 천리인데(性) 그것이 발發하여 기氣의 엄폐와 비엄폐에 의하여 인도가 구별된다는 것이다. 따라서 율곡은 퇴계와 같이 인심을 곧 인욕으로 변칭하여 악惡한 것으로만 보지 않는다. 인심도 심心의 의意인 상량계교로 인욕으로 흐르지 않도록 하면 도심이 될 수 있고 도심도 지키지 않으면 인심으로 결말짓는다고 보았다. 결코 인심 또는 도심이 불변의 독립된 심心으로 있지 않다는 것이다. 심心의 본질이 이미 가변적이기 때문에 인심이라든지 도심의 일정한 심心이 있는 것은 아니다.

성명性命의 정正에서 근원했다든가 형기의 사私에서 생生하였다고 하여, 성명의 정正에서 근원한 것은 모두 도심 즉 선善으로 보고 형기의 사私에 생生한 것은 모두 인심 즉 악惡으로 보지는 않는다. 이미 심心은 정情과 달라 의意의 계교상량을 거치는 것이기 때문에 인심도 도심으로 천이될 수 있고 도심도 인심으로 변화될 수 있다는 것이다. 그것은 오직 심心의 의작용意作用에 의한다는 것이다.

> 발發하는 것이 정리正理에서 바로 나오고 기氣가 용사用事하지 못하면 도심이니 곧 칠정의 선善과 악惡을 합한 전부이다. 이때에 기氣의 용사用事를 잘 알고 잘 살펴서 정리正理에 따르게 하면 인심이 도심의 명령을 들을 것이요, 만일 잘 살피지 못하고 되는 대로 방임放任하면 정情이 이기고 욕欲이 아주 성盛하여 인심은 더욱 위태롭고 도심은 더욱 희미하여진다.[110]

위와 같이 말함으로 인심이 도심의 명령을 듣게 되면 도심이 되는데 이는 기氣의 용사를 정찰해야 한다. 그런데 이 정찰精察은 모두 의意가 하는 것이다.

> 잘 정찰精察하고 정찰하지 못하는 것은 다 의意가 하는 것이므로 공부하는 데에는 먼저 의意를 정성되게 하여야 한다.111)

성의誠意가 기氣의 용사用事를 정찰精察하고 인심을 도심의 명령을 듣게 할 수 있다고 하는 것이다.

율곡은 미분별 시의 심心을 근거로 그 이론을 전개함으로 인심과 도심의 구별을 확연히 하지 않는다. 그러나 그는 이발했을 때의 심心의 계교상량을 중요시함으로써 퇴계의 '정일精一'인 '거경'과 율곡의 '성의'의 수기론의 강조점이 조금씩 다른 것이다.

율곡의 현실주의적 경향과 결과주의적 경향이란 바로 이러한 이발의 성의를 중요시하는 데서 볼 수 있을 것이다. 퇴계는 인심을 인욕으로 보았지만 율곡은 인심이 성의를 하지 못하여 흐르는 것을 인욕이라고 보았다. 인심이 곧 인욕은 아니다. 여기에는 의작용意作用인 성의가 있다. 퇴계의 거경이 정적靜的이요, 경건적敬虔的 엄숙주의와 초경험적 동기주의 경향이라면, 율곡의 성의는 실제적이고 구체적 경험적 결과주의 경

110) 『栗谷全書』, 권9, 「書1 · 答成浩原」, "其發直出於正理而氣不用事, 則道心也. 七情之善一邊也, 發之之際氣已用事, 則人心也, 七情之合善惡也. 知其氣之用事, 精察而趨乎正理, 則人心聽命於道心也, 不能精察而推其所向, 則情勝欲熾而人心愈危, 道心愈微矣."

111) 『栗谷全書』, 권9, 「書1 · 答成浩原」, "精察與否, 皆是意之所爲, 故自修莫先於誠意."

향이라고 볼 수 있는 것이다.

율곡은 말한다.

> 도심은 순수한 천리天理이므로 유선무악有善無惡하지만, 인심에는 천리도 있고 인욕도 있음으로 선善하기도 하고 악惡하기도 하다. 식색食色의 염念으로 말미암아 흘러 악惡으로 된 것, 이것이 인욕이다. 도심은 단지 지켜야 할 것뿐이지만 인심은 인욕으로 흐르기 쉽기 때문에, 비록 선善하지만 역시 위태롭다.…… 진서산眞西山이 천리인욕天理人欲을 논한 것은 극히 분명하여 배우는 사람의 공부에 매우 유익할 것이다. 그러나 인심을 오로지 인욕에 귀속시켜 한결같이 극치克治하려는 것은 좀 미진하다.112)

이것은 율곡이 인심도 천리와 인욕이 함께 있는 것이기 때문에 무조건 인욕으로 보아 오직 '극치克治'하라고 한 것은 미진하다는 뜻이다. 그가 미진하다 하는 이유는 인심이라도 성의를 통通하여 도심으로 마칠 수 있다는 근거에 있다. 따라서 인심을 일방적으로 인욕으로 보아 악惡으로 간주하려는 사고에 반대하는 입장이다.

이렇게 보면 우리는 퇴계가 인심도심을 판연히 구별해 보려 하여 리발기발을 주장함으로 리理를 우위에 논한 것에 비하여, 율곡은 인심도심은 일심一心에서 다만 그 발처發處에 양단이 있음으로 미분별 시를 중요

---

112) 『栗谷全書』, 권14, 「人心道心圖說」, "道心純是天理, 故有善而無惡, 人心也有天理也有人欲, 故有善有惡. 如當食而食, 當衣而衣, 聖賢所不免, 此則天理也, 因食色之念而流而爲惡者, 此則人欲也. 道心只可守之而已, 人心易流於人欲, 故雖善亦危. 治心者於一念之發, 知其爲道心則擴而充之……眞西山, 天理人欲極分曉, 於學者工夫甚有益. 但以人心專歸之人欲, 一意克治則未盡者."

시했고 따라서 기발리승으로 심성정의일로를 주장함으로써 기氣를 천賤하게 보지 않았음을 알 수가 있다.

하지만 율곡이나 퇴계에게 있어서의 공통점은 그들이 도심을 지키려 하는 데 있다. 전자는 합하여 봄으로써 성의를 주장하며 동시에 현실적이고 경험적이고 실제적인 데서 도심을 구했고, 후자는 분석하여 봄으로써 거경으로 경건주의적敬虔主義的 입장에서 초경험적 이상주의적이고 정적인 데서 도심을 지키려 했던 방법론의 차이가 있을 뿐이다.

퇴계가 주리적 경향이라 할 수 있다면 율곡은 주기적 경향이라 할 수 있으나, 이것은 리理인 도심을 추구하는 방법이지 결코 사상의 본질이 그러한 것은 아니다. 율곡도 인심이나 도심이 모두 성性에서(天理) 나왔다고 하지 않았는가? 이러한 것을 보아 선불리 주리니 주기니 하여 성현의 사상을 판연히 양분하여 그들이 추구했던 성학을 오도해서는 안 되리라 믿는다. 어떻게 하면 도심을 확충시키고 인심을 도심으로 승화시키느냐가 문제이다.

율곡도 그의 「수기론」에서 "경敬은 마음공부의 시초요, 끝"이라고[113] 하였음을 볼 때 비록 성의를 중요시했지만 경敬을 소홀히 하진 않았다. 경敬이 없이는 성의가 서지 않는다. 따라서 퇴계의 인심도심설과 율곡의 인심도심설의 종합과 조화를 통하여 인심도심人心道心을 이해하는 데서만 참된 인심도심설人心道心說의 의의가 참다워지리라 믿는다.

이러한 특징을 가진 율곡의 인심도심설의 구조는 어떤 것인가 살펴

113) 『栗谷全書』, 권21, 「聖學輯要2」, "敬者聖學之始終也."

보자. 율곡이 본 사단칠정과 인심도심의 관계는 어떠한 것인가?

율곡은 우계의 후중한 질문에 명석절요明晳節要하게 대답하여 그의 사단칠정, 인심도심설, 그리고 기본적 리기관을 펼쳐 보였다.

특히 인심도심설에 대하여 우계의 질의를 받고 이것을 잘못 아는 것은 리기의 대본을 미투未透하였기 때문이라고 하여 리기론에 대한 그의 독자적인 견해를 피력하였던 것이다. 그러기 때문에 율곡은 성리性理의 모든 문제를 리기원불상리理氣元不相離, 리理는 무위무형, 기氣는 유위유형의 구조에서 이해한다. 그것이 곧 유위유형인 기氣는 발發하고 무위무형인 리理는 탄다(乘)는 기발리승의 논리였다.

율곡의 사단칠정도 모두 이 입장에서 해명하였다. 그리고 심心의 문제에 있어서도 우리 인간의 마음이 리기의 합合으로 구성된 이상 이것 역시 기발리승이라는 것이다. 한편 심心의 여러 가지 작용, 소위 체體인 성性과 용用인 정情의 관계에 있어서도 심성정의일로를 내세웠던 것이다. "성性은 심心의 체體요", "심心은 성性을 담은 그릇이다"라든지 또 "심心은 성정의性情意의 주主"라든지 "성발위정性發爲情", "정情은 발發한 그대로요, 의意는 정情이 발發해 상량계교商量計較함을 말한다"라든지가 모두 심성정의일로에 선다.

율곡에게 심心은 두 가지일 수 없다. 성性이 하나이듯이 심心도 하나이다. 전술한 바와 같이 심心의 미분未分 시를 중요시하는 이유는 바로 여기에 있다. 결코 성명지정性命之正에서 근원했다 해서 그것이 도심으로 고정화된 것이 아니요, 형기의 사私에서 생겼다고 해서 인심으로 고정화된 것은 아니다. 이미 심心에는 상량계교의 능력이 있기 때문에 인심도심이라 부르면 정情과 같이 발發한 그대로가 아니기 때문에 가변적이라고 보고 있는 것이다. 이들은 모두 일심상一心上에 일어나는 심리현상의 논리적 분석인 것이다.

칠정은 인간의 정情을 총칭하는 총명으로서 인간의 모든 정情은 일단이 칠정에 포섭된다. 그리고 이 칠정은 일어난 그대로이기 때문에 아직 계교가 있지 않은 상태이다. 그러나 인심이나 도심은 이러한 정情을 계교해서 얻어진 이름이라는 것이다. 인심이라든지 도심이 선천적으로 별개의 심心으로 있는 것이 아니라 다만 일심一心일 뿐인데, 그 발發한 곳을 살펴서 성명의 정正에 근원된 것은 도심, 형기의 사私에서 발생한 것은 인심이라 한다.

그는 우계에게 보낸 편지에서 우계가 퇴계의 호발설을 심복心服하여 리발기발을 나누어 말하는데 그것이 합당하지 않는 이유와 심心의 허령과 지각은 하나인데 인심과 도심의 두 가지 명목이 있는 원인은 혹은 성명의 정正에 근원하고 혹은 형기의 사私에 생生함으로, 리理와 기氣의 발發함이 같지 아니하여 위危하고 미微함이 각각 달라서 두 가지 명목이 있지 않을 수 없다[114]라고 말한다.

율곡은 "심心은 하나인데 도심과 인심人心 두 가지로 나눈 것은 성명에서 나온(道心) 것과 형기에서 나온(人心) 것을 구별함이다"[115] 하고 "사단칠정은 성性에서 발發하고 인심과 도심은 심心에서 발發한다는 것은 심

---

114) 『栗谷全書』, 권9, 「書1 · 附問書」, "心之虛靈知覺一而已矣, 而有人心道心之二名, 何歟, 以其或生於形氣之私, 或原於性命之正, 理氣之發不同, 而危微之用, 各異, 故名不能不二也."

115) 『栗谷全書』, 권9, 「書1 · 答成浩原」, "心一也. 而謂之道謂之人者, 性命形氣之別也."

心과 성性을 두 갈래로 나누는 병통이 있는 듯하다. 성性은 심중心中의 리理요 심心은 성性을 담은 그릇이니 어찌 성性에서 발發하는 것과 심心에서 발發하는 것이 따로 있겠는가? 인심과 도심이 다 성性에서 발發하는데 기氣의 가린 바가 되면 인심이요 기氣의 가린 바가 아니 되면 도심이다"116) 라고 하여 소위 성性과 정情, 심心과 의意를 두 갈래로 보는 견해에 대하여 심성정의의 일로를 말하고 있다. 인심, 도심도 모두 성性에서 발發하지만 다만 기氣의 가린 바와 가리지 않은 바에 따라 다르다는 것이다.

그러면 정情과 의意의 차이는 어디 있는가? 성발위정性發爲情으로서의 정情은 성性에서 곧 발發한 것으로 발發한 그대로이므로 상량계교商量計較가 없다. 그러기에 거짓이 있을 수 없다. 그러나 의意는 그 정情이 한 걸음 나아가 상량계교하는 작용이다. 사단칠정은 정情이지만 인심도심은 그 정情에서 한 걸음 더 나아간 의작용意作用이라고 한다. 그러므로 인심도심은 정情에다 의意를 합한 구조로 되어 있다. 따라서 인심도심은 그 자신 상량계교를 하는 것이다.

여기에서 율곡의 인심도심의 종시설終始說을 말하게 되는 것이다. 즉 율곡은 다음과 같이 말한다.

> 사람들의 심心이 처음에 성명性命의 정正에서 곧게 나왔다가도 그것을 선善으로 완성시키지 못하고 사私를 섞으면 이는 처음에는 도심이나 나중에는 인심으로 마친다. 우리의 심心이 처음에 형기形氣에서 나왔더

116) 『栗谷全書』, 권9, 「書1 · 答成浩原」, "今若曰, 四端理發而氣隨之, 七情氣發而理乘之, 則是理氣二物或先或後相對爲兩岐. 各自出來矣, 人心豈非二本乎, 情雖萬般, 夫孰非發於理乎, 惟其氣或掩而用事或不掩而聽命於理……人心道心皆發於性而爲氣所掩者爲人心, 不爲氣所掩者爲道心."

> 라도 그것이 정正에 어긋나지 않는 경우에는 도심과 틀리지 않고 또 처음에 정正에 틀린 심心이라도 곧 그릇된 줄 알고 그 심心을 고쳐서 욕심欲心을 다르지 않으면 이는 처음의 인심이 도심으로 결말짓는 것이다. 왜냐하면 인심과 도심은 정情과 의意를 겸하여 말한 것으로 정情만 가르친 것이 아니다.[117]

이것은 인심이나 도심은 정情만이 아니라 상량계교商量計較를 가지고 있기 때문에 비록 처음에는 성명性命의 정正에서 나와 도심이 되었다 하더라도 이 도심을 확충하지 않고 내버려 두면 사私가 개재하여 인심으로 끝을 맺게 되고 또 비록 처음에 인심으로 형기의 가린 바가 있더라도 우리의 상량계교로 그 사私를 따르지 않고 정리正理에 나가면 이것은 도심으로 끝을 맺게 된다는 것이다. 이는 모두가 의意의 정찰精察에 달려 있다는 것이다.

결국 인심도심은 정찰여부精察如否에 따라서 인심도 될 수 있고 도심도 될 수 있어 상호 전환이 가능하다고 보는 것이다. 그러나 인심과 도심이 서로 겸할 수는 없는 것이다. 따라서 사단칠정이 서로 겸하는 것과 같지 않다는 것이다. 인심도심과 사단칠정의 차이를 율곡은 다음과 같이 말한다.

> 인심은 하나뿐인데 이것을 도심이니 인심이니 이르는 것은 성명과 형

---

117)『栗谷全書』, 권10,「書2 · 答成浩原」, “ 今人之心, 直出於性命之正, 而或不能順而遂之, 間之以私意, 則是始以道心, 而終以人心也. 或出於形氣, 而不咈乎正理, 則固不違於道心矣, 或咈乎正理, 而知非制伏, 不從其欲, 則是始以人心, 而終以道心也. 蓋人心道心, 兼情意而言也, 不但指情也.”

기의 변별이다. 정情도 하나뿐인데 혹은 사四 혹은 칠七이라 말하는 것은 이를 전언專言함과 기氣를 겸언兼言한 것이 서로 같지 않기 때문이다. 따라서 인심과 도심은 서로 겸할 수 없고 서로 종시終始한다. 사단은 칠정을 겸할 수 없으나 칠정은 사단을 겸한다. 도심의 미묘함과 인심의 위태함은 주회암의 말로 다한 것이다. 사단은 칠정의 전부만 못하고 칠정은 사단의 순수함만 못하다. 이것이 나의 소견이다.[118)]

칠정이란 사람의 심心이 동할 때 이러한 일곱 가지가 있다는 것을 통틀어 말한 것이요, 사단이란 칠정 중의 선善한 일변一邊만을 가리켜 말한 것이니 이는 인심과 도심을 성명과 형기의 상대적으로 말한 것과 다르다. 정情은 발發한 그대로요, 비교하여 서로 대어 보는 데까지 이르지 아니한 것이니 또 인심과 도심의 서로 시작과 끝이 되는 것과 같지 않다. 그런데 어찌하여 사단과 칠정의 관계를 억지로 인심과 도심의 그것에다 서로 준할 수 있는가.[119)]

이를 종합해 보면 칠정七情이란 우리 심心이 동할 때 이러한 일곱 가지를 전부 말하는데, 이것은 발發한 그대로요 아직 비교하여 대어 보는 데까지 이르지 않았다. 그러기 때문에 칠정은 사단을 포함할 수 있고 또한 사단은 칠정의 선일변善一邊으로 칠정이 이를 겸할 수 있다는 것이

---

118) 『栗谷全書』, 권9, 「書1 · 答成浩原」, "心一也而謂之道, 謂之人者, 性命形氣之別也. 情一也或曰四或曰七者, 專言理兼言氣之不同也. 是故人心道心不能相兼而相爲終始焉. 四端不能兼七情而七情則兼四端. 道心之微, 人心之危, 朱子之說盡矣. 四端不如七情之全, 七情不如四端之粹, 是則愚見也."

119) 『栗谷全書』, 권9, 「書1 · 答成浩原」, "七情則統言, 人心之動有此七者, 四端則就七情中擇其善一邊而言也, 固不如人心道心之相對說下矣. 且情是發出恁地不及計較, 則又不如人心道心之相爲終始矣. 烏可强就而相準耶."

다. 그러나 인심도심은 이미 서로 비교하고 대어 보는 의가 포함되어 있기 때문에 서로 종시가 되는 것이니 어떻게 인심과 도심의 서로 겸함을 주장할 수 있겠는가 하는 말이다.

여기에서 인심과 도심은 의意에 의하여 상대적이 된다는 것이다.

따라서 율곡은 인심도심의 종시설終始說에서 마침내 인심도심의 상대설相對說에 이르게 된다. 율곡의 이러한 견해에 주의할 점은 인심도심이 상대적이라 해서 양묘맥兩描脈이 있다는 것은 아니다. 일심一心에서 혹 형기를 위하거나 의리를 위하는 데 따라서 양변이 된 것이지, 인심 하나 도심 하나가 있는 것은 아니다. 따라서 리기 이물의 공발共發이나 호발互發을 말하는 것은 아니다. 다시 인심도심의 양변에 대하여 율곡은 다음과 같이 말한다.

> 인심도심은 상대입명相對立名한 것이므로 이미 도심이라 하면 인심이 아니요, 이미 인심이라 말하면 도심이 아니다. 고로 양변으로 설할 수 있다. 칠정 같은 것은 이미 사단을 포섭하여 그 안에 가지고 있는 것이니 사단은 칠정이 아니라든지 칠정은 사단이 아니라고 말할 수 없다. 그러니 어찌 양변으로 나눌 수 있겠는가.[120]

> 리기는 신후노 없고, 리합離合도 없다. 그래서 호발互發이라 말해서는 안 된다. 다만 인심도심은 혹은 형기形氣를 위爲하고 혹은 도의道義를 위爲하므로 그 근원은 비록 하나이지만 그 유행流行이 이미 갈라지니

120) 『栗谷全書』, 권10, 「書2 · 答成浩原」, “盡人心道心相對之名, 旣曰道心則非人心, 旣曰人心則非道心. 故可作兩邊說下矣. 若七情則已包四端在其中不可謂四端非七情七情非四端也, 烏可分兩邊乎.”

부득이不得已 양변으로 나누어 말하지 않을 수 없다.[121]

처음의 예는, 인심과 도심은 이미 상대적으로 입명立名한 것이니 이미 인심이면 인심이지 도심이라 할 수 없고, 도심은 이미 도심이지 인심이라 할 수 없다는 뜻이다.

둘째의 예문은 인심도심이 '일본一本의 일심一心'에서 나왔으나 형기나 도의로 위爲함이 동일하지 않기 때문에 호발설互發說을 반대하고 인심도심 양변설을 인정하게 되었다. 이제까지의 율곡의 견해를 종합해 보면 인심 도심이 서로 겸할 수 없는 이유가 그가 이미 기발리승으로 인심도심도 일심一心에 의하여 나누어진 일기一岐에 불과하지 발發할 때의 이묘맥二描脈이 있어 나누어진 것은 아니라는 데 있다.

그것은 주회암이나 퇴계의 사단과 도심은 리理의 발發이고, 칠정과 인심은 기氣의 발發이라는 호발설에 반대되는 것이다.

그러나 율곡의 말을 가만히 살펴보면 비록 발發하는 묘맥描脈은 하나로 즉 기발리승이나 발처發處에 이단二端인 형기와 성명이 있기 때문에 역시 인심도심이라는 두 개의 심心을 사용할 수밖에 없다는 것이다. 즉 결과에 있어서는 인심과 도심인 이심二心을 인정하게 된 것이다. 그러기 때문에 율곡은 사단과 칠정, 인심도심설을 비교하여 그 차이로 "칠정의 밖에 다시 사단은 없다. 그런즉 사단은 도심을 전언傳言한 것이요, 칠정은 인심과 도심을 합언合言한 것이다. 그러니 인심과 도심이 스스로 양변

121) 『栗谷全書』, 권9, 「書1 · 答成浩原」, "理氣無先後無離合. 不可謂互發也. 但人心道心, 則或爲形氣或爲道義, 氣原雖一, 而其流行旣岐固不可不分兩邊說下矣."

으로 갈라지는 것과 같이 아주 다르지 아니한가"[122]라고 하였다

칠정은 인심과 도심의 합언合言이라고 함으로써 실질적으로 이심二心을 인정한 것같이 되어 버렸다. 그러나 율곡은 '칠정 가운데 선일변善一邊을 사단'이라 하고, 또 '칠정 중의 선악은 인심'이라 하였다. 그의 말을 상기하면 "심心이 발發할 때에 정리正理에서 바로 나와 기氣(私氣)가 용사用事하지 아니하면 도심이니 곧 칠정의 선일변善一邊이요, 심心이 발發할 때에 기氣(私氣)가 용사用事하는 것은 인심이니 칠정의 선善과 악惡을 합한 전부이다"[123]라고 하였다.

그러니까 이때 인심과 도심의 구별은 기氣의 용사用事와 용사하지 않는 소위 성명性命의 정正과 형기形氣의 사私로 그 발처發處에서 이루어진다. 그런데 기氣가 용사하지 않는 도심은 칠정의 선일변善一邊이다. 그리고 기氣가 용사用事한 인심은 칠정의 선악이다. 그러면 이때의 도심의 선善과 인심의 선善은 동가치同價値인가 또는 질적 차이가 있는가 이것이 문제된다. 그런데 율곡은 이 두 개의 선善을 동가치의 선善이라 보고 있다. 그것은 그가 47세 곧 선조 15년에 왕명에 의하여 제진製進한 「인심도심도설」을 보면 명백하다.

> 맹자는 말하기를 칠정 중에서 선善한 일변一邊만을 적출하여 사단이라 이름 지었고 사단은 곧 도심과 그리고 인심의 선善한 부분이다.…… 혹

---

122) 『栗谷全書』, 권9, 「書1 · 答成浩原」, "七情之外更無四端矣. 然則四端專言道心, 七情合人心道心而言之也. 與人心道心之自分兩邊者, 豈不迥然不同乎."

123) 『栗谷全書』, 권9, 「書1 · 答成浩原」, "皆可謂之心也, 發者氣也, 所以發者理也. 其發直出於正理而氣不用事則道心也, 七情之善一邊也. 發之之際, 氣已用事則人心也, 七情之合善惡也."

> 논자들이 사단을 도심, 칠정은 인심이라고 말하나…… 칠정을 인심만이라 하리요…… 만일 칠정을 인심만으로 돌린다면 이는 반半만(人心) 말하고 반半(心)은 빠진 것이다.[124]

위와 같이 말하여 도심은 인심의 선善한 부분(心의 意作用인 計量商量으로 氣의 用事를 精察하여 道心의 命令을 듣게 된 것)의 합合이라 하여 도심의 선善과 인심의 선善을 동가同價로 보고 있다. 그렇다면 인심은 칠정의 선악함이고 도심은 칠정 중의 선善이라 한다면 여기에서 당연히 인심은 도심을 겸할 수 있고 또한 칠정은 인심이어야 할 것이다. 그런데도 불구하고 율곡은, 칠정은 인심과 도심의 합合이라 하고, 인심과 도심은 상섭相攝하지 않는다 하였다. 즉 "도심이라 하면 이미 인심이요, 인심이라 하면 이미 도심이라 하여" 인도의 상대 입명설立名說을 고수하고 인심도심종시설을 주장하는 것이다.

더구나 율곡의 인도종시설人道終始說을 보면 인심이 도심의 청명을 받으면 도심이 된다고 하고, 도심도 사의私意가 섞이면 인심으로 종말終末한다 하여 인도에 있어서 그 시始와 종終이 인간의 수기의 노력인 성의에 의하여 상호 전환한다고 하였다. 그렇다면 인심이 도심의 청명을 들을 수 있기 위하여서는 인심이 도심을 겸포兼包해야 하지 않는가?[125]

---

124) 『栗谷全書』, 권14, 「人心道心圖說」, "孟子就七情中剔出善一邊, 目之以四端, 四端卽道心及人心之善者也.……論者或以四端爲道心, 七情爲人心, 四端固可謂之道心矣, 七情豈可只謂之人心乎. 七情之外無他情, 若偏指人心則是擧其半而遺其半矣."

125) 人心道心에 있어서 栗谷의 論理에 대하여 疑心을 품은 現代學者로서 李丙燾 博士와 裵宗鎬 博士가 있다. 물론 金敬琢 博士도 이 問題에 대하여 언급을 하였다. 그의 著書 『栗谷의 研究』(『韓國研究叢書』 第七輯, 1960) p.152에서 "人心이 응당 道心을 포함하여야 할 것이라 하여 栗谷을 論理的 矛盾에 빠졌다고 하기 쉽다. 그러나 人心과 道心은 本來二心이

아니요 一心에서 根源한 것이다. 왜 그러냐 하면 七情은 四端을 兼하였으므로 여기에 四端卽理의 面으로 나아가는 것은 道心이요, 形氣面으로 나아가는 것은 人心이기 때문이다. 우리는 栗谷이 말하는 四端은 두 가지가 있다는 것을 注意해야 한다. 하나는 七情을 兼할 수 없는 純粹四端이요, 또 하나는 七情 속에 內包된 내용 있는 四端이다. 이 後者의 四端에서 나온 것이 栗谷이 말하는 道心이요, 그렇지 않고 다만 形氣에서 나온 것은 人心이다."

여기서 金 博士는 七情을 兼할 수 없는 四端은 純粹四端이라 하고 다른 하나는 七情을 兼하는 四端이라고 나누어 말하였는데, 栗谷의 立場에서 보면 四端은 七情 중의 善一邊이라 했는데 이것을 純粹四端이라 한다면 栗谷의 論理에 맞지 않고 退溪의 理發을 인정하게 될 것이다. 그리고 七情을 兼하는 四端은 아마 人心 중의 善한 部分을 말하는 것 같은데, 이 四端과 七情 中의 善一邊인 四端은 다같이 道心이라고 栗谷은 말하고 있다.(本論 參照, 「人心道心圖說」) 따라서 이 論議는 七情이 人心과 道心을 包含한다고 것에 對한 反論과 人心包道心이 되어야 한다는 批判에 적당한 응답이 되는 것 같지 않다.

그러나 李丙燾 博士는 『(國譯)栗谷全書精選』(栗谷先生紀念事業會刊, 1955) 栗谷先生論에서 이에 대한 論議를 진지하게 하였다. 李 博士의 論旨는 26쪽에서, "栗谷은 人心道心의 用語 槪念에 있어 確實히 論理的 矛盾을 犯하였다. 道心을 七情의 善一邊인 四端과 同價值(純善)의 것으로 認定하고 人心과 道心은 서로 兼(包攝)할 수 없는 反對의 槪念으로 規定하면서 人心은 결국 七情의 善과 惡을 합한 全部라 하였다. 人心이 四端(즉 道心)을 內包한 七情과 같이 善을 兼한 것이라면 人心 中의 善一邊은 무슨 善인가, 七情에 있어서는 四端과 同價值인 道心을 內包치 못한다면 이는 論理上 큰 矛盾을 犯한 것이다. 즉, 道心이 곧 四端이요, 人心이 곧 七情이라면 道心과 人心도 對待的으로 말할 수 없는 것이 아닌가?"라고 疑問을 提起하였던 것이다. 즉 七情의 善惡이 人心이라면 七情의 善이 四端이요 또 道心이기 때문에 人心包道心이 되어야 한다는 것이다. 그러나 七情의 善惡이 人心이라는 것을 그의 末年 저술인 「人心道心圖說」에서는 七情의 善惡이 人心이라 하지 않고 七情은 人心과 道心의 合이라 말했음을 상기시켜 일단 七情과 人心이 同一하다는 誤解에 대하여 그의 主張을 改定했음을 說明하였다. 그러나 아직 栗谷이 人心의 善惡과 七情 中의 善一邊이 同一하다면 당연히 人心包道心이어야 한다는 論理는 계속해서 否定했던 것이다. 李 博士는 1973년에 發行된 『栗谷의 生涯와 思想』(瑞文文庫)에서는 이 問題는 다루지 않았다.

이러한 論議에 대하여 裵宗鎬 博士는 다양한 理氣論을 정미한 思索으로 栗谷의 論理的 弱點을 지적하고 人心道心說의 心性情意一路, 氣發理乘人道相對兩邊說, 人道終始說을 相互有機的인 論理的 展開로 人心包道心으로 改正해야 그의 氣包理에 맞는 論理의 體系가 確立한다 하고 栗谷의 人道說을 "天理人欲相對說로 理解해야 한다"라고 主張했다. 筆者는 兩 博士의 指摘에 일단 동의하면서 栗谷이 人心包道心을 끝내 主張하지 않고 오히려 七情을 人心 + 道心이라고까지 展開한 이유가 다만 人道의 發處의 二端인 形氣之私의 生과 性命之原에 根據한 것 외에 그의 內心에 다른 생각이 있었을 것이라고 보아 그것은 그가 心性情意一路로 人心道心終始說의 立場에서 人心을 人欲으로 돌리지 않고 오히려 人間의 修爲之功에 의해 道心으로 轉換할 수 있다는 적극적인 思考가 깔려 있었지 않았나 생각한다. 따라서 人心道心終始說과 人性情意一路說을 維持하기 위하여 人心包道心이라 할 수 없었이 점에 대하여 율곡의 인심도심의 난점을 소상히 논한 배종호裵宗鎬 교수의 논지는 다음과 같다.

> 여하튼 위에서 본 바와 같이 인심의 선善도 성명지정性命之正이요, 도심의 선善도 성명지정性命之正이면, 인심의 선악은 도심의 선善을 포섭하게 되는 것이다. 그렇다면 인심 안에 도심이 겸포兼包되므로 인심포도심人心包道心으로서 율곡의 지론인 칠정포사단七情包四端, 기질성포氣質性包, 본연지성本然之性의 성정구조性情構造와 일치一致하게 된다. 따라서 율곡의 인심도심人心道心의 상대설相對說은 물론이요, 그의 이른바 인심도심의 종시설終始說도 무너질 것이라 생각한다.[126]

율곡의 논리는 이런 면에서 난점이 있는 것인데 그 난점이 일어난 그의 근본적 원인은 율곡이 이발한 심心을 중심으로 그 근거를 소급遡及하여 무엇에 따라서 리의적理義的인 심心이 좇아 나왔으며, 무엇에 따라서 식색적食色的인 심心이 좇아 나왔는가를 추구하여 리의적理義的인 도의심道義心은 심중心中의 성명지정性命之正(理性 卽 天命之性)에 그 근원을 둔 것으로 이것을 도심이라 하고, 그리고 식색적食色的인 본능은 신체의 형기지사形氣之私에 말미암아 그 발생이 있게 된 것으로 이것을 인심이라 함[127]으로써 약기若起된 난점이라 할 수 있을 것이다. 율곡이 너무나 명

지 않았는가 思料되는 것이다. 여기서 오히려 그의 論理的 未透를 통하여 그의 價値論的 思考를 보고자 하는 것이다.

따라서 本論文에서 裵 博士의 批判을 中心으로 紹介하고 筆者의 拙見을 가지려 한다.

126) 裵宗鎬, 『韓國儒學의 課題와 展開』 Ⅰ, p.269.

127) 裵宗鎬, 『韓國儒學의 課題와 展開』 Ⅰ, pp.264~265 참조.

칭의 형식적 개념에 구니拘泥된 소치所致[128]라 아니할 수 없을 것이다.

여하튼 간에 율곡의 인심도심설이 비록 이러한 난점이 있다 하더라도 그의 가치는 있는 것이니, 그 가치란 퇴계가 인심을 인욕으로 변칭하여 악惡으로 보려는 경향에 율곡은 인심도 그 근원은 선善이라고 하여 다만 기氣의 용사여부用事與否에 의존된다고 말하고 한 걸음 더 나아가 인심의 기용사氣用事를 우리 인간의 성의에 의하여 도심으로 전환할 수 있다는 견해를 강조한 것은 특징적이라 하지 않을 수 없다.

율곡의 관점은 인심도심이 비록 설명 시에는 양변으로 나누어지지만 그들이 그 근원처에는 동일원同一源으로 발처에서 기氣의 엄폐와 비엄폐로 인하여 인심도심으로 나누어진 것에 불과하니, 본질적으로 인도가 있는 것은 아니라는 것이다. 따라서 그 묘맥이 하나인 인심도심은 인간의 수기인 정찰과 성의로 인심도 도심이 될 수 있다고 주장하는 것이다.

율곡의 인심도심의 의의는 바로 인간의 성의를 통하여 도심을 회복하는 데 중점을 두고, 인심이라고 하여 모두 인욕人欲으로 보아 악惡으로 돌릴 수 없다는 것이 아닌가. 또 도심이라 하여 제멋대로 방하放下해 거기에 사의私意가 개재介在되면 인심으로 결말이 지워지는 것이니 부단한 긴장의 성의를 하지 않으면 안 된다고 한 점에 우리는 주목할 필요가 있을 것이다. 그러므로 인심을 인욕내지악人欲乃至惡으로 보지 않은 점은 그 당시의 성리학적 풍토에 있어서는 탁견卓見이 아닐 수 없으며 동시에 근대적 사고의 일면을 이에서 엿볼 수 있지 않을까 생각된다.

---

128) 李丙燾, 『(國譯)栗谷全書精選』(栗谷先生紀念事業會, 1955), p27 참조.

제4장 수기적 실천론

제1절 수기와 입지

율곡의 수기적 실천론은 우선 그가 입지를 강조하는 데서부터 특징이 있다. 그러기 때문에 그는 『성학집요』 첫머리 「수기修己」 조목에서 입지부터 앞세우면서 다음과 같이 말한다.

> 배움에 있어 뜻을 세우는 것보다 앞서는 것은 없으니, 뜻이 서지 아니하고서 능能히 공업功業을 이룬 사람은 없다. 그러므로 뜻(志)을 세운다는 조목條目을 몸을 닦는다는 것보다 앞세웠다.[1)]

이제 그가 입지를 얼마나 중요시했는가를 그의 저서의 내용에서 찾아보자. 율곡은 20세 때 금강산에서 불교 공부를 하다 돌아와 지은 『자경문自警文』 서두序頭에 "먼저 그 뜻을 크게 가져 성인으로서 모범을 삼아야 한다"[2)]라고 하였고 나아가 정심, 계구戒懼, 신독愼獨, 성의 등을 말하였다.

---

1) 『栗谷全書』, 권20, 「聖學輯要」, "學莫先於立志, 未有志不立而能成功者. 故修己條目, 以立志先."
2) 『栗谷全書』, 권14, 「自警文」, "先須大其志以聖人爲準則, 一毫不及聖人則吾事未了."

또 39세 때에 쓴 『만언봉사萬言封事』에서도 그 첫째로 입지를 강조하여 "수기修己를 하는 데는 4가지 목目이 있으니 일왈一日 성지聖志를 분발奮發하여 삼대三代의 성盛을 돌이킴을 기期할 것"[3]이라 하여 왕으로 하여금 그 뜻을 분발하게 하였고, 40세에 지은 『성학집요』에서는 이미 살핀 바와 같이 입지를 먼저 수신修身 앞에 놓고 다음 입지를 네 가지로 세목細目하였으니, 첫째는 범론泛論, 둘째는 입지지목立志之目, 셋째는 입지의 공효功效, 넷째는 입지지반立志之反으로 말했다. 그리고 41세에 지은 『격몽요결擊蒙要訣』에서는 더욱이 「입지장立志章」을 세워 다음과 같이 말하고 있다.

> 처음에 배우는 사람은 뜻을 세워 반드시 성인으로서 스스로 기약할 것이요, 추호秋毫라도 스스로 적게 여겨서 퇴탁退託하는 생각이 있어서는 안 된다. 대개 중인衆人도 그 본성은 성인과 같다. 비록 기질은 청탁수박淸濁粹駁의 다름이 없지 않으나 진실로 능히 참되게 알고 실제로 밟아서 그 구습舊習을 버리고 그 본성을 회복하면 티끌만큼 보태지 아니 하더라도 만선萬善이 구족具足할 것이다. 중인衆人이 어찌 성인으로 자기自期하지 않으리오.…… 마땅히 항상 분발하여 인성은 본래 선善하고 고금지우古今智愚의 구별이 없거늘 성인은 어찌 홀로 성인이 되고 나는 어찌하여 중인이 되는 것인가? 진실로 뜻이 서지 않아 앎이 밝지 못하며 행行함이 독실하지 못한 까닭이다. 뜻이 설 것과 앎이 밝은 것과 행行하기를 독실하게 할 것은 모두 나에게 있는 것이니 어찌 다른 데서 구하리오. 안연顔淵이 말하기를 "순舜은 어떤 사람이며 나는 어떤 사람

3) 『栗谷全書』, 권5, 「萬言封事」, "修己爲綱者, 其目有四, 一日奮聖志期回三代之盛."

이랴! 하면 나도 이렇게 된다" 하였으니 나도 또한 안연顔淵이 순舜이기를 바라는 뜻을 본받겠다. 비록 사람의 얼굴은 추한 것을 변하여 아름답게 할 수 없으며, 체력은 약한 것을 변하여 강하게 하지 못하며, 키는 작은 것을 크게 만들지 못하나니, 이것은 이미 정한 분수라 고칠 수 없지만, 오직 심지心志는 어리석음을 고쳐서 지혜로 만들 수 있으며 불초不肖함을 변하여 현賢이 될 수 있으니, 이것은 마음이 허령하여 품수稟受에 관계되지 않는 까닭이다. 대개 지智보다 더 좋은 것이 없고 현賢보다 더 귀한 것이 없는데 무엇이 괴로워서 현賢과 지智가 되지 아니하여 하늘이 내려주신 본성本性을 손상시키랴! 사람이 이 뜻을 가져 굳게 물러가지 않으면 도道에 가까운 것이다.[4]

그 입지만을 세워서도 아직 부족不足하여 더욱 용맹勇猛스럽게 나아가야 한다고 하여 「혁구습장革舊習章」에서 말하기를 "비록 사람이 학문에 뜻이 있어도 용맹스럽게 바로 나아가서 성취하지 못하는 것은 구습舊習이 방해妨害하는 까닭이다"[5]라고 하였다. 율곡이 입지를 이처럼 추상秋霜같이 강조하는 면은 그가 이미 리기대본理氣大本에서 리理는 무위이고 기氣는 유위로서 우리의 심心의 작용은 기발이지만 거기에는 리理가 주재

---

4) 『栗谷全書』, 권27, 「擊蒙要訣」, "初學先須立志, 必以聖人自期, 不可有一毫自小退託之念. 蓋衆人與聖人, 其本性則一也. 雖氣質不能無淸濁粹駁之異, 而苟能眞知實踐, 去其舊染而復其性初, 則不增毫末, 而萬善具足矣. 衆人豈可不以聖人自期乎, 故孟子道性善, 而必稱堯舜以實之, 曰人皆可以爲堯舜, 豈欺我哉. 當常自奮發曰, 人性本善, 無古今智愚之殊, 聖人何故獨爲聖人, 我則何故獨爲衆人耶. 良由志不立知不明行不篤耳. 志之立知之明行之篤, 皆在我耳, 豈可他求哉. 顔淵曰舜何人也, 予何人也, 有爲者亦若是, 我亦當以顔之希舜爲法. 人之容貌, 不可變醜爲姸, 膂力不可變弱爲强, 身體不可變短爲長, 此則已定之分, 不可改也, 惟有心志, 則可以變愚爲智, 變不肖爲賢此則心之虛靈, 不拘於稟受故也. 莫美於智, 莫貴於賢, 何苦而不爲賢智以虧損天賦之本性乎. 人存此志, 堅固不退, 則庶幾乎道矣."

5) 『栗谷全書』, 권27, 「擊蒙要訣」, "人雖有志於學, 而不能勇往直前, 以有所成就者, 舊習有以沮敗之也."

함을 보았다. 따라서 허령통철虛靈洞徹한 심心은 기氣이지만 이 기氣를 변화시킬 수 있는 것이 또한 리理의 주재이다. 리理 없는 기氣가 없기 때문에 리理가 본연의 리理에서 기氣의 승강비양으로 유행이 되어 본연이 아니지만 그 본연의 묘妙는 그대로 있는 것이다.

따라서 기氣를 검속檢束하여야만 본연의 기氣로 본연의 리理가 드러나게 되는 것이다. 그리고 "지志는 기지수氣之帥이기 때문"[6]에 먼저 입지로 기氣를 검속檢束하여 구습에 물든 기氣를 혁파해야 한다고 보는 것이다. 결코 리理가 홀로 있어서 그것이 우리를 바르게 가르쳐 주지 않는 것이다. 기질을 먼저 변화시켜야 리理가 그 은폐로부터 개명되는 것이라고 보고 있다. 이와 같이 그의 리기의 체계에 의하여 입지의 중요성을 역설하며, 그것이야말로 인간의 자주적 독립적 주체성과 자율성을 확고히 하며, 따라서 성인도 황홀恍惚한 곳에서 찾을 것이 아니라 바로 나의 성실한 실심과 입지의 공효에 의하여 이루어짐을 언급한다. 율곡은 구습을 혁파해야 한다고 하면서 그 구습을 8가지로 든다. 즉, "첫째, 그 입지를 게을리하며 그 몸가짐을 방放하게 하여 오직 놀고 편안함만 생각하고 구속을 싫어하는 것이요, 둘째, 움직이기를 생각하고 안정安定치 못하여 출입하고 이야기를 좋아하는 것, 셋째, 희동악이喜同惡異하여 유속流俗에 빠져 조금 수식修飾하려다가도 남에게 들킬까 겁내는 것, 넷째, 남에게 칭찬받기를 좋아하고 옛글을 떼어다가 부화浮華한 문채文彩를 꾸미는 것, 다섯째, 글씨로 교묘히 하고 술 먹고 우유優遊히 세월을 보내며 그것을

6) 『栗谷全書』, 권20, 「聖學輯要」, "志者氣之帥也."

맑은 운치韻致로 아는 것, 여섯째, 바둑이나 도박賭博을 좋아하는 것, 일곱째, 부귀를 부러워하며 빈천을 싫어하는 것, 여덟째, 기욕嗜欲에 절도가 없어서 끊고 억제하지 못하는 것"[7] 등을 말하여 이러한 습관을 바로 사람으로 하여금 뜻이 굳지 못하게 하고, 행실이 공경하지 못하게 하여 후회만 더하게 할 것이니, "모름지기 용맹스러운 뜻을 크게 떨쳐서 한 칼로 뿌리 채 끊어 버리듯 심지心志를 깨끗이 씻어야 한다"[8]고 말하여 성인의 길은 곧 이 입지에 있음을 통절히 가르치고 있는 것이다.

인용문을 길게 서술한 이유는 율곡을 주기론이라 하여 핍론乏論하지만, 사실 그의 리理의 개명성開明性을 드러내기 위하여 기氣를 변화시킬 수밖에 없는 그의 리기론의 근본 구조에 의한 것임을 밝히기 위함이다. 기氣는 이미 유위유형이지만 그 유형유위의 주재는 리理가 아닌가? 리理 없는 기氣가 어디에 있으며 기氣 없는 리理가 어디에 있을까? 여기에서 율곡은 기氣의 검속檢束을 강조하는 것이다. 그가 주기론이라 하여 기氣의 유위를 방하放下하는 것이 아니다. 오히려 기氣의 검속檢束을 통하여 구방심救放心에 목적이 있었음을 알 수 있는 것이다.

그가 현실을 중요시한 것도 그것이 기氣의 유위로 나타난 것이기에 현시된 이 현상을 바르게 잡아야지 리理의 순수성이 드러난다고 보았던 것 같다. 그러므로 우리는 여기에서 그의 입지론이 모든 저술著述에서

7) 『栗谷全書』, 권27, 「擊蒙要訣」, "其一, 惰其心志, 放其儀形, 只思暇逸, 深厭拘束. 其二, 常思動作, 不能守靜, 紛紜出入, 打話度日. 其三, 喜同惡異, 汨於流俗, 稍欲修飭, 恐乖於衆. 其四, 好以文辭, 取譽於時, 剽竊經傳, 以飾浮藻. 其五, 工於筆札, 業於琴酒, 優游卒歲, 自謂清致. 其六, 好聚閒人, 圍棋局戲, 飽食終日, 只資爭競. 其七, 歆羡富貴, 厭薄貧賤, 惡衣惡食, 深以爲恥. 其八, 嗜慾無節, 不能斷制, 貨利聲色, 其味如蔗, 習之害心者大槪如斯."

8) 『栗谷全書』, 권27, 「擊蒙要訣」, "必須大奮勇猛之志, 如將一刀, 快斷根株, 淨光心地."

첫째로 세운 원인을 알게 되는 것이다. 그의 생애에 있어서 거의 말년 저술인 『학교모범學校模範』 범凡 16조條 중에서도 제일 첫째로 입지를 들고 있다.

그는 말하기를 "배우는 자는 뜻을 세워 도道로써 자임自任할 것이니, 도道는 고원高遠한 것이 아닌데 사람이 스스로 행하지 않는다. 만 가지 선이 모두 나에게 갖추어져 있기 때문에 달리 구할 필요가 없다.…… 훼예毁譽, 영욕榮辱, 이해利害, 화복禍福 등 일체에 나의 마음을 움직이지 못하게 하여 분발하고 책려策勵하여 꼭 성인이 되고야 만다"[9]는 생각을 가져야 한다고 말했다.

율곡은 그의 저술에서뿐만 아니라 기타 경연석상에서도 임금께 먼저 입지가 견정불이堅定不移하여 경敬으로써 궁리하고 역행하여야 한다고 하였다.[10]

이와 같이 율곡은 기회가 있을 때마다 빠트리지 않고 입지의 중요성을 강조하였다. 그러나 그의 입지의 강조는 그의 리기철학인 리기지묘의 투철透徹한 깨침의 소산이었다. 결코 남의 것을 모방하여 주장하는 것이 아니고, 스스로의 체험과 자각 위에서 이 길을 강조하는 것이었다. 그러기에 그의 제자가 "선현들도 입지를 말하였지만 범론泛論인 경우가 많은데 선생님은 글을 쓰거나 말을 할 때마다 첫머리에 입지라는 말을

---

9) 『栗谷全書』, 권15, 「學校模範」, "一日立志, 謂學者先須立志, 以道自任, 道非高遠, 人自不行. 萬善備我, 不待他求. 莫更遲疑等待, 莫更畏難趦趄, 直以爲天地立心, 爲生民立極, 爲往聖繼絶學, 爲萬世開太平爲標的, 退託自畫之念, 姑息自恕之習, 不可毫髮萌於胸次, 至於毁譽榮辱利害禍福, 一切不動其心, 奮發策勵, 必要作聖人而後已."

10) 『栗谷全書』, 권29, 「經筵日記」에 보면 王과 對話할 때 곳곳에서 立志를 强調한 대목을 볼 수 있다.

하니 무슨 까닭입니까?" 하고 물으니 율곡이 대답하기를 "입지가 아니면 만사萬事가 불성不成이기 때문이다"[11]라고 하였다. "그러면 뜻을 세우려면(立志) 어떻게 공부해야 합니까?" 하니 율곡은 대답하여 "성誠하면 뜻이 저절로 서고 경敬으로써 이것을 지속持續하면 된다"[12] 하였다.

그러나 여기에서 율곡이 말하는 성誠이란 성誠 자체를 말하려는 것이 아니고 성지자誠之者의 성誠, 즉 면강勉强이 들어 있는 성誠을 말하는 것이다. 그 증거로는 율곡의 문인이 주회암의 불성무물不誠無物을 해석한 데 대답하여 "주회암의 불성무물不誠無物은 사람에게 있는 것을 말하였기 때문에 면강勉强의 뜻이 있다"[13]고 한 것을 보면 이 성誠은 성지자誠之者의 성誠으로 면강의 뜻으로 봄이 타당하다고 본다.

위와 같이 율곡은 입지와 관련하여 성誠을 말하고 있음을 볼 수 있다. 율곡은 그의 입지론이 어디까지나 기氣와 관련하여 기氣의 용사用事로 인하여 리理와 도심道心이 드러나지 못하기 때문에, 이 기氣를 먼저 정찰精察하여 계교상량計較商量하는 심心의 의意로써 검속檢束하여야 한다고 보았고 바로 이때의 성의가 곧 성실이요, 실심의 실현인 것이다. 여기에서 그의 수기론의 중심이 '성의정심'에 있음이 드러난다.

여기서 말하는 성의는 곧 기질을 변화시키는 근본적 계기가 되는 것이다. 율곡은 다시 입지를 강조하여 "뜻이 전일專一하면 기氣가 동動하지

---

11) 『栗谷全書』, 권31, 「語錄」, "問立志先賢多泛論, 先生作書立言, 每每首言此, 何意, 曰非立志則萬事不成."

12) 『栗谷全書』, 권31, 「語錄」, "誠則志自立, 而以敬持之可也."

13) 『栗谷全書』, 권31, 「語錄」, "問誠無爲之誠, 指其性之本體, 而不誠無物之誠, 有著力底意思耶……曰此以在人者言之, 故有勉强底意思也."

않는 것이 없는데 배우는 이가 종신토록 글을 읽어도 성공하지 못하는 것은 다만 입지가 되어 있지 않은 까닭이다"[14]라고 말하고, 뜻이 서지 않는 데는 세 가지가 있다고 하였다. 즉 "첫째는 '불신不信'이고, 둘째는 '부지不智'이며, 셋째는 '불용不勇'이다.

첫째 '불신'이라는 것은 성현이 후학에게 밝게 알려 명백하고 간절하게 가르쳐 주었으니 만일 그 말에 따라 순서대로 나아가면 성인도 되고 현인도 되는 이치인데 오히려 불신하는 이는 성현의 말이 사람을 권유하기 위하여 만들어 놓은 것이라 생각하고 다만 글만 완미玩味할 뿐이요, 믿지 않는 것이다.

둘째 '부지'란 인생의 기품이 만萬 가지나 되어 같지 않은 것을 말하나 힘써 알고 힘써 행하면 한 가지이다. 그러나 저 부지한 사람은 자기의 소질素質이 불미不美하게 태어났다고 하여 퇴보退步하는 것을 만족히 여기고 한 걸음도 나아가지 아니하는데 퇴보하면 어리석은 자로 되고 나아가면 성인이 되는데 어찌하여 나면서부터 알아야 덕德이 될 것인가? 어질지 못하고 어리석은 자가 되는 것은 모두 자기소위自己所爲이다.

셋째 '불용'이라는 것은 사람들이 성현들은 우리를 속이지 아니한다는 것과 기질을 변화시킬 수 있다는 것을 다소 알면서도 다만 태만하게 항상 머물러 있으면서 분발하고 진작하지 아니하여 개혁하기가 어렵다. 고식적姑息的으로 우물쭈물하여 한 치를 나아가면 한 척을 후퇴하니 이것이 불용不勇의 소치所致이다"[15]라고 말하여 진실로 입지란 '불신', '부

---

14) 『栗谷全書』, 권20, 「聖學輯要」, "志一則氣無不動, 學者終身讀書, 不能有成, 只是志不立耳."
15) 『栗谷全書』, 권20, 「聖學輯要」, "志之不立, 其病有三. 一曰不信, 二曰不智, 三曰不勇. 所謂不

지', '불용' 등 삼불三不의 병통을 깨트리는 데서 이루어진다고 하였다. 율곡은 여기에서 부지는 곧 변화기질의 가능성을 알면서도 힘써 행하고 힘써 알려고 하지 않는 병이라 하였다. 진실로 입지는 변화기질을 확신하여 성실로써 힘써 알고 힘써 행하면 성인이 된다는 것을 확신해야 한다고 보았다. 그러므로 율곡에게 있어서의 변화기질은 그의 천인합일의 방법이 되고 있음을 우리는 이해할 수 있다.

물론 이러한 변화기질은 율곡뿐만 아니라 정자, 주회암 등 모든 성리학자들의 범론泛論이지만 특히 율곡은 입지를 성학의 근본으로 삼는 것과 함께 학문의 근거를 이 변화기질에 두고 있는 것이 특징이다. 그러기 때문에 배움을 오래 하고도 그 성공이 없는 것은 바로 이 기질을 변화시키지 못한 데 있다고 보고 있는 것이다.

信者, 聖賢開示後學明白諄切, 苟因其言, 循序漸進, 則爲聖爲賢, 理所必至, 爲其事而無其功者, 未之有也, 彼不信者, 以聖賢之言爲, 誘人而設, 只玩其文, 不以身踐, 是故所諫者聖賢之書, 而所蹈者世俗之行也. 所謂不智者, 人生氣稟, 有萬不齊而勉知勉行則成功一也.……彼不智者, 自分資質之不美, 安於退託, 不進一步, 殊不知進, 則爲聖爲賢, 退則爲愚爲不肖, 皆所自爲也, 是故所讀者, 聖賢之書, 而所守者, 氣稟之拘也. 所謂不勇者, 人或稍知聖賢之不我欺, 氣質之可變化, 而只是恬常滯故. 不能奮勵振發, 昨日所爲, 今日難革, 今日所好, 明日憚改, 如是因循, 進寸退尺, 此不勇之所致…….”

제2절 성성과 천인합일

율곡의 리기론의 전 구조가 아무리 복잡하다 하더라도 그것은 오직 성인이 되기 위한 하나의 방법론이요, 또한 성인의 본질을 논하는 데 지나지 않는다. 특히 그가 성인을 논하는 데 있어서 성인의 모범이 어떠한 것이냐 할 때 그것을 자연에 두고 있음을 보아서도 알 수 있다. 자연과 우주가 기화리승氣化理乘이니 우리 마음도 기발리승이라는 전제前提는 곧 자연과 성인, 인간의 세계를 일이관지하려는 그의 성인관이 뚜렷이 나타나는 것이다.

특히 율곡은 "천지는 성인의 준칙이요, 성인은 모든 사람의 준칙이니 사람들이 닦고 행하는 것은 성인이 보여 준 준칙에 따를 뿐이다"16) 하였음을 상기할 때 그가 가치의 최고 중심을 어디에 두고 있는지 알 수 있다. 자연이 기화리승이면서 변함이 없고 고요한데 인간이 그 자연을 본으로 삼아 자연의 도체를 그대로 실현한 사람이 곧 성인이라는 것이다. 여기서 천인합일의 사상이 나타나게 되며 최고의 가치를 천인합

16) 『栗谷全書』, 권10, 「書1 · 答成浩原」, "天地聖人之準則而聖人衆人之準則也."

일에 이른 성인에게 두게 되는 것이다.

그래서 그는 성인을 말하기를 "사람 가운데 성인이라는 이가 있어 홀로 지극히 통하고 지극히 바르고 지극히 맑고 지극히 순수한 기氣를 타고나서 덕德이 천지와 합치合致하므로 성인은 천지와 같이 정성이 있어 변함이 없나니 이렇게 되어야 참으로 얼굴값을 하는 것이다"[17]라 하였던 것이다. 비록 성인은 천지의 기氣가 청淸하고 수粹할 것을 홀로 간직하고 태어났다 하더라도 우리 범인凡人도 역시 그 "마음이 허령하고 동철하여 온갖 이치가 다 갖추어 있으므로 탁濁한 것을 청淸으로 변하게 할 수 있고 잡雜된 것도 순수純粹하게 할 수 있다. 그러므로 닦고 행하는 공부는 사람만이 가져서 닦고 행한 극지極致에는 천지를 일정한 곳에 자리하게 하고 만물을 육성하게 되는 것이니 이렇게 된 연후에야 우리의 할 일을 다하는 것이다"[18]라고 하여 누구나 성인이 될 수 있음을 강조하였던 것이다.

그러면 과연 이러한 성인은 어떠한 인격의 소유자인가? 율곡은 말하기를 "물物을 궁구하는 데 지극하고 지知를 다하는 데 지극하며 뜻을 다하는 데 바르게 한 이는 성인이요, 물物을 궁구하고 지知를 지극하게 하여 뜻을 성실히 하고 마음을 미루어도 그 극진한 데 이르지 못하는 이는 군자이며…… 성인은 생각하고 힘쓰지 않아도 저절로 격물치지, 성의,

---

17) 『栗谷全書』, 권10, 「書1 · 答成浩原」, "於人之中有聖人者獨得至通至正至淸至粹之氣, 而與天地合德, 故聖人亦有定性, 而無變, 有定性以無變, 然後斯可謂之踐形矣."

18) 『栗谷全書』, 권10, 「書1 · 答成浩原」, "惟人也得氣之正且通者, 而淸濁粹駁有萬不同, 非若天地之純一矣. 但心之爲物虛靈洞徹萬理具備, 濁者可變而之淸, 駁者可變而之粹. 故修爲之功獨在於人, 而修爲之極至於位天地育萬物然後吾人之能事畢矣."

정심이 되는 사람이다"[19]라고 하였다.

따라서 생각하고 깨달은 것은 지知의 극진함이 아니요, 힘써서 중도中道에 합合한 것이 행行의 극진한 것은 아니다. 생각에 있어서는 불사이득不思而得하고, 행동에 있어서는 불면이중不勉而中하는 사람이 성인이다. 다시 말하면 성자誠者와 성지자誠之者의 차이를 말하고 있는 것이다.

우리의 수기론의 목적은 바로 이 성지자誠之者인 인간이 어떻게 성자誠者의 세계에 도달할 수 있는가를 논구하자는 데 있다. 그것은 곧 성성成聖으로서 천인합일이라 볼 수 있다.

---

19) 『栗谷全書』, 권9, 「書1 · 答成浩原」, "愚則以爲物極其格, 知極其至, 意極其誠, 心極其正者, 聖人也, 格致誠正而未造其極者, 君子也.……聖人無待於思勉而自格致誠正."

제3절 실리 · 실심과 성

율곡의 성론誠論은 곧 천인합일의 극치를 이룬다. 결코 성誠을 객관적 실체로서 인간과 관계없는 그러한 것으로 보지 않는다. 그가 성誠을 해석하는 것도 성리대본性理大本에 어긋남이 없이 천도와 인도를 관통하는 공자의 일이관지에 서서 보고 있다.

우선 그는 『대학』의 '성의정심'의 성의와 『중용』의 '성자천지도야誠者天之道也, 성지자인지도야誠之者人之道也'와 『맹자』의 '반신이성反身而誠'과 공자의 충신忠信의 심천고하深淺高下를 논하면서 그의 성론誠論을 전개한다. 성자천지도誠者天之道와 성지자誠之者로 인도를 연결시키는 매개는 곧 성인이다. 천도天道가 객관적 실체가 아님은 바로 이 성인이 인간이기 때문이다. 따라서 그는 먼저 천도와 인도의 차이를 설명하여 다음과 같이 말한다.

> 자연이연자自然而然者는 천도天道요, 유위이연자有爲而然者는 인도人道이다. 진실무망자眞實無妄者는 천도요, 진실무망眞實無妄하려는 것은 인도이다.······ 20)

즉 천도란 자연이연自然而然하여 그 자체를 말한다. 그러나 인도란 진실무망眞實無妄한 이 천도를 실현하려고 노력하는 것이다. 사람이 이미 천도를 실현하려 함은 그 자체의 당위인 것이다. 따라서 "천도天道를 물物에서 보면 하늘은 높고 땅은 두텁고 일월日月이 밝음을 대신하고 사시四時가 교착交錯하여 운행하는 것을 말한다. 이것은 인위적인 힘을 가할 수 없는 바로 자연 그대로를 말하며, 천도를 인간에서 보면 부자父慈, 자효子孝, 군의君義, 신충臣忠으로 이것은 성性으로 천도天道이다.…… 아버지가 자慈하려고 면勉하고 자식이 부父에게 효孝하려 하고 군君이 신臣에게 의義하려 하고 신臣이 군君에게 충忠하려 하는 것은 곧 인도이다. 천도는 곧 실리實理요, 인도는 즉 실심이다. 실리實理의 성誠은 성인이다."[21]

이와 같이 천도는 자연이연自然而然으로 곧 실리實理요, 성誠 자체이다. 그러나 인도는 실심實心으로서 실리實理의 성誠이 없으면 실심實心의 성誠이 있을 수 없다고 한다. 바로 실리지성實理之誠이 성인이기 때문에 이는 곧 성자誠者이다. 성인誠人도 실심지성實心之誠으로 성인이 된 것이다.

이와 같이 율곡은 천도와 인도를 성誠을 통하여 설명하면서, 성자誠者는 천도天道요 자연이연自然而然이고 실리實理는 무위이지만, 인도는 성지자誠之者로 유위이연으로 실심實心이다. 그러나 성인은 실리지성實理之誠이라고 말한다. 또한 이 실심지성實心之誠은 실리지성實理之誠 없이는 있을

20) 『栗谷全書』 拾遺, 권6, 「四子言誠疑」, "自然而然者天道也, 有爲而然者人道也, 眞實無妄者天道也, 欲其眞實無妄者人道也."

21) 『栗谷全書』 拾遺, 권6, 「四子言誠疑」, "體於物則天高地厚, 日月代明, 四時錯行, 體於人則父慈子孝, 君義臣忠, 出於性分者天道也, 使天地定位, 日月不失其度, 四時不失其行, 父勉於慈, 子勉於孝, 君盡其義, 臣盡其忠, 出於職分者, 人道也. 天道卽實理, 而人道卽實心也."

수 없다. 따라서 성인은 실심지성實心之誠과 실리지성實理之誠을 일치一致한 분이다.[22] 그러면 우리 인간은 어떠하여야 하겠는가? 율곡은 이미 실심實心이 인도라고 하였다. 성인은 인간으로 천도의 실리에 있는 분이다. 따라서 성인과 우리는 바로 이 실심을 공통분모로 하고 있다. 성인은 실리지성으로 자연이연이 된 사람이요, 인간은 이 실리實理의 자연이연自然而然이 되도록 노력하는 유위의 존재이다. 여기에서 인간은 성지자誠之者임이 드러난다. 성자誠者와 성지자誠之者의 구별이 여기에 있다.

"비록 성인은 그 기품이 청명하여 도리가 혼연한 본체로서 생지안행生知安行으로 스스로 자성명自誠明하여 소위 맹자의 만물개비어아萬物皆備於我가 된 그 자체이지만 대현大賢 이하의 사람들은 기품이 청명 순수하지 않아 전체가 천리에 혼연하지 못하여 성정이 인욕에 끌려 백행百行이 모두 실實할 수 없어 선善이 밝지 못하다."[23] 그렇다 하더라도 "마땅히 그 뜻을 참되게 하여 용공用功의 시始로 삼고 불문불도처不聞不睹處에 계신戒愼, 공구恐懼하니 충신을 주主로 삼고 일용지간日用之間과 동정動靜하는 가운데 모두 실심實心을 써서 심心으로 그 체體를 넓히어 하늘을 우러러 부끄러움(愧)이 없고 땅을 내려다보아 부끄러움(怍)이 없도록 반신이성反身而誠하면"[24] 곧 성誠이 드러난다는 것이다.

---

22)『栗谷全書』拾遺, 권6,「四子言誠疑」, "實理之誠則聖人."

23)『栗谷全書』拾遺, 권6,「四子言誠疑」, "聖人氣稟淸明道理渾然體此, 而生知安行此乃自誠明者, 而孟子所謂萬物皆備於我是也, 然則中庸之誠者, 豈非實理之誠乎, 實心之誠則大賢以下, 氣稟未純乎淸明, 而不能渾全其天理, 性情或牽於人欲, 而不能百行之皆實, 故不明善."

24)『栗谷全書』拾遺, 권6,「四子言誠疑」, "學者當以誠其意, 爲用功之始, 而戒愼恐懼於不聞不睹之地, 主於忠信而使日用之間, 動靜云爲, 皆出於實心, 然後可以心廣體胖, 仰不愧天, 俯不怍人, 反身而誠矣."

성인은 성즉명誠則明이지만 군자는 반신치성反身致誠으로 명성明誠의 공부가 있어야만 성誠이 된다는 것이다. 성인은 전체가 성誠이지만 그 밖의 사람은 일단지성一端之誠으로 치성致誠에 그 용공用功이 있음을 강조한다.

율곡은 전체지성全體之誠과 일단지성一端之誠을 나누고 성인과 범부를 구별지어 말하므로 범부가 곧 성인은 아니지만 성공부誠工夫를 통하여 성인이 될 수 있다는, 인간과 성인의 동질성과 인간의 무한가능성無限可能性을 제시한다.

율곡은 성誠과 성지자誠之者를 천도와 인도의 관계에서 설명함으로써 마침내 천天과 인간의 합일合一은 곧 성지자誠之者가 성자誠者의 실심實心, 실리實理를 성誠하게 하는 데서 이루어진다고 보아서, 실리가 자연의 실리라면 인간에게 있어서 바로 이 실심이 실리와 동일하다는 것이다. 실심이 있어야 실리가 있듯, 인간은 이 실심을 확충해 나가는 데 실리인 실심 자체에 도달된다는 것이다. 여기에서 율곡은 특히 정심공부를 강조하게 되며 그것을 통하여 교기질矯氣質이 가능한 것이다.

인간이 비록 기氣의 청탁수박淸濁粹駁이 유만부동有萬不同이지만 오직 이 심心은 허령통철하여 기질을 변화시킬 수 있다는 것이다. 그것은 오직 실리實理 즉 실심實心인 성誠이 있기 때문이다. 우리는 "일용사간日用事間에 이러한 실심을 가진 연후에 심체心體가 확충되기 때문에"[25] 이 실심

25) 『栗谷全書』 拾遺, 권6, 「四子言誠疑」, "學者當以誠其意, 爲用功之始, 而戒愼恐懼於不聞不睹之地, 主於忠信而使日用之間, 動靜云爲, 皆出於實心, 然後可以心廣體胖, 仰不愧天, 俯不怍人, 反身而誠矣."

을 갖는 공부를 수유須臾라도 떠날 수 없는 것이다.

마음의 실實뿐만 아니라 사물에 있어서도 실實을 다하여야 실리實理와 실심實心이 일치된다. 여기에서 율곡은 실심을 통하여 실리를, 인도人道를 통하여 천도天道를 보는 것이다. 그의 형이상학形而上學은 천도를 통하여 인도를 보았지만 가치론價值論인 성론誠論에 있어서는 인도인 실심을 통하여 천도의 자연이연自然而然을 실현할 수 있다는 것이다. 그것은 치중화致中和에 있어서도 격물치지를 극진히(誠)함으로써 우리 심心의 법칙, 즉 희노애락의 미발지중을 알 수 있는 것과 동일하지만 그는 오히려 성의정심을 통하여 격물치지에 도달하는 것을 더욱 무겁게 본 것이나 동일한 논리이다.

그러나 천도天道나 인도人道가 서로 떨어져 있지 않은 것은 마치 리기理氣가 원불상리元不相離함과 동일하다. 다만 그는 천도는 무위이기 때문에 무형이요 형이상인데 비하여, 인도는 유위로서 무위에 이르는 것이 다를 뿐이다. 그리고 천도를 아는 것은 바로 인간이기 때문에 이 천도는 인간으로 하여금 넓혀지는 것이다. 도체道體의 무위를 주장하는 이유가 여기에 있다. 도체가 유위라면 인간은 성지자誠之者도 성자誠者도 될 수 없다.

율곡이 이 성誠을 특히 강조함은 성지자誠之者로서의 인간이 바로 천도天道의 봉행자奉行者이며 수행자遂行者임을 강조하는 데 있다. 이 성誠이 없으면 어찌 성지자가 있을 수 있고 또 도道가 확충되겠는가? 특히 율곡이 자성명자自誠明者로 인간 중의 성인을 소위 '만물개비어아萬物皆備於我'가 되어 있는 그 자체自體로 말함을 주의해 보면 인간은 성인이 되기까지는 아직 만물개비어아를 체달體達하진 못했다. 본래 만물과 내가 일치되어 있음을 체달한 것은 아니다. 인간은 성誠에 대한 노력으로 만물과 내가 일체가 되는 것이다. 인간은 천인합일天人合一을 추구하지만 아직 천인합일에 도달하지 못했다. 여기에 인간의 수위修爲의 공功이 필요한 것이다.

율곡은 다음과 같이 말한다.

> "불성무위不誠無爲, 성인성차성야聖人誠此誠也, 군자반차성야君子反此誠也" 라고 하여 성誠이 없으면 물物이 없다고 하였다. 이것은 이미 말한 바 있는 만물개비어아萬物皆備於我 그 자체로 성인 사람이 성인이지만 군자君子는 아직 이 성誠에 도달하지 못하여 반신反身하여 성지誠之하는 자者라는 것이다. 이러한 성誠에 도달하는 것은 우리의 "도덕적道德的 양심良心인 소위 사성四性을 확충해 나가는 데 있다"[26]고 한다.

그리고 이러한 도덕적 양심을 언제나 성심誠心으로 행하여야만 이루어짐을 강조하였다. 여기에 수기론에서 그의 성의정심이 중요하게 문제되는 소이所以가 있는 것이다.

그의 성론誠論을 리기론에 입각하여 설명하여 보자. 율곡은 그가 리理를 무형무위로 보고, 또 기氣를 유형유위로 보아 리理는 형이상자요 기氣를 형이하자로 보았다. 그러나 형이상자나 형이하자나 그것은 리기理氣가 묘합혼융妙合渾融한 가운데 리理와 기氣의 구별로서의 말이지 실제로

26) 『栗谷全書』 拾遺, 권6, 「四子言誠疑」, "人性本善而衆理具焉, 擴充其良心."

그것들이 별개의 독립된 존재로 실재하여 상하로 나누어져 있는 것은 아니다. 다만 무형유형, 유위무위의 차이가 있을 뿐이다.

그리고 리理는 소이연으로 리理이기 때문에 그것은 언제나 기氣의 주재자主宰者로 기氣 속에서 기氣를 통하여 리理가 개현되는 것이었다. "그러므로 리理란 본래극처本來極處에 있는 것이 아니요, 격물格物을 기다려 비로소 극처極處에 이르는 것도 아니다. 한편 리理는 극처에 이르렀음을 스스로 이해하는 것도 아니다. 나의 지知에 명암明暗이 있기 때문에 리理에 이르고, 이르지 못함이 있는 것이다"[27]라고 말하였던 것이다.

리理는 사람으로 인하여 있는 것이 아니다. 이 리理는 이미 있는 것이기 때문에 그것은 고정된 어떤 실체가 아닌 것이다. 순 관념적 실재이면서 그것은 기氣의 장수將帥인 것이다.

이러한 리理에 대한 그의 이론은 성誠을 논하는 데도 동일한 체계를 갖고 있다.

성誠은 이미 인간이 노력해서 도달하는 극처極處가 아니다. 성誠은 언제나 리理와 같이 그 자신 자기를 이해하고 스스로 성誠임을 알 때는 이미 성誠은 아니라는 것이다. 성誠은 무위로 있지만 그것은 인간을 통하여 실현되는 것이다. 성誠은 실체實體로 한정되어 있는 것이 아니다. 그것은 그가 치중화의 현론現論에서도 우계牛溪가 치중화란 생각하여 깨달은 것을 지知의 극極으로 삼고 힘써서 중도中道에 합合한 것을 행行의 극진極盡한 것으로 본 데 대하여, "생각하지 않아도 깨닫는 것을(不思而得), 힘쓰지

---

27) 朴鍾鴻, 『韓國思想史論巧』(瑞文堂, 1977), p.198 참조.

않아도 중도中道에 합하는 것(不勉而中)이다"[28]라 말하여 성인은 바로 이러한 분이라고 하였다. 그것은 리理나 도道가 인간으로 인하여 실현되는 것이지 그것을 초월자超越者 또는 유일자唯一者로 속성을 가진 것으로 생각할 수 없음을 말한다.

따라서 성자誠者는 천도天道인 만큼 그대로 리理인 것이요, 성지자誠之者는 참되려고 노력하는 인도人道라는 것이다. 그러므로 불사이득不思而得하고 불면이중不勉而中에 있으면 곧 성자誠者로 성인인 것이었다. 율곡은 성자誠者는 천도天道이기 때문에 이미 인간에 의하여 그 자체가 변화되는 것이 아니라, 인간의 성지적誠之的 노력으로 확충되어질 뿐이다.

성자誠者가 인간을 지배하는 것도 아니다. 그러므로 그는 우주의 근본을 리기의 묘합에 의하여 기발리승으로 설명하였고, 인간 역시 리기의 합合으로 보았고, 인간의 심心도 리기의 합合으로 보았던 것이다. 그러나 그는 기氣는 유위요 리理는 무위였기 때문에 우선 심心을 통하여 리理를 파악하려 하였던 것이다. 우리의 심心도 본래는 본연지리本然之理와 본연지기本然之氣의 천리天理로서 성性이지만, 인간의 기품氣稟에 의하여 그 리理가 엄폐된다고 한다.

따라서 리理가 본래의 본연이 엄폐된 것뿐이지 그것이 곧 리理가 없다고 할 수는 없다. 리理는 그 본연의 묘妙를 자약自若하게 갖고 있을 뿐이다. 여기에서 먼저 기질氣質을 변화시켜야 한다고 보아 성의정심을 들추어냈던 것이다. 성의야말로 성誠을 그대로 드러내어 리理를 개명開明시

28) 『栗谷全書』, 권9, 「書1 · 答成浩原」, "大抵理則以不思而得, 爲知之極, 不勉而中, 爲行之極, 足下則以爲思得爲知之極, 勉中爲行之極, 又求聖人於其極之外."

키는 방법이었다.

의意가 기氣의 소산所産이라면 거기에는 성聖인 리理가 있어야 한다고 보는 것이다. 기氣 없는 리理 없고, 리理 없는 기氣가 없기 때문이다. 따라서 인간이 리기의 합合으로 된 마음이 주主가 되어 있고 또 이 마음이 곧 성정의性情意의 주主라면 필연코 여기에는 리理인 성誠이 의意를 주재하여야 하는 것이다.

여기에서 성의가 문제되는 것이다. 성誠이 있으므로 의意가 바로 서는 것이다. "성자誠者는 천도天道인 만큼 그대로 성誠인 것이요, 성지자誠之者 즉 참되려고 노력하는 인지도人之道를 리理에 대한 경敬에서 찾으려 한 것이 되게요, 기氣의 작용作用에 관심을 두고 지의志意의 중요성에 착안하여 입지立志를 강조한 것이 율곡의 특색特色[29]이라고 볼 수 있다. 여기에서 지志란 의意가 결정된 것이기 때문에 입의立意라 해도 무방하다.

그러면 인지도人之道인 성지자誠之者의 구체적인 실현은 어떻게 할 것인가?

이제까지 우리는 율곡이 성성성덕成聖成德, 즉 성인으로서의 인간의 최고 목표를 실현하기 위해서는 먼저 성誠 자체인 성인聖人, 천도天道와 성지자誠之者로서의 인도人道를 살펴보았다. "군자지학君子之學, 성독이이誠篤而已"[30]라든가 "비성무이존천리지본연非誠無以存天理之本然"[31], "지무성즉불립志無誠則不立, 리무성즉불격理無誠則不格, 기질무성즉불능변화氣質無誠則不

29) 朴鍾鴻, 『韓國思想史論巧』(瑞文堂, 1977), p.200 참조.
30) 『栗谷全書』, 권22, 「聖學輯要」.
31) 『栗谷全書』 拾遺, 권6, 「四子立言不同疑二首」.

能變化"[32] 등이 그것이다. 그가 성의와 정심을 주장하는 소이所以도 바로 여기에 있음을 보았다.

율곡은 성誠을 논하면서 다음과 같이 말하였다.

> 성자誠者는 진실무망眞實無妄이다. 실리지성實理之誠이 있고 실심지성實心之誠이 있다. 성誠을 논하려면 이것을 알아야 한다.[33]

성誠에는 실리지성實理之誠이 있고 실심지성實心之誠이 있음을 말한다. 이 둘의 다른 점은 다음과 같다.

> 천天은 실리實理로서 화육지공化育之功이 있고 사람은 실심實心으로서 감통지효感通之效가 극진하다. 소위 실리실심實理實心은 성誠에 지나지 않는다. 천지에 순純하여 성지전誠之全을 얻은 이가 성인聖人이고 이 일단一端에 실實하여 성誠의 편偏을 얻는 이가 현자賢者이다.[34]

여기서 "실리實理라는 것은 본체론적인 용어로서 천도天道의 즉체즉용卽體卽用한 화육化育을 가리키고 실심實心이란 생명을 영위하는 나의 현실생활에서 기품氣稟의 구애拘碍나 기질氣質의 편벽偏僻됨을 극복퇴치克服退治하고 순수한 천리天理로 복귀復歸하는 것을 의미한다"[35]라고 볼 때 실

---

32) 『栗谷全書』, 권21, 「聖學輯要」.

33) 『栗谷全書』 拾遺, 권6, 「四子言誠疑」, "誠者眞實無妄之謂, 而有實理之誠, 有實其心之誠. 知乎此則可以論乎誠矣."

34) 『栗谷全書』 拾遺, 권6, 「誠策」, "對, 天以實理而有化育之功, 人以實心而致感通之效. 所謂實理實心者, 不過曰誠而已矣. 純乎天理而得, 誠之全者, 聖人也, 實其一端而得誠之偏者, 賢者也."

35) 蔡茂松, 『退栗性理學의 比較硏究』, p.133 참조.

리實理 자체도 무위인 것이다. 이것을 인간의 실심實心, 즉 심心의 형기적形氣的인 기질氣質을 벗어나 천리본연天理本然, 즉 일심一心의 본연에 복귀하는 것을 뜻한다고 할 수 있다. 그러나 우리의 심心의 본체인 성性은 천명지성天命之性으로 리理이기 때문에 이 리理는 천리天理이다. 기질의 성性 즉 기질에 타재墮在한 성性은 본연성本然性 회복에 있다. 이 본연성이 있으므로 기질지성氣質之性이 본연지성本然之性으로 복귀되는 것이다. 그것을 율곡은 "충기실심이반호실리充其實心而反乎實理"[36]라 말하였다. 본체론本體論의 실리實理는 실심實心으로 회복할 수 있음을 말한다. 이것은 곧 기氣의 본연을 회복하는 것이다. 그러면 과연 실심으로 실리에 갈 수 있는데 그 방법은 무엇인가? 율곡은 다음과 같이 말하였다.

> 진실무망眞實無妄이라 함은 리理의 본연本然이다. 무망無妄에 이르려고 하면 불기不欺로써 심心을 확충해야 한다. 치중화로써 천지위天地位하고 만물을 육언育焉하고…… 마땅히 그 근본을 근독謹獨에 두어야 한다.[37]

즉 불기不欺와 근독謹獨으로 하여금 마음을 충만케 하여야 한다고 하였으며 '계신戒愼, 공구恐懼'를 주主로 삼아야 한다고 하였다. 그리고 성誠은 천도天道이기 때문에 인간에게 주어진 당연의 리理로서 '인仁', '의義', '예禮', '지智'라고 하였음은 이미 보았다.

그러면 실심實心이 인간의 성誠인데 이 실심實心이란 구체적으로 불기

36) 『栗谷全書』 拾遺, 권6, 「誠策」.

37) 『栗谷全書』 拾遺, 권6, 「誠策」, "眞實無妄者, 理之本然. 而所以至於無妄者, 亦以不欺之心充之耳. 其所以致中和, 位天地, 育萬物者, 雖有莫測之用, 莫大之效, 而用功之始, 則必本於謹獨."

不欺요 근독謹獨에 의하여 나타나는 것이다. 우리 마음의 구체성에서 보면 이것은 진실眞實인데 또한 성실誠實이라고도 볼 수 있다. 성실은 참으로 있는 당연의 뜻[38]과 또 성실誠實은 참됨인데 이것은 속 알맹이가 들어 있기에 실實이 붙은 성실誠實이요, 거짓은 속이 비어 있기에 허虛가 붙은 허위虛爲인가 한다.[39] 이렇게 보면 성誠이란 거짓이 없는 '진실眞實', '순일무잡純一無雜'한 뜻[40]이 아닌가 한다. 그러나 율곡의 말을 빌리면 마음속에 어떤 붙잡음(把)이 없는 것, 다시 말하면 사사私邪가 없는 것일 것이다. 그것이 곧 정심일 것이다. 그러기에 "사무사思無邪를 성誠"[41]이라고 하였다.

율곡은 본체론적인 실리實理를 인간적인 면에서 성지자誠之者로서의 실심實心으로 매개媒介시켰다. 즉 무위인 리理, 성誠을 인간이 실심實心을 통하여 확충시킬 수 있는 것이다.

---

38) 金敬琢, 『栗谷硏究』(韓國硏究圖書館, 1960), p.162 참조.
39) 朴鍾鴻, 『韓國의 思想的方向』(博英社, 1968), p.26 참조.
40) 孫仁珠, 『栗谷의 教育思想』, p.26 참조.
41) 『栗谷全書』, 권21, 「聖學輯要」, "以思無邪是誠."

제4절 성과 중화

실리實理, 실심實心으로서의 성誠은 곧 천도天道와 인도人道의 합일合一이다. 천도天道가 성誠 자체라면 성지자誠之者는 인도人道로 인간이 성誠에 이르는 길이다. 이러한 성誠은 곧 천인합일天人合一이요, 성인聖人의 경지境地이다. 성지자誠之者로서 인간이 성誠의 천도天道로 실현하는 것이 곧 도덕적道德的 행위인 것이다. 율곡은 행위의 규범으로서 치중화를 성誠의 실현 방법으로 생각하고 있다. 그것은 곧 성의정심의 구체적 방법이기도 한 것이다.

치중화에 대하여 율곡은 어떻게 이해하고 있는가?

치중화란 말은 『중용』에 나온 말이다.

> 희노애락의 미발을 중中이라 한다. 발發해서 모두 중절中節이면 화和라 한다. 중中은 천하天下의 대본大本이며 화和는 천하天下의 달도達道이다. 중中과 화和를 극진히 하면(致中和) 천지위언天地位焉이요, 만물萬物이 육언育焉이다.[42]

42) 『中庸』, 首章, "喜怒哀樂之未發, 謂之中. 發而皆中節, 謂之和. 中也者, 天下之大本也. 和也者,

여기서 치중화란 중中과 화和를 극진히 하는 것을 말한다. 중中이란 미발이요, 화和란 이발이 중절中節한 것을 말한다. 따라서 중中과 화和를 극진히 해야만 천지만물天地萬物이 제자리에 있고 육성育成될 수 있다는 것이다.

우리는 율곡이 이러한 『중용』의 치중화를 가장 중요시한 근본 동기가 어디 있으며 또한 치중화란 과연 어떤 것인가를 살펴보아야 하겠다.

율곡은 치중화의 중요성을 그의 『성학집요』에서 다음과 같이 말하고 있다.

> 성현의 학문은 수기치인修己治人에 지나지 않는다. 이제 『중용』과 『대학』 첫 장의 설說을 엮게 되니 실제로 서로 표表가 되기도 하고 리裏가 되기도 하여 몸을 닦고 사람을 다스리는 도道가 갖추어 다하지 않는 것이 없다. 대개 천명天命의 성性은 명덕明德의 행行하는 바이며, 수도修道의 교敎는 신민新民의 법도法度이다. 계구戒懼라는 것은 정존靜存하여 마음을 바르게 하는 유類이며, 신독愼獨이라는 것을 동찰動察하여 성의하는 유類이며, 치중화하여 위육位育한다는 것을 명덕신민明德新民이 지극히 착한데 그치고 명덕明德을 천하天下에 밝히는 것을 말한다.…… 중화中和의 공功이 한 가정에 밝을 것이고,(自註: 한 家庭에 어찌 따로 天地와 萬物이 있겠는가, 다만 이 父子와 夫婦와 兄弟가 各各 그 분수를 바르게 하면 이것이 天地가 安定된 기상이며 慈孝와 友恭과 唱隨하는 것이 各各 그 情을 다하면 이것이 萬物이 生育하는 기상이다.) 한 나라에서 한 나라의 천지天地가 안정되고 만물이 생육할 것이며 명덕明德이 한 나라에

天下之道達也. 致中和, 天地位焉, 萬物育焉."

밝아질 것이고 천하에 미친다면 곧 천하의 천지天地가 안정하고 만물이 생육할 것이며, 명덕明德도 천하에 밝을 것이다.[43]

『중용』과 『대학』의 중심 사상을 종합하여 치중화에 성현지학聖賢之學이 있음을 강조한다.

즉 천명天命의 성性(中庸)은 명덕明德의 소구所具이고, 솔성지도率性之道는 명덕明德의 소행所行이라 하였고, 수도지교修道之敎는 신민新民의 법도法度라 하여 『중용』과 『대학』의 수장首章을 비교하여 『중용』의 성性, 도道, 교敎를 『대학』의 명덕明德의 소구所具, 소행所行, 법도法道로 말하였다. 그리고 치중화로 위언位焉한다 함은 명덕明德과 신민新民을 지극히 착한 데 그치고 명덕明德을 천하天下에 밝히는 것을 말하는 것이라 하였다.

이와 같이 『중용』의 도道와 교敎, 『대학』의 명덕明德과 신민新民이 이 치중화에서 천하天下에 밝혀짐을 강조한다. 율곡은 『대학』과 『중용』의 관계는 『대학』을 가지고 『중용』을 해석하고 있는 데서 알 수 있다. 그가 『대학』을 통하여 『중용』을 해석하는 근거는 그의 「사자입언부동의四子立言不同疑」라는 논문에 잘 밝혀져 있다.

즉 율곡은 "성현의 말씀은 때에 따라 설교가 각각 다르나 전후일규前

43) 『栗谷全書』, 권19, 「聖學輯要」, "臣按, 聖賢之學, 不過修己治人而已. 今輯中庸大學首章之說, 實相表裏, 而修己治人之道, 無不該盡. 蓋天命之性, 明德之所具也, 率性之道, 明德之所行也, 修道之敎, 新民之法度也. 戒懼者, 靜存而正心之屬也, 愼獨者, 動察而誠意之屬也, 致中和而位育者, 明德新民, 止於至善, 而明明德於天下之謂也, 但所及有衆寡, 而功效有廣狹. 致中和之功, 止於一家, 則一家之天地位萬物育, 而明德明於一家(自註: 一家豈別有天地萬物乎, 只是父子夫婦兄弟, 各正其分, 是天地位氣象, 慈孝友恭唱隨, 各盡其情, 是萬物育氣象)止於一國, 則一國之天地位萬物育, 而明德明於一國, 及於天下, 則天下之天地位萬物育, 而明德明於天下矣, 三代之後, 一家之位育者, 世或間出, 而一國天下之位育者, 寂寥無聞……"

後一揆하면 무소부동無所不同인 것이 성현의 도道"[44]라 하여 비록 성현의 입언立言한 취지는 때에 따라 부동不同하지만 그 도道는 동일同一하다고 주장하였다. 그러므로 『대학』을 가지고 『중용』을 해석할 수 없는 것은 아니라는 뜻이다. 분별해서 개별적인 것으로 보는 것이 아니라 합合해서 통화統和로 보려는 것이다. 물론 합合해서 통화로 본다 해서 개별적인 것들의 특성을 소멸시키는 것이 아니라 오히려 개별적인 것의 참뜻을 살리려는 것이다. 그것이 곧 『대학』과 『중용』의 특징을 살리면서 마침내 도道의 동일同一함을 보여 주고 그 도道를 지향해 나가는 인간의 길을 정확히 보여 주게 되는 것이다.

그러하기 때문에 사자四子(孔子, 曾子, 子思, 孟子)의 관계를 성현지문聖賢之門으로 다음과 같이 그 특징을 말한다.

> 『대학』은 도道를 밝힌 명도지서明道之書이며…… 경일자敬一字로서 천지명명天之明命을 밝히고, 『논어』는 입도지서入道之書이며…… 인지일자仁之一字로서 그 본심지덕本心之德을 세우는 데 있고, 『맹자』는 도道를 보위保衛하는 위도지서衛道之書로서 알인욕존천리遏人欲存天理에 있고, 『중용』은 도道를 전傳하는 전도지서傳道之書요,…… 성誠으로서 중화中和를 이름을 말한다.[45]

---

44) 『栗谷全書』 拾遺, 권6, 「四子立言不同疑二首」, "對, 隨時設敎, 而各有其旨者, 聖賢之言也, 前後一揆, 而無所不同者, 聖賢之道也."

45) 『栗谷全書』 拾遺, 권6, 「四子立言不同疑二首」, "愚請申之, 大學, 明道之書也, 極規模於其外, 盡節目於其內, 欲使學者自明其天之明命, 以及乎天下, 而其旨則不外乎敬一字而已, 論語, 入道之書也, 因門人之進學, 量其才而篤焉, 欲使學者全其本心之德, 以立其根本, 而其旨則惓惓於仁之一字而已, 孟子, 衛道之書也, 扶旣衰之聖敎, 斥橫流之邪說, 因人性之本然, 遏人慾於將萌, 則其旨在乎存天理而已, 中庸, 傳道之書也, 究性命之蘊奧, 致中和之極功, 費而至於配天, 隱而至於無聲臭, 則

사자四子가 이와 같이 그 취의趣意는 서로 다르지만 도道에는 동일同一하다는 것이다.

부자지도夫子之道는 증씨曾氏에 전傳했고, 자사子思·맹자孟子는 증씨曾氏의 전傳함을 얻었으니, 그 가르친바 말은 부동不同이지만 그 부동한 가운데 동同이 있어 불일지일不一之一이다.[46]

그 사상면思想面에서는 다음과 같이 말한다.

인仁이라 함은 오심지전덕吾心之全德이요, 만선지장萬善之長이다. 심心이란 신身의 주재主宰로 성정性情을 종합한 것이다. 성誠이 아니면 천리天理의 본연本然을 존양存養할 수 없고 경敬이 아니면 일신一身의 주재主宰를 검속檢束할 수 없은즉 인仁이 과연 성性에 나오지 않을 수 있을까? 인仁이 과연 덕德을 겸할 수 없는 것일까? 그러므로 성경지리誠敬之理는 인지중심지상仁之中心之上을 떠날 수 없는 것이다. 이것을 미루어 보면 성현의 말씀이 비록 다름이 있는 것 같으나 전후를 보면 어찌 이二라고 할 수 있으랴.[47]

사자四子의 내용의 취지趣旨는 조금씩 다른 말로 쓰이나, 그들이 모두

其旨豈在於誠之外哉, 敬也者, 學者之所以成始成終者也, 誠也者, 敎者之所以成己成物者也."

46) 『栗谷全書』 拾遺, 권6, 「四子立言不同疑二首」, "夫子之道, 傳乎曾氏, 而子思孟子皆得曾氏之傳, 則所言之旨, 皆有不同之同, 不一之一矣."

47) 『栗谷全書』 拾遺, 권6, 「四子立言不同疑二首」, "蓋仁者, 吾心之全德, 而萬善之長也. 心者, 吾身之主宰, 而性情之統也. 非誠, 無以存天理之本然, 非敬, 無以檢一身之主宰, 則仁果不出於性乎. 心果不兼於德乎. 而誠敬之理所以不離於仁之中心之上者, 於此亦可見矣. 由是觀之, 聖賢之言, 雖若有異, 而前後之道, 未嘗有二致焉, 爲學而不知所以爲仁之道."

도道에 있어서 하나라고 말한다. 따라서 경敬을 중심으로 하는 『대학』을 통하여 성誠을 중심으로 하는 『중용』을 해석할 수 있다고 보았다. 왜냐하면 성誠은 천리본연天理本然을 존양하는 것이고, 경敬은 일신一身의 주재主宰를 검속하는 것이기 때문에 일신중一身中에 천리天理가 있으니 성誠과 경敬을 둘로 할 수 없는 것이다. 이때 성誠은 체體요, 경敬은 용用이라 할 수 있는 것이다.

여기에서 율곡은 『대학』과 『중용』을 합하여 미발지중과 화和를 논한다. 그러면 중화中和란 어떤 의미를 가지고 있는가를 살펴보자.

주회암朱晦庵은 중용과 중화中和를 나누어 다음과 같이 말한다.

> 성정性情으로 말하면 중화中和이고, 예의禮義로 말하면 중용中庸이다. 기실其實은 하나이다. 중中을 화和에 대언對言하면 중中은 체體요, 화和는 용用이다. 이것은 미발이발을 가리켜 말한 것이다. 중中을 용用에 대언對言하면 또한 절전折轉되어 용庸은 체體요, 중中은 용用이니, 이천伊川이 말한 중中은 천하지정도天下之正道요, 용庸은 천하天下의 정리定理가 바로 이것이다. 이 중中은 도리어 시중時中, 집중執中의 중中이다. 중화中和를 중용中庸과 대언對言하면 중화中和는 또 체體요, 중용中庸은 또 용用이다.[48]

중화는 성정性情에 대해 쓰는 말이고, 중용은 예의禮義에 대하여 쓰는

48) 『朱子語類』, 권제63, 「中庸2 · 第二章」, "以性情言之謂之中和, 以禮義言之謂之中庸. 其實一也. 以中對和而言, 則中者體, 和者用. 此是指已發未發而言. 以中對庸而言, 則又折轉來, 庸是體, 中是用, 如伊川云, 中者天下之正道, 庸者天下之定理是也. 此中却是時中執中之中. 以中和對中庸而言, 則中和又是體, 中庸又是用."

말이라고 해석한다.

그런데 율곡은 중용을 말하지 않고 중화를 중심으로 말한다. 이것이 율곡의 특징인데 이는 그가 『대학』으로 『중용』을 해석하는 근본이 되기도 한다. 왜냐하면 그는 중中을 오심지중吾心之中으로만 생각지 않고 사물지중事物之中을 함께 인정하는 것이다. 그리고 『대학』의 지선至善도 『중용』의 중中과 같다고 말한다.

율곡은 우계牛溪와 지선至善과 중中을 토론하는 과정에서 옥계노씨玉溪盧氏의 말을 인용하여 다음과 같이 말한다.

> "지선至善은 태극太極의 다른 명칭이며, 명덕明德의 본체本體인 하늘에서 얻어 본연일정本然一定의 법칙法則이 있는 것은 지선至善의 체體이며 곧 내 마음의 통체統體인 태극太極이요, 일용행사日用行事에 나타나서 각기各其 본연일정本然一定의 법칙이 있는 것은 지선至善의 용用이니 곧 모든 사물事物이 각기 구비된 태극太極이다"라고 하였으니, 이로써 본다면 지선至善의 체體는 희노애락이 발현되지 않는 미발지중이 아닌가? 지선至善의 용用은 사물 위에 스스로 있는 중中이 아닌가?[49)]

지선至善과 태극太極을 함께 보고 다시 체용體用으로 나누어 명덕明德의 본체本體인 하늘에서 얻어 본연일정本然一定의 법칙을 가진 것을 지선至善의 체體로 보았고 이것은 곧 오심吾心의 총체總體인 태극太極으로 본다.

---

49) 『栗谷全書』, 권9, 「書1 · 答成浩原」, "至善, 太極之異名, 而明德之本體, 得之於天, 而有本然一定之則者, 至善之體, 乃吾心統體之太極也, 見於日用之間, 而各有本然一定之則者, 至善之用, 乃事事物物, 各具之太極也, 以此觀之, 至善之體, 非未發之中耶, 至善之用, 非事物上自有之中耶."

지선至善과 성性은 같은 것이요, 동시에 미발지중과 같은 의미로 보는 것이다. 지선至善의 용用은 일용행사日用行事에 나타나 각기各其 구비具備된 태극太極으로 이는 사물중事物中에 있는 중中임을 말하고 있다. 따라서 율곡은 다시 다음과 같이 말하였다.

> 대개 지선至善의 체體는 곧 희노애락이 발현되지 않는 중中인데 하늘이 명命한 성性(天命之謂性)이요, 지선至善의 용用은 곧 사물 위에 스스로 맞게 하는 중中인데 도道를 닦는 교敎(修道之謂敎)이다. 지선至善 위에 성性과 도道를 나누지만 교敎 자를 붙일 수 없으니 지선至善은 오로지 생리生理만을 가리킨 것이고, 인사人事를 겸하여 말하지 않는 까닭이다.(自註: 至善에 그친다는 것은 곧 人事이니 德行이다.) 중中 자 위의 성性, 도교道敎를 통하여 말한 것은 중中 자는 성정性情과 덕행德行을 겸하여 말한 까닭이다.(自註: 中은 두 가지 뜻이 있는데 聖賢이 말한 中은 實行을 가리킨 것이 많다.)[50]

이는『대학』의 지선至善을 가지고『중용』수장首章의 성性, 도道, 교敎 삼자三字를 분배하여 해석한 것이다. 즉 천명지성天命之性은 지선지체至善之體로서 미발지중이요, 솔성지도率性之道는 인간이 수도修道로서 지어지선止於至善한 시중지중時中之中이란 것이다. 그러나 지선至善은 사물事物의 당연지칙當然之則이므로 성性과 도道에는 통하지만 교敎에는 말할 수 없다.

---

50)『栗谷全書』, 권9,「書1 · 答成浩原」, "蓋至善之體, 卽未發之中而天命之性也, 至善之用, 卽事物上自有之中而率性之道也, 止於至善者, 卽時中之中而修道之敎也. 至善上分性道, 而著敎字不得者, 至善是專指正理, 不兼人事而言故也.(自註: 惟止於至善者, 乃人事也, 德行也.) 中字上通性道敎而言者, 中字兼性情德行而言故也.(自註: 中有二義, 而聖賢之言中多指行處.)"

왜냐하면 교敎는 수도修道로서 인사人事가 필수이므로 다만 지선至善이라고는 말할 수 없고, 인간의 수위노력修爲努力으로 수도修道한 결과 지선至善에 이를 수 있으므로 지어지선止於至善에서 말해야 한다는 것이다.

중中은 불편불의不偏不倚, 과불급지정리過不及之正理이므로 중中 자 위에는 성도교性道敎 삼자三字가 다 통용된다는 것이다. 즉 미발지중은 성性이요, 사물각자유지중事物各自有之中은 도道이며, 시중지중時中之中은 교敎이다. 여기에서 율곡은 중中과 화和를 다음과 같이 설명한다.

> 중中이란 것은 성性의 덕德이니 대본大本이요, 화和란 것은 정情의 덕德이니 도道에 달達한 것이다. 시중時中은 중中과 화和를 극진하게 한 것이다.51)

여기서 보면 성性의 미발지중이 곧 중中인데 이 중中은 오심吾心의 희노애락뿐만 아니라 사물에도 각각各各의 스스로 갖고 있는 중中이 있다는 것이다. 따라서 내 마음의 중中이 발發하여 정情이 되는 것인데, 이때 나의 정情이 사물각자유지성事物各自有之性과 시중時中이 되어야 참으로 화和가 되는 것이다. 즉 성性의 덕德과 정情의 덕德이 시중時中에 일치一致되지 않으면, 치중화가 아니라고 보는 것이다. 따라서 지선至善 위에 교敎를 붙이지 못한다고 하였던 것이다.

그것은 비록 사물事物에 중中이 있다 하더라도 그것을 알려면, 우선

---

51) 『栗谷全書』, 권9, 「書1 · 答成浩原」, "自註: 中者, 性之德也, 大本也, 和者, 情之德也, 達道也, 時中者, 致中和者也, 立大本而行達道者也, 毫釐間不可有差."

내 마음의 법칙法則을 보아야만 사물事物의 법칙法則을 알게 될 것이기 때문에, 먼저 내 마음을 수위修爲하는 것이 사물지중事物之中에 일치一致하게 되는 길이라고 하여 다음과 같이 말한다.

> 지선至善은 곧 내 마음과 사물事物 위의 본연本然의 중中인데(自註: 실제 내용은 같다. 至善은 당연의 法則이니, 반드시 먼저 내 마음의 法則을 보아야만이 事物의 法則을 알게 될 것이다. 만약 내 마음에 법칙이 비록 있더라도 그 重點이 事物 위에 있다고 한다면, 事物의 法則은 도리어 무겁게 되고 내 마음의 法則은 도리어 가볍게 될 것이니, 『大學』의 工夫가 어찌 體를 가볍게 여기고 用을 무겁게 여기며, 마음을 가볍게 여기고 事物을 무겁게 여기었을까? 전연 옳지 않으니 마땅히 다시 商量할 것이다. 무엇을 내 마음의 法則이라 이르는가 하면, 喜怒哀樂이 나타나 發하지 않은 中이 이것이다. 어떻게 볼 수 있느냐 하면 能히 恭敬하면 이를 볼 수 있다. 그러므로 程子는 "앎을 지극히 하면 敬에 있지 않는 者가 없다"라고 하였다.) 이는 정리正理만을 오롯이 가리킬 때의 말이다. (다르게 가리킬 경우에는) 이를 불편불의무과불급不偏不倚無過不及의 정리正理라 하는데, (실제로 같은 내용이나) 덕행德行을 겸해서 말하면 중용中庸의 리理이다. 중용의 리理는 지선至善이요, 『중용』의 행行은 지선至善에 그침이요, 중中과 화和는 지선至善의 체體와 용用이요, 중中과 화和를 극진極盡하게 함이 지선至善에 그침이다.[52]

52) 『栗谷全書』, 권9, 「書1 · 答成浩原」, "至善, 卽吾心與事物上本然之中(自註: 同實處 ○ 至善, 是當然之則也. 必先見吾心之則, 然後可以知事物之則矣. 若曰吾心雖有則, 而所重在事物上云, 則事物之則反重, 而吾心之則反輕也. 大學工夫, 豈不輕體而重用, 輕內而重外乎, 千萬不是, 更宜商量. ○ 何謂吾心之則, 未發之中是也. 何以見之, 能敬則見之矣. 故程子曰, 未有致知而不在敬者.) 而專指正理而言. (異指處)中, 卽不偏不倚無過不及之正理(同實處)而兼指德行而言(異指處)中庸之理, 是至善也. 中庸之行, 是止至善也. 中和, 是至善之體用也. 致中和, 是止至善也."

여기에 인용된 것을 요약해 보면 다음과 같다.

지선至善이란 내 마음의 중中과 사물事物의 본연本然의 중中과 일치一致하여 나타난 것이 곧 중中과 화和로 지어지선止於至善이라는 것이다. 나의 마음과 사물이 그 본연本然의 중中에 있어서는 하나이기 때문에, 나의 마음의 법칙을 보면 사물의 법칙을 볼 수 있다는 것이다. 격물치지의 공부나 오심吾心의 미발지중의 공부나 본래 둘이 아니라는 것이다. 격물치지의 공부가 극진하면, 곧 내 마음의 희노애락 미발지중을 보는 공경에 있지 않을 수 없고, 또 공경공부가 극진하면 당연히 격물치지에 이르지 않을 수 없다는 것이다.

『대학』의 지어지선止於至善은 『중용』의 치중화와 일치一致되는 것이라고 본다. 치중화란 다른 것이 아니라 바로 내 마음의 미발지중과 사물의 법칙을 일치시키는 내외합일內外合一의 공부에서 얻어지는 최고의 가치를 말한다.

율곡의 물심일원관物心一元觀과 동시에 천인합일관天人合一觀의 세계가 여기에서 보인다. 그러므로 치중화이면 천지위언天地位焉이요, 만물육언萬物育焉의 뜻을 알게 될 것이다. 천명天命의 성性은 모든 인간과 만물萬物에 공동으로 부여된 것이다. 그러나 기氣의 통색通塞, 청탁淸濁, 수박粹駁에 의하여 서로 다르게 나타난 것뿐이다. 그러나 비록 기氣의 국局에 의하여 다르게 나타났다 하더라도 리理의 본연本然은 무소불재無所不在하여 그 본연지묘本然之妙는 자약自若을 잃지 않는 리통理通으로 성性을 공유한 것이다. 인간만은 여기에 허령통철虛靈洞徹한 심心이 있어 만리萬理를 구족具足하고 있다는 것이다. 다만 인간의 기氣는 청탁淸濁이 있어, 그 본연의 리

理인 성性(여기서는 萬物이 가지고 있는 存在의 理와 當爲의 理, 卽 所以然과 所當然을 合하여 말한다.)이 엄폐되어 때로는 그 중中을 지키지 못한다는 것이다. 따라서 여기에 수위修爲의 노력이 필요하게 된다. 이러한 율곡철학의 근간은 곧 치중화를 통하여 그 가치 실현의 방법이 확립되는 것이다.

치중화란 주관적인 독단獨斷의 허구虛構가 아니라 사물事物의 중中과 나의 덕성德性을 일치조화一致調和함에 있음을 알 수 있다. 특히 율곡이 말하는 대본大本이란 마음에 있는 중中을 가리키는 것이오, 달도達道란 중中이 사물에 있는 것이라고 하여, 단지 마음에 있는 중中만을 안다고 하면 그것은 달도達道가 되지 못한다는 것이다.

율곡은 다음과 같이 말한다.

> 선유先儒들이 "중中은 정체定體가 없다"고 많이 말하였는데, 만약 단지 마음에 있는 것으로써 중中이라고 이른다면 희노애락이 나타나 발發하지 않은 중中은 실체實體가 일정하게 되니 어찌 정체定體가 없다고 이를 수 있겠는가?[53)]

중中이란 고정된 실체가 아니라는 것이다. 만약 내 마음에 있는 것만 중中이라고 한다면, 내 마음의 희노애락이 발發하기 전에는 중中이니 이 때는 오직 실체가 일정할 것이다. 그러나 성현이 말한바 중中은 정체가 없다고 했으니 어찌 마음의 중中만 중中이라 했는가? 그것은 성현의 뜻

53) 『栗谷全書』, 권9, 「書1 · 答成浩原」, "先儒多說中無定體, 若只以在心者謂之中, 則未發之中, 實體一定, 烏可謂之無定體耶."

과 합일合一되지 않는다는 것이다. 중中은 내 마음의 중中만을 가리키지 않고 내 마음의 중中과 사물事物, 일용사日用事의 중中과 관계하는 데서 중中을 말하기 때문에, 중中은 정체가 없다고 말했다는 것이다. 그러므로 중中을 말할 때에는 내 마음의 중中만이 아니고 사물事物, 일용사간日用事間의 중中을 말한다는 것이다.

따라서 "옛날부터 성현으로서 중中을 말하는 이는 그 용用을 가리켜 혹은 집중執中이라 하고 혹은 시중時中이라 하여 모두 달도達道를 가리켰다"[54]라고 하여 중中을 대본大本으로 사물지중事物之中에까지 관계시켜 집중執中, 시중時中으로 말하고 있는 것이다.

그러므로 우리 마음의 중中은 그것이 곧 대본이지만, 그 중中이 발發하는 것은 사물의 접촉에서 발發하는 것이니, 이때 내 마음의 중中과 사물事物의 중中이 일치되는 것이 참다운 중中으로 그것을 집중執中, 시중時中이라 하는 것이다.

따라서 이 시중時中이 극진한 것이 곧 중화中和라는 것이다. 그것이 곧 「정심正心」이기도 하다.

율곡은 시중과 시중의 행行을 분석하여 달도達道를 시중지도時中之道라 하고 달도를 행行하는 것을 시중의 행行이라 보아 다음과 같이 말한다.

> "주회암朱晦庵의 시중時中을 해독한 장구章句에 중中은 정체定體가 없어 때에 따라 있게 되는데, 이것은 곧 일반적인 이치理致이다"라고 하였으

---

54) 『栗谷全書』, 권9, 「書1 · 答成浩原」, "從古聖賢之言中者, 多指其用, 或曰執中, 或曰時中, 皆指達道."

니 이는 달도達道를 가리켜 말한 것이다. 그가 말하기를 "군자君子는 그것이 나에게 있음을 아는 까닭으로 능히 보지 못했을 때에 조심하고(戒謹不睹) 듣지 못했을 적에 두려워하여(恐懼不聞)(自註: 이것은 中을 극진하게 하는 것이다.) 어느 때에나 중도中道에 합合하지 않을 때가 없다.(이것은 '和를 極盡하게 하는 것이다'라고 하였으니 이것을 達道를 行한 것을 가리켜 말한 것이다. 達道는 곧 時中의 道요, 達道를 行하는 것은 곧 時中의 行이다.)[55]

이것은 치중致中과 치화致和를 선후先後로 나누어 보려는 것이 아니라 이미 치중하면 치화를 할 수 있다고 하였다. 뒤집어 말하면 치중 없는 치화란 있을 수 없다는 것이다. "중화中和는 곧 지선지체용至善之體用이요, 치중화는 지지선止至善이다"[56]라고 말한다. 여기에서 그가 얼마나 치중화를 높은 가치로 보고 있는지 알 수 있다.

우리 인간이란 활동하고 있다. 마음도 움직이고 몸도 움직인다. 그러나 이 몸은 마음의 주재主宰를 받는다. 마음의 체體가 성性이다. 성性은 미발의 중中이다. 이 마음의 중中을 가지면 마음의 법칙을 알 수 있는 것이다. 이 마음의 법칙은 곧 사물의 법칙과 둘이 아니다. 따라서 사물의 법칙을 알려면 이 마음의 법칙을 알아야 한다. 그러나 마음의 중中과 사물事物의 중中이 일치一致하여 달도達道가 되고 이 달도에 시중집중時中執中이 있는 것이다. 이 시중時中이 지극한 곳이 치중화로 지지선止至善이다.

---

55) 『栗谷全書』, 권9, 「書1 · 答成浩原」, "朱子釋時中章句曰, 中無定體, 隨時而在, 是乃平常之理也. 此指達道而言也. 其曰君子知其在我, 故能戒謹不睹, 恐懼不聞此則致中, 而無時不中. 此則致和此指行達道而言也, 達道, 是時中之道也. 行達道, 是時中之行也."

56) 『栗谷全書』, 권9, 「書1 · 答成浩原」, "中和, 是至善之體用也, 致中和, 是止至善也."

이렇게 주장하는 율곡은 주관적인 마음의 중中과 객관적인 사물의 중中을 시중時中으로 일치一致 조화시킴으로 치중화를 설명하게 된다. 따라서 그는 주관적 관념으로서의 중中이 아니라 객관적 사물에 나타난 실재의 중中과의 일치一致에서 중화中和의 가치를 발견하고 그것은 시중이 매개媒介하는 것이다.

이러한 시중時中이란 미발지중의 함양과 성찰에 의하여 나타난다. 그리고 이 중中이 서지 못하는 이유는 오직 기氣의 청탁수박淸濁粹駁에 돌림으로 교질론矯質論을 주장하게 되는 것이다. 우리의 미발의 중中에는 본래 성인聖人과 중인衆人의 차이가 없다. 다만 "중인의 마음은 잠시 중中에 있다가도 혼미와 산란으로 인하여 그 중中을 잡지 못하고 다시 기氣의 유행流行으로 본연의 리理가 엄폐된다고 말한다."57)

성인만이 천지간에 청淸과 수粹의 기氣를 타고 나서 가장 뛰어나기 때문에 지선至善의 체용體用을 모두 실천하여 치중화에 변함이 없는 분이다. 따라서 치중화의 극極은 바로 성인에 있으며, 이 성인은 불사이득不思而得하고 불면이중不勉而中하는 분이다. 치중화는 불사이득하고 불면이중하는 데 있다. 그러나 이것은 행行하지 않고 생각지 않고도 그곳에 도달하는 것이 아니다. 격물치지는 생각하는 공부요, 성의정심은 행行하는 공부이다. 격물치지하고 성의정심이 없는 공부는 공허한 것이요, 성의정심하고 격물치지 없는 공부는 맹목盲目인 것이다.

---

57) 『栗谷全書』, 권9, 「書1 · 答成浩原」, "衆人之心, 不昏昧則必散亂, 大本不立, 故不可謂之中也. 幸於一瞬之間, 或有未發之時, 則卽此未發之時, 全體湛然, 與聖人不異矣. 惟其瞥然之際, 還失其體, 昏亂隨之, 故不得其中耳, 其所以昏且亂者, 由其拘於氣質故也. 若曰拘於氣質而不能立其大本則可也."

율곡이 치중화를 중요시하는 이유는 바로 여기에 있으며, 이의 완전 실현자實現者 곧 동動이나 정靜이나 미발이나 이발에 자유자존自由自存하여, '종심소욕불유구從心所欲不踰矩'하는 사람은 성인이다. 바로 우리도 이렇게 될 수 있다는 것이 율곡의 주장이다. 따라서 성인은 치중화하지 않은 곳에서 구해지는 것이 아니라, 치중화가 자연히 이루어지는 거기에 성인이 있다는 것이다. 치중화가 자연히 이루어지지 않는다면, 아직 우리는 생각하고 힘써야 하기 때문에 현자賢者가 아니면 학자로서 공부해야 하는 범인인 것이다. 성인은 격물치지, 성의정심이 끝난 분이 아니다. 그분은 격물치지 성의정심을 하되 시중時中에 맞아 언제나 불사이득不思而得, 불면이중不勉而中한 분이라는 데 그 뜻이 있다.

따라서 우리는 율곡철학의 최고의 목표, 즉 궁극점을 치중화를 통한 성인임을 알 수 있다. 그러면 이러한 치중화는 어떻게 해야 할 것인가?

인간은 가치의 실현자이며 가치의 담당자인 것이다. 이러한 가치의 실현은 과연 어떤 것이며 그 방법은 무엇인가? 율곡은 치중화를 설명하면서 지성至誠을 말한다. 즉 이러한 지성至誠이 있어야만 불사이득不思而得, 불면이중不勉而中할 수 있다는 것이다. 곧 치중화를 이룰 수 있다는 것이다. 여기에 율곡철학의 새로운 특징이 발견된다.

따라서 율곡이 수기修己에 있어서 성의정심을 강조하게 되는 이론적 근거가 발견되기도 한다.

제5절 교기질

율곡은 "이미 학문을 성실誠實하게 하였다면 반드시 편벽偏僻된 기질氣質을 고쳐서 본연의 성性으로 회복해야 한다"[58]라고 말하고, 그 방법을 셋으로 나누어 설명한다. 즉, "첫째, 기질이 부동하여 교정矯正에도 다른 방법이 있다. 둘째, 기질을 바로잡는 방법은 극기克己에 있다. 셋째, 교기질矯氣質의 공功은 면강勉强에 있다"[59]고 본다. 이러한 세 가지를 율곡은 성현의 말씀에서 인용하였다.

첫째의 기질부동氣質不同에 대해서는 공자의 "성상근性相近, 습상원習相遠"을 주회암이 해석한 것을 중심으로 말하여, "기질의 성性은 그 바탕이 아름답거나 악惡한 것이 같지 않다. 그러나 그 처음으로 말한다면, 모두 심히 거리가 먼 것은 아니다. 다만 착한 습관을 키우면 착하게 되고, 악한 습관을 키우면 악하게 되어서, 비로소 거리가 멀어진 것이다"[60]라고

---

58) 『栗谷全書』, 권21, 「聖學輯要3 · 矯氣質章第六」, "旣誠於爲學, 則必須矯治氣質之偏, 以復本然之性."

59) 『栗谷全書』, 권21, 「聖學輯要3 · 矯氣質章第六」, "……氣質不同, 而矯之各有法.……矯氣質之法在克己.……矯氣質之功在勉強."

60) 『栗谷全書』, 권21, 「聖學輯要3 · 矯氣質章第六」, "子曰, 性相近也, 習相遠也.(『論語』) 朱子曰, 氣質之性, 固有美惡之不同矣. 然以其初而言, 則皆不甚相遠也. 但習於善則善, 習於惡則惡, 於是

하였다. 따라서 기질氣質이 비록 서로 다르다 하더라도, 본래의 성초性初를 말하면 모두 한바탕이라는 것이다. 결국 습관에 의한 것이니, 습관을 바로 키워야 한다고 말한다.

둘째, 극기克己의 방법이 교질矯質의 근본인데, 그것을 극기복례克己復禮로 예를 들어 말한다. "안연顔淵이 '그 극기복례克己復禮의 조목을 묻고자 합니다' 하니, 공자는 말하기를 '예禮가 아니면 보지 말 것이요, 예禮가 아니면 듣지 말 것이며, 예禮가 아니면 말하지 말 것이요, 예禮가 아니면 움직이지 말라' 하였고, 안연은 '비록 회回가 불민하오나, 이 말씀을 받들겠습니다' 하였다.

주회암은 말하기를, '목目은 조건條件을 말한다.' 안연은 선생의 말씀을 듣고, 천리天理와 인욕人欲의 계제階梯에 있어서 이미 판연하게 깨달았다. 그 때문에 다시 더 의문되는 것이 없이 곧바로 그 조목을 물은 것이다. 예禮가 아니라는 것은 나의 사사로운 것을 말하는 것이요, 물勿은 금지한다는 것이다. 이것은 인심人心이 주主가 되어서, 사욕私欲을 이겨 예禮로 돌아가는 기틀이 된다는 것이다. 사욕을 이기면 행동하는 가운데 예禮에 맞지 않는 것이 없고, 일상 행동에 있어서 천리天理가 아닌 것이 없다. 안연은 그 이치를 묵묵히 마음속에 간직하고, 또 자기의 능력이 사욕을 이길 수 있다는 것을 알았기 때문에, 곧바로 그것을 자기의 임무로 삼을 것을 의심하지 않는 것이다."[61]

始相遠耳."

61) 『栗谷全書』, 권21, 「聖學輯要3 · 矯氣質章第六」, "顔淵曰, 請問其目, 子曰, 非禮勿視, 非禮勿聽, 非禮勿言, 非禮勿動, 顔淵曰, 回雖不敏, 請事斯語矣.", "朱子曰, 目條件也. 顔淵聞夫子之言, 則於天理人欲之際, 已判然矣. 故不復有所疑問, 而直請其條目也. 非禮者, 己之私也, 勿者, 禁止

또 동잠動箴을 인용하여, "철인哲人은 일의 기미를 먼저 알고 생각부터 성실하며, 지사志士는 행동을 가다듬어 일하는데 도리道理를 지키는 것이니, 리理에 순종하면 마음이 너그럽지만, 사욕私欲으로 행동하면 위태롭다. 잠시라도 도리를 생각하고 늘 두려워하거나 경계하면서 스스로를 지켜야 한다. 그리하여 그렇게 조심하는 오랜 습관이 성품으로 굳어지면, 성현으로 돌아가게 된다"62)라고 한다.

또한 정자程子의 말을 인용하여, "몸을 수양하는 도리에서 마땅히 버려야 할 것은 오직 염念과 욕慾이다. 그러므로 그 분노를 가라앉히고, 그 욕심을 막아 버려야 한다"63)고 말했다. 이와 같이 극기복례克己復禮는 사욕을 버리고 분노를 가라앉히는 것으로 말하고 있다.

셋째, 면강勉强에 대해서는 『중용』의 "널리 배우고, 살펴 물으며, 신중히 생각하고, 명석하게 분변하며, 독실하게 행해야 할 것이다"64)를 설명하여, 자신의 주장을 대신한다. 이에 대하여 주회암은 "학문이란 곧 기질氣質을 능히 변화시킬 수 있는 것인데, 만일 책을 읽어 궁리하거나 공경恭敬을 주재主宰하여 본심本心을 보존하지 않고 한갓 어제의 잘못과 오늘의 바른 것만 헤아려 비교하는 데 간절懇切하다면, 또한 공연히 수고롭기만 하고 아무 도움이 없을까 걱정이다"65)라고 하였다. 또 주회암은

之辭. 是人心之所以爲主而勝私復禮之機也. 私勝則動容周旋, 無不中禮, 而日用之閒, 莫非天理之流行矣. 顔淵默識其理, 又自知其力有以勝之, 故直以爲己任而不疑也."

62) 『栗谷全書』, 권21, 「聖學輯要3 · 矯氣質章第六」, "動箴曰, 哲人知幾, 誠之於思, 志士勵行, 守之於爲, 順理則裕, 從欲惟危. 造次克念, 戰兢自持. 習與性成, 聖賢同歸."

63) 『栗谷全書』, 권21, 「聖學輯要3 · 矯氣質章第六」, "程子曰, 修己之道, 所當損者, 惟忿與慾. 故懲戒其忿怒, 窒塞其意欲也."

64) 『栗谷全書』, 권21, 「聖學輯要3 · 矯氣質章第六」, "博學之, 審問之, 愼思之, 明辨之, 篤行之.(『中庸』)"

말하기를, "군자가 학문을 하지 않는다면 그만이지만, 할 바에는 반드시 이루어져야 한다. 그러므로 늘 남의 백배의 공을 들여야 한다"[66]고 하였다. 이와 같이 면강을 해야만 능히 교기질矯氣質이 된다고 말했다.

율곡은 위와 같이 성현의 말씀을 인용하고, 그 자신의 견해를 다음과 같이 말하고 있다.

> 일기一氣의 근원은 담연청허湛然淸虛하여, 오직 그 양陽이 동動하고 음陰이 정靜한 것이 혹시 상승하기도 하고 혹시 하강하기도 하다가, 어지럽게 날아다니는 사이에 합하여 질質을 이루어서 드디어 고르지 못하게 되는 것이다. 물物이 편색偏塞하게 되면 그 이상 변화시킬 방법이 없지만, 오직 사람은 비록 청탁淸濁과 수박粹駁의 차등差等이 있더라도, 방촌方寸(心)이 허명虛明하여 기질氣質을 변화시킬 수 있다. 그러므로 맹자는 사람은 누구나 요순이 될 수 있다고 말했으니, 어찌 허언虛言이겠느냐? 기氣가 청명하고 질質이 순수한 이는 지知와 행行을 노력하지 않고도 능能하니 숭상할 까닭이 없는 것이요, 기氣는 청명하지만 질質이 난잡한 이는 알 수 있지만 행行할 수 없으니, 만일 궁행躬行에 힘써서 반드시 성실하고 반드시 돈독하면 행行이 설 수 있어 유약柔弱한 사람도 강强해질 것이요, 질質이 순수하지만 기氣가 흐린 사람은 행行할 수 있지만 지知할 수 없으니, 만일 학문에 힘써서 반드시 성실하고 반드시 정일精一하면 지知가 통달할 수 있어서 어리석은 사람이라도 현명해질 수 있다. 또 세간世間의 모든 기예技藝에 있어서도, 누가 생이지지生而知之

65) 『栗谷全書』, 권21, 「聖學輯要3 · 矯氣質章第六」, "朱子曰, 學乃能變化氣質, 若不讀書窮理主敬存心, 而徒切切計較於昨非今是之間, 恐亦勞而無補."

66) 『栗谷全書』, 권21, 「聖學輯要3 · 矯氣質章第六」, "朱子曰, 君子之學, 不爲則已, 爲則必要其成. 故常百倍其功."

하는 사람이 있겠는가? 시험하여 음악을 배우는 일을 가지고 말해 보더라도, 인가人家의 어린이가 처음에 거문고와 비파를 배울 때, 손가락을 놀려 소리를 내면 사람들이 귀를 막고 들으려고 하지 않지만, 끊임없이 공부하여 점점 음악을 내게 되어 그 지극한 데에 이르게 되면 청아淸雅하고 조화가 되고 원활하게 돌아가서 그 미묘함은 말로 다 나타낼 수 없는 데에까지 이르게 되니, 저 어린아이들이 어찌 음악에 소질이 있어서 그러하였느냐? 다만 그것은 실제로 공부하여 학습이 쌓여서 그와 같이 익숙해졌을 뿐이요, 온갖 기예技藝가 세상에서 절묘한 자는 있으나 학문을 하는 이가 아직 그 소질을 변화시킨 자를 볼 수 없으니, 다만 그 지식의 광박廣博한 것이나 언론言論이 풍부하지만 힘입으려 할 뿐이다.67)

학문은 곧 변화기질變化氣質에 있는데, 그것은 인간만이 그 마음이 허명虛明하여 가능하다는 것이다. 본래 일기一氣의 근원은 담연청허湛然淸虛하지만, 이것이 승강비양, 참치부제하여 다양한 현상이 이루어지는데, 이때 기氣의 통색通塞을 따라 사람과 물物이 달라진다. 사람은 기氣의 통通과 정正을 받아 태어났으나, 그 기질氣質의 청탁수박淸濁粹駁이 달라서, 서로 모습도 다르고 개성도 다르다. 그러나 인간은 오직 그 심心이 허명虛

67) 『栗谷全書』, 권21, 「聖學輯要3 · 矯氣質章第六」, “一氣之源, 湛然淸虛, 惟其陽動陰靜, 或升或降, 飛揚紛擾, 合而爲質, 遂成不齊. 物之偏塞, 則更無變化之術, 惟人則雖有淸濁粹駁之不同, 而方寸虛明, 可以變化. 故孟子曰, 人皆可以爲堯舜, 豈虛語哉. 氣淸而質粹者, 知行不勉而能, 無以尙矣, 氣淸而質駁者, 能知而不能行, 若勉於躬行, 必誠必篤, 則行可立而柔者强矣, 質粹而氣濁者, 能行而不能知, 若勉於問學, 必誠必精, 則知可達而愚者明矣. 且世間衆技, 孰有生知者哉. 試以習樂一事言之, 人家童男穉女, 初業琴瑟, 運指發聲, 令人欲掩耳不聽, 用功不已, 漸至成音, 及其至也, 或有淸和圓轉, 妙不可言者, 彼童男穉女, 豈性於樂者乎. 惟其實用其功, 積習純熟而已, 凡百伎藝, 莫不皆然, 學問之能變化氣質者, 何異於此哉, 嗚呼, 百工伎藝, 世或有妙絶者, 而學問之人, 未見其變化者, 只資其知識之博, 言論之篤而已.”

明하여 기질氣質을 변화시킬 수 있다고 본다.

그 변화시키는 방법은 학문에 있으나, 그 학문의 목표가 입지에서부터 성인으로 기약이 뚜렷하면, 마치 평범한 백공기예가百工技藝家가 숙달을 통해 절묘한 백공기예가가 되듯이, 학문에 있어서도 그 기질氣質은 변화시키는 것이 이와 같다는 것이다.

율곡은 여기에서 기질변화氣質變化와 본연성本然性의 관계를 다음과 같이 말한다.

그의 문인이 "선유先儒는 매양 그 성性으로 돌아오라고 말하고 그 기氣에 돌아오라고 말하지 않았는데, 무슨 까닭인가" 하고 질문하였다. 이에 대답하여 말하기를 "본연의 성性은 비록 물物에 덮여지고 기氣에 구애되었더라도, 그 근본을 추구하여 보면 순선純善하고 악惡이 없다. 그런 까닭에 그 성性에 돌아오라고 말한 것이다. 기氣에 이르러서는 혹은 탁濁하기도 하고 혹은 불순不純하기도 하여, 이미 생生을 향유享有한 최초에 판정되어 있다. 그런 까닭에 그 기氣에 돌아오라고 말하지 않고, 기질氣質을 교정矯正한다고 말한다"[68]라고 하였다.

본연성本然性은 기질氣質의 수박粹駁에 관계없이 그 근본은 순선純善하고 악惡이 없기 때문에, 이 본연성을 덮은 기氣만 벗기면 본연성이 드러나기 때문에 복성復性이라고 말하지만, 기질성氣質性은 이미 태어날 때 결정된 것이기 때문에 이는 교정矯正이라고 말한다는 것이다.

68) 『栗谷全書』, 권31, 「語錄上」, "問, 先儒每言復其性, 而不言復其氣, 何也, 曰, 本然之性, 雖物蔽氣拘, 而推其本則純善無惡. 故曰, 復其性也. 至於氣, 則或濁或駁, 已判於有生之初. 故不曰復其氣, 而曰矯氣質也."

율곡은 우리의 용색容色, 키의 장단長短 등은 어쩔 수 없겠지만, 인간의 지예智藝는 어리석음을 명철明哲함(賢哲)으로 만들 수 있다는 기질氣質의 교정矯正을 더욱 강조했다. 성誠의 구체적 실현은 곧 우리의 기질을 교정하는 데서 찾을 수 있는 것이다. 성誠이란 실심實心이요, 동시에 정심이기에, 성의는 곧 기질변화氣質變化의 근본적 방법임을 알 수 있다.

제6절 성의정심의 독자적 전개

1. 함양과 성찰

율곡이 실천 문제에 있어서 전통적인 수기론의 거경, 궁리, 역행을 말하면서, 다시 「정심장」을 두어 정심을 강조함은 바로 그의 리기론의 일관된 사상에 입각해 있음을 먼저 이해해야 한다. 그는 리기지묘를 통해 리기의 원불상리元不相離, 불상잡不相雜을 강조하고, 리기는 본래 '합合해 있는 것이요, 합合하는 때가 있지 않다'고 하였다. 그리고 리理는 무형무위요, 기氣는 유형유위라 하여, '발發하는 것은 기氣요, 발發하는 소이所以는 리理'라 하였다. 또한 리理는 기氣의 주재자主宰者요, 기氣는 리理의 기器가 됨을 말했다. 이러한 리기론은 마침내 인간의 심心을 논하는 데 있어서도, '심心은 기氣이다'라고 하게 된다. 물론 이때의 기氣는 리理가 주재되어 있는 심心이지만, 결국 발發하는 것은 기氣이기 때문에 심心은 기氣라고 말한다.

우리의 수기공부修己工夫도 이 기氣에 대한 공부가 될 수밖에 없다. 이 기氣를 공부함으로 자연히 리理는 개명開明되기 때문이다.

여기에서 율곡은 심心을 중요시하고 다시 「정심장」을 세워 논하게 되고 이 성의정심은 곧 기氣에 대한 공부의 마지막이 되는 것이다.

율곡은 다음과 같이 말하였다.

> 위 두 장章(矯氣質, 養氣)의 공부는 정심 아닌 것이 없으나 각각 주장하는 바가 있으므로 따로 정심을 주로 하여 함양과 성찰의 뜻을 상세히 논하였다.[69]

율곡은 그의 『만언봉사』에서 "궁리의 공부는 격물치지이고, 거경역행居敬力行의 공부는 성의정심"[70]이라고 한 바 있다. 이 「정심장」의 모든 공부는 거경공부를 말하며, 그것은 곧 성의정심인 것이다. 본래 거경공부는 "정시靜時에는 잡념을 일으키지 않고 조용히 마음을 밝게 하는 것이며, 동시動時에는 일을 하되 반드시 전일專一하여 불이불삼不二不三하고, 조금도 과차過差 없어 몸을 가짐엔 정제엄숙整齊嚴肅하며, 마음을 가짐에 계신공구戒愼恐懼하는 것이 거경의 요要이다."[71] 그러나 "선현들이 정靜할 때의 공부를 논할 적에는 흔히 존양存養과 함양을 말하게 되므로"[72], 함양을 정심공부의 처음에 넣어 살펴본다.

율곡은, 함양은 미발의 공부인데, 이 미발의 공부는 '경敬'으로 함양한

---

69) 『栗谷全書』, 권21, 「聖學輯要3 · 正心章第八」, "上二章工夫, 莫非正心, 而各有所主, 故別輯前訓之主於正心者, 詳論涵養省察之意."

70) 『栗谷全書』, 권5, 「疏箚3 · 萬言封事」, "學問之術, 布在謨訓, 大要有三, 曰窮理也, 居敬也, 力行也.", "窮理, 乃格物致知也. 居敬力行, 乃誠意正心修身也."

71) 『栗谷全書』, 권5, 「疏箚3 · 萬言封事」, "居敬通乎動靜, 靜時不起雜念, 湛然虛寂, 而惺惺不昧, 動時臨事專一, 不二不三, 而無少過差, 持身必整齊嚴肅, 秉心必戒愼恐懼, 此是居敬之要也."

72) 『栗谷全書』, 권21, 「聖學輯要3 · 正心章第八」, "先賢論靜時工夫, 多以存養涵養爲言."

다고 말하고, '경敬'으로 함양한다 함은 다름이 아니고 "다만 정적靜寂하여 염려가 생기지 않게 하고, 경敬하여 조금도 혼昏하지 않게 할 뿐이다"[73] 라고 하였다. 그리고 미발할 때의 마음의 상태를 다음과 같이 말한다.

> 미발할 때에는 마음이 적연寂然하여 진실로 털끝만한 생각도 없지만, 다만 적연한 가운데에도 지각이 불매不昧하여 충막무짐沖漠無朕한 듯하지만, 만상萬象이 삼연森然하게 이미 갖추어졌다.[74]

희노애락의 미발이라 하여 무無가 아니다. 적연寂然한 가운데에서 만상萬象이 삼연森然하게 이미 갖추어졌다는 것이다. 그리고 미발과 이발의 차이를 논하여 말하기를, "만약 물物을 보기도 하고, 소리를 듣기도 할 때에 염려念慮가 따라 발현하면, 이는 이발에 속한 것이요, 만약 물物이 지나는 것을 눈으로 보기만 하고 이것을 보는 마음이 일지 않았거나, 귀에 지나는 것을 듣기만 하고 이것을 듣는 마음이 일지 않았고, 이때 비록 견문見聞이 있더라도 사유思惟를 하지 않았다면, 곧 그것이 미발이 되는 데 방해가 되지 않는다"[75]라고 하여, 미발 시에 비록 견문이 있더라도 그것에서 마음이 일어나지 않으면 곧 미발이요, 마음이 일어나면 그것은 이발이라고 하는 것이다.

---

73) 『栗谷全書』, 권21, 「聖學輯要3 · 正心章第八」, "只是寂寂不起念慮, 惺惺無少昏昧而已."

74) 『栗谷全書』, 권21, 「聖學輯要3 · 正心章第八」, "未發之時, 此心寂然, 固無一毫思慮, 但寂然之中, 知覺不昧, 有如沖漠無朕, 萬象森然已具也."

75) 『栗谷全書』, 권21, 「聖學輯要3 · 正心章第八」, "或問, 未發時, 亦有見聞乎, 臣答曰, 若見物聞聲, 念慮隨發, 則固屬已發矣, 若物之過乎目者, 見之而已, 不起見之之心, 過乎耳者, 聞之而已, 不起聞之之心, 雖有見聞, 不作思惟, 則不害其爲未發也."

다시 말하면, 이미 일념一念이 일어나면 그것은 미발이 아니고 이미 이발이라 하는 것이다. 따라서 미발은 어떤 형식에 두는 것이 아니고, 한 생각이 마음에 일어나면 그것은 이미 미발이 아니고 이발이라고 말한다. 한 생각이 일어난다는 것은 벌써 외물에 자극되어 발發하는 것이다. 그러나 미발은 곧 현재 있는 외물에 자극된 것뿐만 아니라, 옛날에 경험한 사물에 의해서도 마음에 일념이 생기면 미발이 아니고 이발이라고 한다. 율곡은 이 점을 밝히면서, 또한 이것은 그의 주장인 심성정의 일로로 설명된다. 율곡은 다음과 같이 말한다.

> 어떤 사람이 묻기를, 뜻은(意) 본연本然의 정情에 의하여 계교計較하는 것이지만, 사람이 아직 물物과 접촉하지 못하여 소감所感이 없을 때에도 염려念慮의 발단發端이 있으니 어찌 반드시 정情에 의한다고 하겠는가 하니, 대답하기를, 이것도 옛날에 발단되었던 정情을 추출한 것이다.[76]

정情이란 발發한 상태이다. 이것은 외물에 의한 발發이다. 이때의 의意는 의심할 바 없지만, 외물外物의 자극이 없이도 일어나는 염려念慮는 무엇인가라는 질문에 율곡은 비록 지금 외물의 자극이 없지만 이미 옛날에 외물의 자극 속에서 일어난 정情을 염려하는 것이니, 이것도 정情에 의한 의意라고 한다. 마음에 일어나는 한 생각은 모두 이발로서의 정情이고,

76) 『栗谷全書』, 권20, 「聖學輯要2 · 窮理章第四」, "或問, 意固是緣情計較矣, 但人未與物接, 而無所感時, 亦有念慮之發, 豈必緣情乎, 答曰, 此亦紬繹舊日所發之情也, 當其時, 雖未接物, 實是思念舊日所感之物, 則豈非所謂緣情者乎."

이 정情으로 인하여 계교하고 상량하는 것은 의意이다. 따라서 성의는 이발의 공부이고, 함양은 미발의 공부로, 존성存性이요 리理의 존存이다.

율곡은 미발 시의 견문에 대하여, 견문은 있으나 그곳에서 마음이 일어나지 않는 것이 참다운 미발의 공부라는 것이다. 이것은 그의 리기理氣가 원불상리元不相離로, 미발에도 성性인 리理와 기氣가 함께 있음을 말한다. 견문이 있는 것은 기氣 때문이요, 견문에 마음을 내지 않는 것은 리理인 것이다. 그러나 미발 시에는 아직 기氣가 발發하여 정情이 되지 않는 것이다.

율곡은 다시 성현의 미발지중과 범인의 미발지중이 동일하다 하여, 범인도 미발지중을 지켜 혼매하지 않으면, 성현과 다름이 없다고 한다. "범인은 함양과 성찰의 공부가 없으므로, 그 마음이 어둡지 않으면 어지러워져서 중체中體도 서지 않지만, 다행히 잠시 동안이라도 혼란하지 않게 되면 그 미발의 중中은 성현과 분별이 없다. 그러나 얼마 안 되어 혹 퇴방頹放하고 어지럽혀져 그 본체를 잃으니, 잠시 동안의 미발중未發中으로 온종일의 혼란을 구하여, 큰 근본을 세울 수 있겠는가"[77]라고 말하여, 성현의 미발지중과 범인의 미발지중이 그 미발지중은 동일하지만, 성현은 그 미발지중이 행주좌와어묵동정行住坐臥語默動靜에 걸쳐 온종일 유지되어 수유須臾도 떨어짐이 없으나, 범인은 잠시 동안 미발지중에 있을 뿐이다. 이것이 곧 성현과 범인이 차이점이라는 것이다.

---

77) 『栗谷全書』, 권21, 「聖學輯要3 · 正心章第八」, "常人, 無涵養省察工夫, 故其心不昏則亂, 中體不立, 幸於須臾之頃, 不昏不亂, 則其未發之中, 亦與聖賢無別. 但未久而或頹放, 或膠擾, 旋失其本體, 則霎時之中, 安能救終日之昏亂."

또한 율곡은 미발의 공부와 성찰의 공부를 구별하였다. 그는 말하기를, "생각하는 것이 있으면 바로 이발이므로, 이미 체인體認이라고 하면 성찰의 공부요 미발 시의 기상氣象이 아니다"[78]라고 하여, 미발 시의 공부는 어디까지나 한 생각이 일어나지 않게 하는 공부로 함양을 말하며, 이발 시의 공부는 성찰의 공부라 하였다. 그러면 성찰은 어떠한 것인가?

미발의 공부는 아직 마음의 작용이 일어나지 않은 것인데, 이 성찰은 마음의 작용을 살펴보는 것이다. 그것을 율곡은 주렴계 『통서通書』의 "성誠은 무위요, 기幾는 선악善惡이다"라는 말의 무위를 인용하여, "진리는 자연스러운 것인데 무엇을 하는 것이 있겠느냐?(未發 時) 기幾라는 것은 움직임이 미미한 것이요, 선악善惡의 분별이 연유緣由하는 것이다"[79]라고 한다. 즉 성찰의 공부는 이발의 공부로서, 선악善惡이 갈라지려는 것을 살펴보는 것이다. 그렇기 때문에 "마음이 일어나 곧게 나가는 것은 천리天理가 되고 곁으로 나가는 것은 인욕人欲이 되는 것이니, 곧게 나가는 것을 잘 인도하고 옆으로 나가는 것은 막고 끊어야 할 것이다. 이러한 공력功力에 이른다면 마음이 발發하는 것은 자연히 하나의 도리道理에서 나오고, 천명天命을 보존할 것이다"[80]라는 조치도趙致道의 말을 인용하고 있다.

---

78) 『栗谷全書』, 권21, 「聖學輯要3 · 正心章第八」, "纔有所思, 便是已發, 旣云體認, 則是省察工夫, 非未發時氣象也."

79) 『栗谷全書』, 권21, 「聖學輯要3 · 正心章第八」, "誠無爲, 幾善惡.(周子, 『通書』) 朱子曰, 實理自然, 何爲之有, 未發時也幾者, 動之微, 善惡之所由分也."

80) 『栗谷全書』, 권21, 「聖學輯要3 · 正心章第八」, "趙致道曰, 此明人心未發之體, 而指已發之端, 蓋欲學者, 致察於萌動之微, 知所決擇而去取之, 以不失乎本心之體而已, 善惡雖相對, 當分賓主, 天理人欲雖分派, 必省宗孼, 自誠之動而之善, 則如木之自本而幹, 自幹而末,……凡直出者爲天理, 旁出者爲人欲, 於直出者利道之, 旁出者遏絶之, 功力旣至, 則此心之發自然出於一途, 而保有天命矣."

이러한 율곡의 인용은, 마음이 발發하여 일어나는 기미를 잘 살피는 것, 그리고 그것을 인욕人欲에 흐르지 않고 천리天理를 보존하도록 살피는 일체의 작용을 성찰에 넣고 있음을 알 수 있다. 그것을 율곡은 맹자의 "조즉존操則存, 사즉망舍則亡"[81]에 비교하여 설명한다. 즉 주회암은 말하기를, "조즉존操則存(마음을 잡는다)이라는 말은 여기에 있다는 것이요, 사즉망舍則亡(마음을 놓는다)이라는 말은 그 나가고 들어가는 데에 정定한 때가 없고, 정한 곳도 없으며, 위태롭고, 움직이고, 의존하기가 어렵다"[82]라고 했다.

율곡이 이 말을 인용한 것은, 그가 성찰이란 마음에 있는 것, 마음을 두는 것으로 이해하고 있음을 알 수 있다. 그리하여 율곡은 다시 『대학』의 "심불재언心不在焉, 시이불견視而不見, 청이불문聽而不聞, 식이불기미食而不其味"에 대한 주회암의 주註를 인용하여, "마음에 두는 것이 없다면, 곧 주재하는 것이 없어서, 그 몸을 검속檢束할 수 없다"[83]라고 한다. 또 정자의 말인 "마음은 반드시 내 강자리腔子裏(몸)에 있어야 한다"[84]를 인용하고, 끝으로 남헌장씨南軒張氏의 "마음에 있다는 것은 공경恭敬을 말한다"[85]라는 말로 성찰의 말을 끝낸다.

율곡은 함양과 성찰의 공부는 다만 미발 시를 주主로 말할 때 함양이

---

81) 『栗谷全書』, 권21, 「聖學輯要3 · 正心章第八」, "孔子曰, 操則存, 舍則亡, 出入無時, 莫知其鄕, 惟心之謂與.(『孟子』)"

82) 『栗谷全書』, 권21, 「聖學輯要3 · 正心章第八」, "言心操之則在此, 捨之則失去, 其出入無定時, 亦無定處, 危動難安如此."

83) 『栗谷全書』, 권21, 「聖學輯要3 · 正心章第八」, "心若不存, 便無主宰, 無以檢其身."

84) 『栗谷全書』, 권21, 「聖學輯要3 · 正心章第八」, "心要在腔子裏."

85) 『栗谷全書』, 권21, 「聖學輯要3 · 正心章第八」, "心在焉. 謂之敬."

라 하고, 이발 시의 발發하는 곳의 공부를 성찰이라 하여 구분하였을 뿐이다. 그러나 이 둘은 모두 경敬에 속한다고 할 수 있다. 공경恭敬이란, 곧 '경敬'을 말하는 것으로, 이것은 모든 마음공부의 시종始終이 된다. 그러나 율곡이 경의 공부를 「정심장」에 넣은 이유는, 그가 경敬공부가 마음공부를 떠나 별개의 것으로 오해될 가능성이 있기 때문에 「정심장」에 넣어 경공부도 역시 정심에 지나지 않음을 밝혀 모든 공부가 이 심心에서부터 일어남을 강조하기 위한 배려인 것으로 생각된다. 그러면 함양과 성찰을 어떻게 할 것인가?

율곡은 함양과 성찰에 일관된 것을 공경으로 보았다. 따라서 이 공경에 대한 선현들의 말을 들어 전통적인 경공부를 그대로 원칙으로 삼고 다음과 같이 선현들의 말을 인용한다. 곧 "정자程子는 말하기를, 마음을 오로지 하나로(主一) 하는 것을 공경恭敬이라 하고, 잡념을 갖지 않는 것을 무적無適이라 한다"[86]라고 하였고, 또 주회암의 주일무적主一無適을 인용했다. 즉 주회암은 말하기를, "주일무적이란 다만 주작走作하지 않는 것인데, 예를 들면 지금의 세상 사람들이 일사一事를 끝내기도 전에 또 다른 일을 하려고 하여 마음에 천두만서千頭萬緖가 일어나서 갈피를 잡을 수 없는 것과 같은데, 학문은 다만 전일專一해야만 한다"[87]라고 하였다. 그리고 공경恭敬은 '정제엄숙整齊嚴肅', '성성惺惺'이라는 의意를 가리킨다고 하였다. "경敬이야말로 인욕人欲을 대적大敵하는 소이所以인 것이

86) 『栗谷全書』, 권21, 「聖學輯要3 · 正心章第八」, "主一之謂敬, 無適之謂一."
87) 『栗谷全書』, 권21, 「聖學輯要3 · 正心章第八」, "只是莫走作, 如今人一事未了, 又要做一事, 心下千頭萬緖, 學問只要專一."

니, 사람이 항상 공경하면 천리天理가 스스로 밝아지고 인욕人欲이 올라오지 못하게 된다"[88]라고 하였다. 율곡은 끝으로 주회암의 "경敬으로써 안을 곧게 한다는 것(敬以直內)은 조금도 사사로운 뜻이 없고, 가슴속에 통연洞然하며 위로도 통하고 아래로도 통하는 표리表裏가 한결같은 것이요, 의리義理로써 밖을 방정方正히 한다는 것은(義以方外) 바른 곳을 보면 이렇게 결정하고, 바르지 않은 곳을 보면 그렇지 않게 결정하여 절연截然히 방정方正하게 해서 반드시 스스로 공부해 나가는 것이다"[89]라는 말을 인용했다.

이에 대한 율곡의 결론으로 다음과 같다.

> 경敬은 체體요, 의義는 용用이다. 비록 내외內外로 나눈다고 하더라도, 그 실實은 '경敬'이 의리義理를 겸비하고 있기 때문에, 대개 안을 곧게 하는 경敬을 '경敬'으로 존심存心하는 것이요, 밖을 방정方正하게 한다는 의리義理는 '경敬'으로 일에 응하는 것이다.[90]

비록 내외를 구분한다 하더라도, 이것은 경敬이 체體가 되고 의義는 용用이 된다는 것이다. 그러므로 의義에도 공경恭敬이 겸비된다고 한다. 이와 같이 함양과 성찰의 공부는 결국 경敬의 공부에 있음을 말하고, 이

---

88) 『栗谷全書』, 권21, 「聖學輯要3 · 正心章第八」, "敬所以抵敵人欲, 人常敬, 則天理自明, 人欲上來不得."

89) 『栗谷全書』, 권21, 「聖學輯要3 · 正心章第八」, "敬以直內, 是無纖毫私意, 胸中洞然, 徹上徹下, 表裏如一, 義以方外, 是見得是處, 決定恁地, 不是處, 決定不恁地, 截然方方正正, 須是自將去做工夫."

90) 『栗谷全書』, 권21, 「聖學輯要3 · 正心章第八」, "敬體義用. 雖分內外, 其實敬該夫義, 直內之敬, 敬以存心也, 方外之義, 敬以應事也."

경敬의 공부는 곧 주일무적主一無適으로 전일專一하는 데 있다. 이것의 체體와 용用은 '경이직내敬以直內'요, '의이방외義以方外'라 했다.

율곡은, 공경恭敬은 곧 존심存心에 있고, 이 존심을 다시 존성存誠이라 말한다. 물론 존심이나 존성은 둘이 아니지만, 존성은 함양과 성찰을 겸한다고 한다.

2. 존성과 성의

율곡은 존성을 말할 때, 공자의 『역易』 건괘乾卦 「문언文言」을 인용하고, 그에 대한 정주의 주注를 통해 자기의 생각을 귀일시킨다.

『역』 건괘 문언의 "사邪를 막으면, 그 성실誠實이 존재한다"[91]라는 말의 정자의 주注를 다음과 같이 인용한다.

> 간사한 것을 막으면, 성실誠實은 절로 있는 것이다. 공경恭敬은 간사한 것을 막는 도道이며, 간사한 것을 막는 것은 성誠을 보존하는 것이다.[92]

율곡은 이 점을 중요시하여, 성誠을 곧 사邪가 없는 것이라고 말하고 있다. 여기서 율곡은 임천오씨臨川吳氏의 말을 인용했다.

---

91) 『易』, 乾卦 「文言」, "閑邪存其誠."
92) 『栗谷全書』, 권21, 「聖學輯要3 · 正心章第八」, "敬是閑邪之道, 閑邪存誠, 只是一事."

범인들도 자못 이것이 리理가 되고 선善이 되는 것을 알며, 저것은 욕欲이 되고 악惡이 되는 것을 알되, 뜻이 기氣를 이기지 못하여 한가히 홀로 처리하는 사이에 간사奸邪한 생각이 일어나는 것인데, 간사한 생각이 있게 되면 곧 막고 누르는 것으로 스스로 속이지 않는 정성精誠인 것이다. 대저 간사한 생각이 없다면, 생각하는 바가 다 리理요 선善이다. 그러나 한 생각이 일어나자마자 또 한 생각이 싹트거나, 그것이 그치지지도 않았는데 여러 생각이 서로 이어진다면, 이것은 이二요 잡雜인 것이다. 욕欲도 악惡도 아닌 것을 간사한 것이라 한다. 대개 먼저 사욕私欲과 악념惡念의 간사한 것을 끊어 버린 뒤에, 이二나 잡雜된 간사를 치료할 수 있는 것이니, 성의정심의 차례를 어찌 거치지 않고 뛰어넘을 수 있겠는가?93)

율곡은, 심心이 발發하는 것은 기氣인데, 이 기氣의 용사用事가 곧 사邪를 일으킨다고 보는 것이다. 따라서 이 간사함을 퇴치하기 위해서는 한 생각이 있게 되면 그것을 막고, 스스로 속이지 않는 것, 즉 무자기無自欺를 성誠이라 보았다. 사욕私欲인 간사한 생각이 없다면 이것이 곧 리理요, 선善이라는 것이다. 그러나 한 생각이 일어나자 다른 생각이 서로 이어 상속相續되면 이는 이二요, 잡雜이라고 보고, 또한 그것은 이미 리理의 본연本然을 잃고, 기氣가 승勝한 것을 말한다. 따라서 공부에 있어서 기氣의 용사用事를 치료하여, 간사한 생각의 상속相續을 막는 것이 곧 '성의'요,

93) 『栗谷全書』, 권21, 「聖學輯要3 · 正心章第八」, "臨川吳氏曰, 凡人頗知此之爲理爲善, 彼之爲欲爲惡, 而志不勝氣, 閒居獨處之際, 邪思興焉, 一有邪思, 卽遏制之, 乃不自欺之誠也. 夫旣無邪思, 則所思皆理皆善矣, 然一念纔起, 而一念復萌, 一念未息, 而諸念相續, 是二也, 是雜也. 匪欲匪惡, 亦謂之邪. 蓋必先能屛絶私欲惡念之邪, 而後可與治療二而且雜之邪, 誠意而正心, 其等豈何躐哉."

'정심'이라는 것이다.

율곡은 "성誠은 단지 사무사思無邪"[94]라 하였다. 율곡이 경공부가 주主가 되지만 다시 '성誠'을 강조하여 존성存誠을 말하는 것은, 경敬은 미발이발에 일관되지만 그것은 리理에 중점을 두는 것이요, 성誠은 마음 자체를 말하는 것이 특징이다.

> 성誠이란 하늘의 실리實理요, 마음의 본체인데, 사람이 그 본심을 회복하지 못하는 것은 사사私邪가 있어 엄폐되었기 때문이다.[95]

이와 같이 말하여 '성誠'이란 곧 우리 마음의 주체主體로서 천리天理라는 것이다. 이 실리實理인 마음의 본체本體가 기氣의 용사用事에 의하여 사사私邪가 끼어들어 엄폐되어 개명開明되지 못하고 있다고 한다. 따라서 우리 마음의 사사를 버리고 본심本心의 실리實理를 회복해야 한다고 본다.

이는 그가 심心의 발發은 기氣에 의한 것이지만, 그 기氣의 발發에는 리理가 본연本然의 모습을 그대로 지키면서 기氣의 국한성局限性 때문에 그 본연의 리理가 가려졌다는 리기설理氣說의 일관된 사상이다. 그리고 "이 사사私邪를 없애는 것은 곧 경敬을 주로 삼아야 하고", 따라서 "경敬은 용공用功에 긴요緊要한 것이요, 성誠은 수공收功의 지전地田이요, 경敬이 성誠에 이른다"고 했다.[96] '성誠'은 마음의 본체本體로서 천리天理 그대로

94) 『栗谷全書』, 권21, 「聖學輯要三 · 正心章第八」, "第以思無邪是誠, 故載乎正心之章."

95) 『栗谷全書』, 권21, 「聖學輯要三 · 正心章第八」, "誠者, 天之實理, 心之本體, 人不能復其本心者, 由有私邪爲之蔽也."

96) 『栗谷全書』, 권21, 「聖學輯要3 · 正心章第八」, "以敬爲主, 盡去私邪, 則本體乃全, 敬是用功之

이지만, 이의 회복은 '경敬'으로 인하여 본체가 드러난다고 본다.

여기에서 마음의 본체本體가 어떠한 것이며, 이 본체를 회복하는 수기修己의 방법이 무엇인가를 다음과 같이 말하고 있다.

> 마음의 본체本體는 담연히 비고 맑아서 빈 거울과도 같고 평평한 저울대와도 같아서 물物에 감응感應되어 동動하면 칠정七情이 응應하는 것이니, 이것은 마음의 작용이다. 다만 기氣가 구속하고 욕심이 가려서 본체가 능히 서지 못하므로, 그 작용이 혹시 그 바른 것을 잃기도 하는 것이니, 그 병통病痛이 혼昏과 난亂에 있다.[97]

우리의 마음은 실리實理인 성誠 자체로서, 명경지수明鏡止水와 같다는 것이다. 다만 이 마음이 발發하는 것은 기氣이고, 발發하는 소이所以는 리理이지만, 기氣는 유위이고 리理는 무위라 마음의 본체本體인 리理는 언제나 본연의 자약自若을 잃지 않고 있다. 그러나 유위의 기氣가 엄폐하여, 마음의 본체가 드러나지 못할 뿐이다. 그런데 이 마음에 기氣가 가리어져서 일어나는 병통病痛이 있으니, 그것이 곧 혼昏과 난亂이라는 것이다. 율곡은 다음과 같이 말한다.

> 이 혼昏과 난亂을 설명하면, 혼昏은 병病이 둘이 있는데, 그 하나는 지혼智昏으로 이것은 궁리를 못하여 시비是非에 몽매蒙昧한 것을 말하고, 또

要, 誠是收功之地, 由敬而至於誠矣."

97) 『栗谷全書』, 권21, 「聖學輯要3 · 正心章第八」, "心之本體, 湛然虛明, 如鑑之空, 如衡之平, 而感物而動, 七情應焉者, 此是心之用也. 惟其氣拘而欲蔽, 本體不能立, 故其用或失其正, 其病在於昏與亂而已."

> 하나는 기혼氣昏이라는 것으로 이것은 게으르고 방일放逸하여 잠잘 생각만 하는 것을 말한다. 또 난亂을 설명하면 난亂의 병病에도 두 가지가 있는데, 하나는 악념惡念이요 이것은 외물外物에 투감透感되어 사욕私欲을 비교比較하는 것이요, 또 하나는 부념浮念이라는 것인데 도거掉擧(自註: 생각이 일어나는 모양) 산란散亂하여 상속부단相續不斷하는 것을 말한다.(自註: 이 생각은 善도 惡도 아니기 때문에 浮念이라고 말한다.)[98]

이와 같이 마음이 본체를 잃는 것은 기氣의 작용이기 때문에, 우선 우리의 수기공부는 기氣에 중점을 두어, 심心의 혼昏과 난亂을 제거해야 한다고 보고 있는 것이다. 그래서 "범인은 물物에 감感하기 전에 이미 혼昏 아니면 난亂하여 미발지중을 잃기 때문에, 물物에 감感했을 때 과過가 아니면 불급不及하니, 어찌 잘해서 화和를 얻겠는가?"[99]라고 하였다. 미발지중에 있지 않으면 발發하여 화和를 얻을 수 없다는 것이다. 따라서 군자는 이것을 우려하여, 다음과 같이 해야 한다고 하였다.

> 궁리로써 선善을 밝게 하고, 독지篤志로써 기氣를 통수統帥하고, 함양으로써 존성存誠하고, 성찰로써 거짓을 퇴거退去시켜, 이로써 혼昏과 난亂을 다스린 다음에 지허지정至虛至靜하여 그 감공형평지체지귀신鑒空衡平之體之鬼神이라도 그 끝을 엿볼 수 없으며, 그것이 감感해서도 부중절不中節이 없게 됨으로써 감공형평지용鑒空衡平之用이 유행하여 체滯하지 않

98) 『栗谷全書』, 권21, 「聖學輯要3 · 正心章第八」, "昏之病有二, 一曰智昏, 謂不能窮理, 昧乎是非也, 二曰氣昏, 謂怠惰放倒, 每有睡思也. 亂之病有二, 一曰惡念, 謂誘於外物, 計較私欲也, 二曰浮念, 謂掉擧散亂(掉擧, 念起之貌), 相續不斷也.(此念非善非惡, 故謂之浮念.)"

99) 『栗谷全書』, 권21, 「聖學輯要3 · 正心章第八」, "常人困於二病, 未感物時, 非昏則亂, 旣失未發之中矣, 其感物也, 非過則不及, 豈得其已發之和乎."

아서, 정대광명正大光明하여 천지天地와 함께 서참舒慘을 같이한다.[100)]

그러므로 "학자는 모름지기 '경敬'을 주로 하여 경각頃刻이라도 잊지 말 것이니, 일을 당하면 주일主一하여 마땅히 머물러야 할 데에 머무르게 하고, 일이 없어 정좌靜坐하고 있을 때에도 만일 생각이 일어나면 반드시 곧 각성覺醒하여 무슨 일이든지 악념惡念일 것 같으면 용맹勇猛히 단절시키며, 터럭 끝만큼이라도 그 묘맥描脈을 남겨 두지 말 것이며, 만약 선념善念이고 마땅히 생각해야 할 일이면 그 이치를 궁구窮究할 것이요, 아직 요해了解하지 못한 것을 요해了解하여 이 이치를 미리 밝히게 해야 한다"[101)]라고 하여, 마음의 혼란昏亂을 제거해야 마음의 본체本體인 성誠이 드러난다고 하였다.

율곡은 이와 같이 '정심'과 '성의'를 중요시했으나, 결코 경敬을 경시하지는 않았다. 오히려 경敬은 마음공부의 '처음이요, 끝'이라고 하였다. 그러나 경敬이 직直으로서 내적인 것으로 끊이지 않고 계속하기 위해서 정심공부를 통해 마음의 혼昏과 난亂을 제거하고, 그 혼昏과 난亂을 제거하기 위해서는 심心의 의意 작용인 계교計較 상량商量을 정성되게 해야 한다고 하였다.

율곡의 수기론은 결국 입지에 있어서 성인을 기약하고, 동시에 성인

100) 『栗谷全書』, 권21, 「聖學輯要3 · 正心章第八」, "故窮理以明善, 篤志以帥氣, 涵養以存誠, 省察以去僞, 以治其昏亂, 然後未感之時, 至虛至靜, 所謂鑑空衡平之體, 雖鬼神, 有不得窺其際者, 及其感也, 無不中節, 鑑空衡平之用, 流行不滯, 正大光明, 與天地同其舒慘矣."

101) 『栗谷全書』, 권21, 「聖學輯要3 · 正心章第八」, "學者須是恒主於敬, 頃刻不忘, 遇事主一, 各止於當止, 無事靜坐時, 若有念頭之發, 則必卽省覺所念何事, 若是惡念, 則卽勇猛斷絶, 不留毫末苗脈, 若是善念而事當思惟者. 此善念之適乎時者, 則窮究其理, 了其未了者, 使此理豫明."

과 범인이 둘이 아님을 알아서, 먼저 뜻을 성인에 두어야 한다는 것이다. 그리고 하늘에 실리實理가 있듯이 인간은 곧 실심實心이 있으니, 이것이 성誠이다. 성지자誠之者로서 성誠에 이른 사람이 성인이다. 따라서 천도天道와 인도人道가 둘이 아니다. 천도天道인 실리實理의 실현은 곧 인간의 실심實心을 통하는 것이다. 실심實心은 다만 기氣가 발發할 때 기氣의 용사用事로 인해 가려질 뿐이다. 따라서 이 가려진 실심實心의 작용이 혼昏과 난亂으로 미발지중을 유지하지 못하니, '거경'으로써 '성의정심'을 이끌어야 하고, 격물치지로 궁리를 해야 한다고 했다. 이것은 결국 인간의 기질氣質을 변화시키는 것 이외에 다른 것이 아니다.

율곡의 수기론은 '성의정심'을 통해 우리의 기질氣質을 변화시키고 성인이 되고 천인합일天人合一에 있음을 알 수 있다.

율곡이 거경공부를 거경이라 이름하지 않고 '수렴收斂'이라 하고, 또한 「정심장」을 따로 두어 경敬에 대해 설명한 이유가 어디에 있는가?

우리는 정심공부도 모두 경공부에 있다고 함을 보았다. 그런데 여기에 경공부와 정심공부에는 그 정실情實이 조금 다른 것이 있다. 경敬이라 할 때의 주일무적主一無適이 내포하고 있는 의미는 어디까지나 정적靜的이다. 비록 주회암朱晦庵의 말과 같이, "무사無事 시時에는 심중心中에 있고, 유사有事 시時에는 경敬이 일 위에 있어서, 무사유사無事有事에 경敬이 간단間斷이 없어야 한다"102)고 하였지만, 결국 이 경공부는 심心 위에 이루어지는 것 이외의 다름이 아니다. 여기에서 율곡은 심心의 다양한 생멸生滅

102) 『栗谷全書』, 권21, 「聖學輯要3 · 正心章第八」, "朱子曰, 無事時, 敬在裏面. 謂心中也, 有事時, 敬在事上, 有事無事, 吾之敬, 未嘗間斷也."

을 없게 하는 추뉴樞紐는 경敬에 있지만, 다시 이 마음의 변화가 일어난 측면에서 그 용사用事를 정찰하여 본심을 회복하는 면을 강조하여 정심을 들고 있는 것이다. 그것은 또한 우리의 본심이 곧 천지天地의 실리實理와 다름이 없기 때문이다. 경공부는 마음공부인 것이다. 그리고 이 마음은 곧 '기氣'이다. 이 기氣의 용사用事를 정찰하는 데에 율곡은 더욱 힘을 주었다고 볼 수 있다. 경敬이 정적靜的이라면 정심은 동정動靜을 다 포함하는 것이다. 여기에 그의 심성정의일로로써 심발위정心發爲情으로 기발리승의 지론持論이 일관되는 것이다.

> 천지지화天地之化가 곧 오심지발吾心之發이요, 천지지화가 리화理化와 기화氣化가 있다면 오심吾心도 마땅히 리발理發과 기발氣發이 있겠지만, 천지天地가 이미 리화理化와 기화氣化로 나누어지지 않았는데, 어찌 우리의 마음이 리발기발理發氣發이 있겠는가?[103)]

위와 같은 말을 상기할 때, 천지天地가 기화氣化로 리理가 승乘하기 때문에 우리의 마음은 기발氣發로 리理가 승乘하는 것이라는 것이다. 여기에서 천지지화天地之化가 오심지발吾心之發의 의미는 오심吾心이 기氣가 발發하듯이, 천지의 조화도 기氣가 발發한다는 뜻이다. 따라서 천지(自然)와 인간이 합일合一되는 근거가 있게 된다.

기氣가 발發하는 우리의 마음은 허령통철虛靈洞徹하기 때문에, 기氣를

103) 『栗谷全書』, 권10, 「書2 · 答成浩原」, "天地之化, 卽吾心之發也. 天地之化, 若有理化者氣化者, 則吾心亦當有理發者氣發者矣."

변화시킬 수 있다고 한다. 따라서 우리의 마음인 기氣의 용사用事를 잘 살피고, 못 살피는 것은 모두가 마음의 의意 작용이라는 것이다.

율곡은 여기에서 다시 성의를 말한다.

> 대개 심心이 발發하지 않은 때는 성性이 되고, 이미 발發한 것은 정情이요, 발發한 뒤에 헤아리고 생각함은 의意가 된다. 심心은 성정의性情意의 주主가 되므로, 그 발發하지 않은 것과 이미 발發한 것 및 발發한 후에 비교하여 서로 대어보고 헤아림을 다 심心이라 말한다. 이때에 기氣의 용사用事를 알고 살펴서 정리正理에 따르게 하면, 인심人心이 도심道心의 명령을 들을 것이며, 만일 잘 살피지 못하고 되는 대로 방임放任하면 욕欲이 승勝하여, 인심人心은 위태롭고 도심道心은 더욱 미微해진다.[104]

여기에서 보이듯이, 심心이란 성性의 미발이발을 합쳐서 주主가 되기 때문에 먼저 다시 정심이라 했고, 또 심心의 성정性情의 최후의 사려는 곧 의意가 있어서 계교 상량하기 때문에 성의라고 한 것이다.

성의나 정심이 둘은 아닌 것이다. 따라서 율곡은, 정찰精察하는 것은 모두가 의意(心中意)가 하므로, 공부에는 먼저 의意를 정성精誠(誠意)되게 해야 한다고 했다.

경敬은 성의하는 용공用功의 원천이요, 성誠은 수공지지收功之地라 하였던 것이다.

---

104) 『栗谷全書』, 권9, 「書1 · 答成浩原」, "大抵未發則性也. 已發則情也. 發而計較商量則意也. 心爲性情意之主, 故未發已發及其計較, 皆可謂之心也.……知其氣之用事, 精察而趨乎正理, 則人心聽命於道心也. 不能精察而惟其所向, 則情勝慾熾, 而人心愈危, 道心愈微矣. 精察與否, 皆是意之所爲, 故自修莫先於誠意."

이 성의정심을 그의 실천궁행實踐躬行의 근본으로 삼은 원인을 알겠다. 결코 율곡은 동動과 정靜의 어느 하나에만 치중하는 듯한 논의는 하지 않으려 했고, 또한 그러한 인상을 주는 것까지도 명철明哲한 논법으로 조화시키고 있는 것이다. 그리하여 그는 일용사日用事의 실제적인 데에까지 이르는 공부가 참다운 공부라고 보고 있는 것이다.

여기에서 그의 무실적 수기론이 나오게 되는 것이다.

제7절 율곡 수기론의 특징과 성의정심

1. 수기와 무실

우리는 이미 위에서 율곡철학의 실천 이념이 성誠을 바탕으로 천인합일天人合一로서의 성인과 그의 실천 방법은 성정性情의 조화調和로서 치중화에 있음을 보았다. 그것은 모두 성인에의 지향志向이었다.

일반적으로 성리학의 내용이 내성외왕內聖外王, 수기치인修己治人의 덕德이 관통되어 있기 때문에, 이러한 성리학적 이념과 율곡의 사상은 크게 다르지 않다. 그러나 율곡이 종래의 성리학자들이 특별히 중요시하지 않은 면을 명철明哲하게 해명하여 발전했다든가, 또는 그의 방법론적 전개가 특이한 점 등은 이미 살펴보았다. 따라서 율곡의 실천 방법에 있어서도 그가 종래의 성리학자들에 비하여 보다 현실적이며 실질적 면으로 접근을 시도한다고 볼 수 있다.

율곡은 수위修爲의 방법에 있어서도 전통적인 거경, 궁리, 역행을 충분히 인정하면서, 또 그 방법을 밑에다 깔고 그의 수기론을 전개한다. 그것이 소위 무실적 수기론[105]이라 할 수 있다.

율곡은 '실實' 자를 많이 쓴다. 그의 성론誠論에 있어서도 실리實理·실심實心을 강조하여 천도天道는 '실리實理'이요 인도人道는 '실심實心'이라 하였다. 물론 주회암에게 있어서도 '리理'를 말할 때, '실리實理'란 말을 썼지만, '실심實心'을 인도로 대비對比한 예는 없는 것 같다. 그러나 율곡은 이 실심實心을 강조하고 동시에 그의 수기론의 주류를 이 실實과 연결시키고 있다. 그것이 그가 성誠을 말할 때 언제나 실實이 따르는 것을 보아도 알 수 있다. 그는 『성학집요』, 『동호문답東湖問答』 등의 저술에서 실實이라는 용어를 헤아릴 수 없이 많이 사용한다.

그러면 이러한 실實 자를 도대체 어떤 의미로 쓰고 있을까?

그는 『동호문답』에서는 「논무실위수기론論務實爲修己論」이라는 제목하題目下에 수기修己에 있어서도 '무실務實'을 말한다. 이때 무실이란 '실實에 힘씀'이 될 것이다. 이와 같이 '무실務實로서 수기修己의 요要'로 삼는 율곡의 실實의 의미는 다음과 같은 내용으로 쓰고 있음을 본다.

> 실공實功이라 하는 것은 일을 하는 데 정성껏 하여 공언空言하지 않는다는 것이오니, 자사자子思子는 말하기를 "불성不誠이면 무물無物"이라 하였고, 맹자는 "지성至誠이면 움직이지 않는 것이 없다"라고 하였다……. 진실로 실성實誠이면 실효實效가 없겠는가?[106]

---

105) 『栗谷全書』, 권15, 「東湖問答」. 栗谷의 「東湖問答」 내에 '論務實爲修己之要'라 하여, 일반적 修己論에 대하여 자신의 修己論을 務實爲修己論이라 하여, 9가지의 實을 주장한다. 물론 이것은 그가 34세에 지은 것으로 40세에 지은 『聖學輯要』보다 먼저이다. 그의 修己論은 무실론적 입장에서 전개됨이 특징이다. 『聖學輯要』에서는 무실이라는 말을 쓰진 않았으나, 그의 수기가 성실을 바탕으로 구성되기 때문에 그의 실학에 대한 참뜻은 『東湖問答』의 '論務實爲修己之要'로부터 찾음이 可하다고 생각된다.

106) 『栗谷全書』, 권5, 「萬言封事」, "所謂實功者, 作事有誠, 不務空言之謂也. 子思子曰, 不誠, 無物,

아침이 다 지나도록 밥상만 차려 놓는다고 하면서 배 한 번 불러 볼 수 없듯이, 공언空言뿐이고 실효實效가 없다면 무슨 일을 할 것인가?[107)]

이러한 예에서 보면 실實이란 공언空言에 대한 말이요, 더구나 실을 실공實功, 실효實效의 뜻으로 사용하고 있다. 따라서 그의 실實 자의 의미는 공언空言이나 허위虛僞에 반대되는 실공實功, 실효實效의 뜻으로 볼 수 있다. 그러기 때문에 그는 다시 실을 강조하여 구체적으로 말한다.

상하上下에 서로 믿는 실實이 없는 것이 첫째 근심이요, 신하들이 일을 책임지는 실實이 없는 것이 둘째 근심이요, 경연經筵에서 성취하는 실實이 없는 것이 셋째의 근심이요, 현재賢材를 불러도 수용하는 실實이 없는 것이 넷째 근심이요, 재화災禍를 만나도 하늘에 응應하는 실實이 없는 것이 다섯째 근심이요, 여러 정책에 인민人民을 구하는 실實이 없는 것이 여섯째 근심이요, 인심人心에 선善으로 향하려는 실實이 없는 것이 일곱째이다.[108)]

이와 같이 내용을 보면 대부분 율곡이 쓰고 있는 실實 자의 의미가 드러날 것이다.

실實은 관념觀念과 사실事實의 일치一致로도 실공실효實功實效로 쓰이는

孟子曰, 至誠, 未有不動者也. 苟有實功, 豈無實效哉."

107) 『栗谷全書』, 권15, 「雜著2 · 東湖問答」, "主人曰, 立志之後, 莫如務實, 客曰, 何謂也. 主人曰, 終朝設食, 不得一飽, 空言無實, 豈能濟事."

108) 『栗谷全書』, 권5, 「萬言封事」, "今之治效靡臻, 由無實功, 而所可憂者有七, 上下無交孚之實, 一可憂也. 臣鄰無任事之實, 二可憂也. 經筵無成就之實, 三可憂也. 招賢無收用之實, 四可憂也. 遇災無應天之實, 五可憂也. 羣策無救民之實, 六可憂也. 人心無向善之實, 七可憂也."

것이라고 일단 정의하면 될 것이다.

율곡의 철학이 실實에 있다 함은 바로 이러한 관념과 사실의 일치를 꾀하는 데 그 특징이 있으며, 동시에 그의 무실務實의 내용도 여기에 있는 것이다. 결코 진리眞理가 관념의 독단獨斷이나 사실의 맹목적 추구에 있는 것이 아니라면, 관념과 사실의 일치에서 얻어진다고 볼 수 있다. 율곡의 성실誠實도 곧 이러한 의미였던 것이다.

그러면 이러한 관념과 사실의 일치를 어떻게 발견하고 실제로 활용하였는가 살펴보자. 그는 이미 『만언봉사』 중 왕에게 올린 7가지 병폐病弊에서 지적했듯이 『동호문답』에서도 이 실實을 중요시하여 다음과 같이 그 실實을 말한다.

> 격물치지하려 하면 독서讀書로 그 의리義理를 생각하여 시비是非를 가리고 인물人物의 사정邪正을 판별判別하고……. 방촌方寸(心)을 허명통철虛明洞澈하게 하여 '격물치지의 실實'을 다하고, 성의하고자 하면 선善을 좋아하는 것을 호색好色하듯이 하고 악惡을 싫어함은 오취惡臭를 싫어하듯이 하여 은미중隱微中에 경외敬畏하여 태만함이 없어 불도불문不覩不聞 시에도 잊지 않고 계구戒懼하여야 하는 것, 이것이 '성의지실誠意之實'이다. 정심하고자 하면 불편부의不偏不倚로 체體로 삼고 과불급過不及 없는 것을 용用으로 삼아, 성성惺惺하여 혼미昏迷하지 않게 하고 고요함을 보존하고 공평과 흔들림이 없게 하는 것, 이것이 '정심지실正心之實'이다. 수신하고자 하면 의관衣冠을 바르게 하고 성색聲色을 멀리하고 유희와 구경을 끊고, 리理로써 동動하고 정靜하면 그것이 '수기지실修己之實'이요, 효친孝親하고저 하면 지성至誠으로 모시고 화순和順한 안색顔色으로 공경해야…… '효친지실孝親之實'이 있게 된다. 치가治家를 원하면

경敬 · 엄숙嚴肅 · 자애慈愛로 하고, 내대內待를 청소만 맡게 하는 것이 '치가지실治家之實'이요, 용현用賢을 하고자 하면 시험試驗을 공평하게 보고 군신君臣 간의 의리義理를 부자夫子와 같이 믿어 의탁하는 데서 '군현지실君賢之實'이다. 간사姦邪한 자를 쫓아 보내는 것은 '거간지실去姦之實'이고, '보민지실保民之實'은 백성의 부모된 마음으로 백성을 갓난아이같이 보아야 한다. '교화지실敎化之實'은 먼저 몸소 행行하여 착하고 겸양謙讓하는 도덕道德을 일으키고, 공도公道와 기강紀綱을 진흥振興시키고 도학道學을 숭상崇尙케 하는 것이다.109)

위에서는 9가지 실實을 말하고 있다. 즉 그것은 '격치지실格致之實', '성의지실誠意之實', '정심지실正心之實', '수신지심修身之心', '효친지실孝親之實', '치가지실治家之實', '용현지실用賢之實', '거간지실去姦之實', '보민지실保民之實', '교화지실敎化之實'이다.

이는 『대학』에서 말한 팔조목인 '격물格物', '치지致知', '성의誠意', '정심

109) 『栗谷全書』, 권15, 「東湖問答」, "如欲格物致知, 則或讀書而思其義理, 或臨事而思其是非, 或講論人物而辨其邪正,……必使方寸之地. 虛明洞澈, 無物不格, 以盡其格致之實, 如欲誠意, 則好善如好好色而必得之, 惡惡如惡惡臭而決去之, 幽獨隱微之中, 敬畏無怠, 不覩不聞之時, 戒懼不忘, 必使念慮之發, 莫不一出於至誠, 以盡其誠意之實, 如欲正心, 則不偏不倚, 以立其體, 無過不及, 以達其用, 惺惺不昏, 以全其本明, 凝定不亂, 以保其本靜, 廓然而大公, 物來而順應, 以盡其正心之實, 如欲修身, 則正其衣冠, 尊其瞻視, 遠聲色之好, 絶游觀之樂, 怠慢之氣, 不設於體, 鄙倍之言, 不發於口, 循蹈規矩, 非禮不動, 以盡其修身之實, 如欲孝親, 則仰承兩殿, 無事不誠, 交歡無間, 絶其讒慝, 愉色婉容, 洞洞屬屬, 以致精神相孚, 氣脈相通, 而至於宗廟之禮, 極其敬謹, 不以煩數爲務, 惟以感格爲心, 以盡其孝親之實, 如欲治家, 則以身爲敎, 勖帥以敬, 莊以莅之, 慈以撫之, 以致后妃有純一之德, 宮壺有肅淸之美, 交通之弊, 絶其萌芽, 刀鋸之賤, 只供灑埽, 以盡其治家之實, 如欲用賢, 則博採而精鑑, 明試而灼見, 其賢果不誣也. 則信之勿疑, 任之勿貳, 外託君臣之義, 內結父子之情, 使之展布所蘊, 悉誠竭才, 讒言不行, 庶政乃乂, 國受其福, 民獲其所……如欲去姦, 則言不逆耳者, 求諸非道. 迹不明正者, 觀其隱慝, 無所建白者, 知其無憂國之志. 愛惜爵祿者, 知其無死難之節. 不喜道學者, 知其將禍士林. 論篤內荏者, 知其訐以爲直. 視其所以. 觀其所由, 察其所安, 其姦果不虛也, 則隨其輕重而罪之. 輕則至於廢棄, 重則投諸四裔, 以盡其去姦之實, 如欲保民, 則以父母生民爲心, 視之當如赤子."

正心', '수신修身', '제가齊家', '치국治國', '평천하平天下'가 지향하는 내용과 같다. 왜냐하면 용어가 서로 같은 것은 말할 것 없고, 결국 팔조목의 항목을 더욱 구체적으로 표현한 것에 지나지 않는다. 다시 말하면 '효친孝親'은 '치가治家'로 볼 수 있으며, '용현用賢', '거간去姦', '안민安民', '교화敎化'는 모두 '치국', '평천하'의 구체적 사례에 지나지 않기 때문이다.110)

이러한 점에서 볼 때 율곡은 전통적인 유학의 수기치인修己治人의 방법론을 그대로 포용하면서 그에게 보이는 특징은 그것을 실공實功, 실효實效로 실질적인 실천을 강조한 데 있는 것이다. 이는 당시의 성리학자들 중에 수기修己의 진정한 뜻이 실제적으로 참된 '사람됨'을 지향함에도 불구하고, 다만 수기修己의 지식으로 오히려 공론空論과 허문虛文을 일삼아 참된 사람으로 자기 자신의 기질을 변화시키지 못하고 있음을 보아, 군신이 모두 수기의 참뜻인 기질氣質의 변화를 구하고 그것을 통하여 국가의 시정施政도 변화기질變化氣質하듯이 그 근본을 세워 보민保民의 길을 자각自覺토록 하는 데 그 목적이 있었던 것이라 생각한다.

율곡은 공언公言, 공리空理로 자기를 망치고 국가와 민을 타락시키는 학문이 되어서는 안 된다고 보았다. 왜냐하면 그 당시 유교가 정치의 근간으로 보민保民의 이상을 실현하는 중추中樞였기 때문에 더욱 중요시 되었던 것이다. 더구나 사류士類들은 직접 정치에 참여하여 경세經世를 담당하는 부류이고 보면 그 책임이 한층 더 무거웠던 것이다. 따라서 율곡은 그의 '실實' 즉 '성실誠實'은 수기修己에서 뿐만 아니라 경세經世에

110) 尹絲淳, 『韓國儒學論究』, p.153 참조.

도 함께 적용되었던 것이다.

2. 무실적 수기의 내용과 특징

율곡의 수기론은 성리적性理的 수행修行의 범론인 '거경', '궁리', '역행'을 그대로 유지하면서, 그 사이에 주主하는 바를 나누어 그의 특징으로 삼고 있다. 즉 그는 우선 『성학집요』의 장章, 절節, 목目을 나누는 입장에서부터 그의 성실誠實을 중심으로 하는 수기론이 드러난다. 그는 "몸을 닦는 공부는 거경과 궁리와 역행의 세 가지에서 벗어나지 않는다"[111]라고 말하여 성리학적 일반 실천론의 범론을 말하고 있다.

그러나 그가 이 거경, 궁리, 역행을 설명하는 데 있어서는 입지立志를 먼저 두어 "배움에는 뜻을 세우는 것보다 앞서는 것이 없다. 뜻이 서지 아니하고서는 능히 공업功業을 이룬 이는 없다. 그러므로 뜻을 세운다는(立志) 조목條目을 몸을 닦는다(修己)는 것보다 앞에 놓았다"[112] 하여 입지를 먼저 세웠다. 이것은 그가 입지를 통하여 변화기질을 강조하고 그 변화기질이야 말로 수기修己의 실공實功이요, 실효實效임을 역설力說하기 위함이라고 생각된다. 따라서 그의 거경, 궁리, 역행도 이러한 입장에서 다루어짐을 알 수 있다.

그는 거경을 수렴收斂으로 불러 다음과 같이 말한다.

---

111) 『栗谷全書』, 권20, 「聖學輯要」, "修己之功, 不出於居敬窮理力行三者."
112) 『栗谷全書』, 권20, 「聖學輯要」, "學莫先於立志, 未有志不立而能成功者, 故修己條目, 以立志爲先."

경敬이라는 것은 성학聖學의 시작이요, 끝이다. 그러므로 주자朱子는 말하기를 "경敬을 가지는 것은 궁리하는 근본이니, 아직 깨닫지 못한 이는 경敬이 아니면 알 수 없다" 하였고, 정자程子는 말하기를 "도道에 들어가는 데는 경敬만 한 것이 없으니, 치지致知를 하면서 경敬에 있지 않은 이는 없다" 하였으니, 이것은 경敬이 학문의 시작임을 말한 것이다. 주자朱子가 말하기를 "경敬과 의義가 이루어지면 덕德이 외롭지 아니한데, 성인까지도 또한 이러하였다" 하였으니, 이것은 배움의 끝임을 말한 것이다. 이제 경敬은 학문하는 처음을 가져다 「궁리장窮理章」 앞에 놓고 이것을 수렴收斂이라고 제목하여 『소학小學』의 공부에 대처하고자 한다.[113]

그리고 경敬의 구체적 내용에 있어서 다음과 같이 말한다.

방탕한 마음을 거두어들이는 것은 학문의 기초이다. 대개 옛사람은 스스로 밥 먹고 말할 수 있을 때부터 바로 가르쳐서 행동마다 잘못이 없게 하고 생각마다 지나친 것이 없게 하여 그 양심을 기르고 그 덕성德性을 높였는데, 어느 때 어느 일이거나 그렇지 않은 것이 없다.…… 그러므로 먼저 바르게 사람에게 정좌靜坐하는 것을 가르치고 또 구용九容으로 몸가짐을 갖게 한다는 것은 배우는 사람으로서 최초로 힘(力)을 쓰게 하는 것이다. 그러나 정좌靜坐하는 것은 역시 일이 없을 때를 가리킨 것이기 때문에, 만일 사물에 응應하고 접接할 때라면 정좌靜坐하는 것에 달라붙어서는 안 될 것이다.…… 그러나 동動하고 정靜하는 것을

---

113) 『栗谷全書』, 권20, 「聖學輯要」, "敬者, 聖學之始終也, 故朱子曰, 特敬是窮理之本, 未知者, 非敬無以知, 程子曰, 入道莫知敬, 未有能致知而不在敬者, 此言敬爲學之始也, 朱子曰, 已知者, 非敬無以守, 程子曰, 敬義立而德不孤, 至于聖人, 亦止知是, 此言敬爲學之終也, 今取敬之爲學之始者, 置于窮理之前, 目之以收斂, 以當小學之功."

막론하고 이런 마음을 잊지 아니하고 마음 지키기를 게을리하지 않는다면,…… 일이 없을 때에는 비워서 자기의 본체를 기를 수 있고, 일이 있을 때 밝게 살펴서 자기 자신의 마음을 바르게 할 수 있다.[114)]

여기에서 율곡이 관심 두었던 것은 경敬은 일단 정좌靜坐의 공부를 통해서 익숙해져야 하는데, 이 정좌는 일이 없을 때 요긴하고 일이 있을 때는 이것에 전념할 수 없다는 것이다. 따라서 경공부가 오래 지속된 이는 언제나 그 경敬의 상태를 사물과 접하여서도 유지되지만, 그렇지 않은 이에게 사물事物, 일용사日用事에 있어서 어떻게 해야 할 것인가가 문제가 되는 것이다.

율곡은, 거경은 수기의 처음이요 끝이 되지만, 그는 주主하는 바를 구분하여 말하고 있다. 이러한 경敬이 정좌靜坐나 일용사日用事의 사물에 접하고 응할 때까지 일관되는 공부가 무엇일까?

율곡은 "궁리공부는 먼저 수렴收斂(居敬)한 뒤에 궁리로써 치지致知하여야 한다"[115)]고 하였다.

그리고 「궁리장窮理章」 마지막에 다음과 같이 말하여, 성리학은 그 실천에 목적이 있음을 강조하였다.

---

114) 『栗谷全書』, 권20, 「聖學輯要」, "收放心爲學問之基址, 蓋古人自能食能言, 便有敎, 動罔或悖, 思罔或逾, 其所以養其良心, 尊其德性者, 無時無事而不然, 故格物致知工夫, 據此有所湊泊, 今者, 自少無此工夫, 徑欲從事於窮理修身, 則方寸昏擾, 擧止踰違, 其所用功, 若存若亡, 決無有成之理, 故先正敎人靜坐, 且以九容持身, 此是學者最初用力處也. 然所謂靜坐者, 亦指無事時也. 若應事接物, 不可膠於靜坐也. 況人主一身, 萬機叢集, 若待無事靜坐, 然後爲學, 則恐無其時, 但不問動靜, 此心未忘, 持守不解, 如許魯齋所謂雖在千萬人中, 常知有己, 則無事而虛寂, 可養其體, 有事而照察, 可正其用, 聖學根本, 於斯立矣. 聖賢之訓, 昭然不誣."

115) 『栗谷全書』, 권20, 「聖學輯要」, "收斂之後, 須窮理以致知."

> 물을 퍼내려는 사람은 반드시 그 근원을 깊게 하며, 그 근원을 깊게 하는 것은 물을 퍼내기 위한 것인데, 도리어 그 물을 버리고 퍼내지 않는 것은 무슨 뜻이며, 열매를 먹으려는 이는 반드시 그 뿌리를 북돋우어 주며, 그 뿌리를 북돋우어 주는 것은 그 열매를 먹기 위한 것인데, 도리어 그 열매를 버리고 먹지 아니하는 것은 무슨 뜻이며, 성리학을 정묘精妙히 하는 것은 몸소 바르게 실천하기 위한 것인데, 도리어 몸소 실천하는 것을 불문에 붙이는 것은 무슨 뜻인가?[116)]

수기修己도 역시 수기로 끝나는 것이 아니라 자기 몸을 닦아 그것으로 교화하는 데 목적이 있는 것임을 역설하는 것이다. 그 실천은 곧 내적으로는 경이직내敬以直內요, 외적으로는 의이방외義以方外인 것이요 내성외왕內聖外王에 있는 것이다.

그는 『만언봉사』에서 '거경', '궁리', '역행'을 비교하여 다음과 같이 말한다.

> 이른바 성학을 근면勤勉하여 성정誠正의 공을 다한다는 것은, 대지大志가 비록 서더라도 반드시 학문으로써 채운 후에야 언행이 일치하고 표리表裏가 서로 도와 뜻에 어그러지는 바가 없다. 학문의 술術은 대요大要가 셋이 있으니 '궁리', '거경', '역행'이다. '궁리'는 역시 일단一端이 아니어서, 안으로 신身의 리理를 궁구하면 시청언동視聽言動이 각각 그 법칙이 있고, 밖으로 물物의 초목조수草木鳥獸가 각각 마땅한 도리가 있고

116) 『栗谷全書』, 권20, 「聖學輯要」, 上同, "酌水者, 必浚其源, 浚其源, 爲酌水計也. 反舍其水而不酌, 何義也. 食實者, 必漑其根, 漑其根, 爲食實地也. 反棄其實而不食, 何見也. 正躬行者, 必精性理, 精性理, 爲正躬行設也. 反置躬行於不問, 何爲耶. 此言深切."

집에 있으면 효친孝親, 형刑(벌되는 것), 처妻, 독은篤恩, 정론正論의 리理를 살펴야 하며, 사람과 접하면 현賢, 우愚, 사邪, 정正, 순醇, 자疵, 교巧, 졸拙의 별別을 분별分別하여야 하며, 일을 처리할 때는 시비是非, 득실得失, 안위安危, 치난治亂의 기機를 자세히 살펴야 하며, 반드시 책을 읽어서 이를 밝히고 옛것을 상고하여 이를 증험證驗할지니 이는 곧 궁리의 요要이다.

'거경'은 동정動靜을 통하여 정靜 시엔 잡념雜念을 일으키지 않고 조용히 마음을 밝게 할지며 동動 시엔 일을 하되 전일專一하야 불이불삼不二不三하고 조금도 과차過差 없어 몸을 가짐엔 반드시 정제엄숙整齊嚴肅하며 마음을 가짐엔 반드시 계신공구戒愼恐懼할 것이니, 이것이 거경의 요要이다.

'역행'은 자기를 극克하여 기질의 병을 다스림에 있으니 유자柔者는 고쳐 강剛하게 하고, 약자弱者는 고쳐 강强하게 하고, 나懦한 자는 고쳐 자유하게 하고, 엄嚴한 자者는 화和로써 조절하고, 급急한 자는 관寬으로써 조화하고, 다욕多欲이면 이를 맑게 하여 반드시 청정淸淨에 이르게 하고, 다사多私면 이를 바로 하여 반드시 대공大公에 이르게 하여, 스스로 힘을 써서 일석日夕으로 게을리하지 않는 것이 역행의 요要이다.

궁리는 격물치지이며, 거경, 역행은 즉 성의, 정심, 수신이다.[117]

---

117) 『栗谷全書』, 권5, 「萬言封事」, "所謂勉聖學克盡誠正之功者, 大志雖立, 必以學問實之, 然後言行一致, 表裏相資, 無負乎志矣. 學問之術, 布在謨訓, 大要有三, 曰窮理也. 居敬也. 力行也. 如斯而已, 窮理亦非一端, 內而窮在身之理, 視聽言動, 各有其則, 外而窮在物之理, 草木鳥獸, 各有攸宜, 居家則孝親刑妻, 篤恩正倫之理, 在所當察, 接人則賢愚邪正, 醇疵巧拙之別, 在所當辨, 處事則是非得失, 安危治亂之幾, 在所當審, 必讀書以明之, 稽古以驗之, 此是窮理之要也. 居敬通乎動靜. 靜時不起雜念, 湛然虛寂, 而惺惺不昧, 動時臨事專一, 不二不三, 而無少過差, 持身必整齊嚴肅, 秉心必戒愼恐懼, 此是居敬之要也. 力行在於克己, 以治氣質之病, 柔者矯之, 以至於强, 懦者矯之, 以至於立, 厲者濟之以和, 急者濟之以寬, 多欲則澄之, 必至於淸靜, 多私則正之, 必至於大公, 乾乾自勖, 日夕不懈, 此是力行之要也, 窮理, 乃格物致知也, 居敬力行, 乃誠意正心修身也. 三者俱修竝進, 則理明而觸處無礙."

이와 같이 이 '궁리', '거경', '역행'을 같이 닦아야만이 참으로 그 공부가 실이 있고 리가 밝아 경이직내敬以直內와 의이방외義以方外가 나타나서, 사욕私欲이 극복되어 본성을 회복할 수 있다고 하였다. 그러나 이러한 공부는 곧 성의정심이 언제나 밑바탕이 되지 않으면 안 된다고 하여 "성의정심의 공功이 몸에 쌓이면 일신一身이 화창하고 윤택하며 집을 다스리면 형제가 법法 받게 되고 나라에 달達하여서도 교화敎化가 행行하고 풍속이 선善해진다"[118]라고 하였다.

율곡은 특히 궁리, 거경, 역행에 일관되는 것을 성의정심이라 보았다. 그러기 때문에 일용사日用事에 접물응사接物應事에까지 일관되는 것을 특히 성실로 보아 다음과 같이 말하기도 한다.

> 궁리가 이미 밝아졌으니 궁행躬行할 수 있지만 반드시 실심實心이 있은 뒤에라야 실공實功을 내리게 된다. 그러므로 성실은 궁행躬行의 근본이다.[119]

율곡의 거경은 이제 위와 같이 '성실誠實로서의 실심實心으로' 전개된다. 그는 동정지간動靜之間에 일관一貫되는 그 어떤 마음의 지속성을 꼭 지키고 싶었던 것이다. 그것은 주일무적主一無適으로 경敬이지만, 이 경敬은 아직 사물에 응접하여 헤아려 보고 비교하는 데까지 이르지 않았다.

---

118) 『栗谷全書』, 권5, 「萬言封事」, "己克而復其性初, 誠意正心之功, 蘊乎身而睟面盎背, 刑于家而兄弟足法, 達于國而化行俗美矣."

119) 『栗谷全書』, 권21, 「聖學輯要」, "窮理旣明, 可以躬行, 而必有實心, 然後乃下實功, 故誠實爲躬行之本."

그러기 때문에 경敬이 가지고 있는, 아니 잘못 경敬을 오해하여 정좌靜坐에만 치중하려는 경향의 무위성無爲性의 폐단을 고려하여 소위 성실과 성의, 실심을 강조하는 것이다. 의意는 우리 마음에 있어서 헤아려 보고 비교하는 작용이다. 이러한 의意를 정성되게 할 때 참된 수기修己의 실공實功이 있다고 본다.

율곡은 "경敬은 용공지요用功之要요 성誠은 수공지지收功之地이니 경敬에 의하여 성誠에 이른다"[120]라고 하여 경敬을 중요하게 취급하고 있지만, 그 실공實功을 더욱 중요시함으로 경敬과 성誠은 비슷하다 하더라도 '성誠보다 경敬을 더 중요시하는 퇴계'[121]와 달리 그는 경敬보다 성誠을 택하는 것이다. '경敬'이 동기적이라면 '성誠'은 결과적이다.

이 성誠은 오히려 공功이 성취되는 바탕이라고 보는 것이다. 이것이 율곡에게 있어서 성실誠實로 실심實心이요, 이 실심인 성실이 어두운 방에서도 거짓이 없는 것으로 양심良心의 절대적 합일점合一點이다. 율곡이 지향하는 바는 실심에 호리毫釐라도 차이가 있어 자기의 순수한 본성의 도덕적 양심을 속인다면, 그것은 실심이 아니고 성실이 아닌 것이다. 따라서 "성실誠實은 곧 사무사思無邪와 통한다"[122]라고 볼 수 있다.

율곡은 이와 같이 수기修己에 있어서 관념적인 것과 실천적인 것의 조화를 꾀하였고 현실적인 데서 본래적인 것을 수행하려 하였던 것이다. 그가 '심시기心是氣'라고 하여 현실적인 기氣의 수위修爲를 강조한 것

120) 『栗谷全書』, 권21, 「聖學輯要3」, "敬是用功之要, 誠是收功之地, 由敬而至於誠矣."
121) 尹絲淳, 『韓國儒學論究』, p.155 참조.
122) 『栗谷全書』, 권21, 「聖學輯要3」, "第以思無邪是誠."

은 리기理氣의 불상리不相離의 원칙에서 리理는 무위무형이고 기氣는 유형유위의 근원을 꿰뚫어 보아서 기氣를 타고 있는 리理를 재명再明시키려는 의도에서였다.

기氣가 현실적인 것이고 리理는 본래적인 것이라면 율곡의 철학은 현실성 속에 본래성[123]을 실현하려 하였다고 볼 수 있다.

3. 성의정심과 무실적 수기와의 관계

율곡이 입지立志와 교기질矯氣質을 남달리 주장하는 이유는 그가 학문을 보는 견해가 관념적 지식의 축적만이 아니라, 근본적으로 기질이 바뀌어 윤리적 가치가 객관적 사실 속에 실현되는 것을 중요시하였기 때문이다.

율곡은 일찍이 선조에게 올린 계사啓辭에서 다음과 같이 말하고 있다.

> 학문은 올연兀然하게 단좌端坐하여 종일토록 독서만 하는 것이 아닙니다. 학문은 다만 일용사日用事에 있어서 하나하나 이치理致에 합合하는 것을 이르는 것입니다. 다만 합리合理인지 아닌지를 스스로 알지 못하므로 독서로써 그 이치를 구하는 것입니다. 이제 만약 독서로써 학문하여 일용처사日用處事에 당리當理를 구하지 않는다면 어찌 학문이라 하겠습니까. 이제 전하께서 일용간日用間에 일일이 깊이 합리合理를 구한

123) 柳承國, 「栗谷哲學의 根本精神」, 『儒教學論叢』(東喬 閔泰植 博士 古稀紀念, 1973), pp.14~15 참조.

다면 하나하나의 정령政令에 이르러 모두 바른 것을 얻어서 조금도 착하지 않은 것이 없을 것이니 이것이 곧 학문입니다.[124]

이와 같이 율곡은 학문을 지적 만족에만 있는 것이 아니라, 오히려 사실의 이치를 파악하여 그의 합리적 실천을 중요시하였음을 알 수 있다. 결국 사리事理를 옳게 파악하여 실효實效를 거두어야 한다는 실학정신實學精神을 주장하는 것이다.

율곡은 인간주체적 성실성誠實性이 객관적 사실에까지 미치는 것을 곧 합리合理라 하였다. 주관적 성실성이 객관적 사리에 일치하지 않는 것은 합리라 말할 수 없을 뿐만 아니라, 그것은 성실이라고 볼 수 없다고 보는 것이다.

율곡에게 있어 성誠은 천지도天之道로서 실리實理요, 인간에게 있어서는 실심實心이었다. 따라서 사물事物의 실리實理는 곧 인간의 실심實心으로 일치一致되는 것이다. 여기에 성리性理와 실사實事의 일치一致가 있게 되는 것이다.

그리고 율곡은 실사實事를 얻는 데는 무조건 단좌端坐만 한다고 해서 얻어지는 것이 아니라, 일용사日用事에 있어 하나하나 합리合理하는 데에서 얻어진다고 보았다. 그러나 그 실사實事를 얻는 방법은 일차적으로 우리의 내면적 성실성誠實性이 중요하다고 생각한 것이다.

---

124) 『宣祖實錄』, 권9, '八年乙亥 五月條', "學問非謂兀然端坐, 終日讀書也, 學問只是日用間處事一一合理之謂也, 惟其合理與否, 不能自知故讀書以求其理, 今若以讀書爲學問, 而日用處事不求當理, 則豈所謂學問哉, 今上日用之間, 事事深求合理, 至於一政一令,皆欲得正, 而無少不善, 則此乃學問也."

율곡이 일용사의 합리合理에서 실사實事와 성리性理의 합일合一을 발견하려 하는 것은, 성리만을 내세우는 관념론자가 아니라 성리와 사실事實을 구체적 현실의 결과에서 얻으려는 실재론자實在論者의 궤도에 서게 되는 것이다.

그것은 율곡이 이미 성의를 말할 때 뚜렷하게 암시 된다. 의意란 심성정의일로에 있어서 심心의 분석, 비교, 상량의 기능을 말한다. 이러한 의意는 정찰精察에 의하여 기氣의 엄폐를 제거해서 본질을 드러낼 수 있다는 것이다. 우리의 선악시비善惡是非의 판단은 의意의 정찰 여부에 있다. 때문에 심心의 의意를 잘 정찰하는 것이 중요하다. 이 의意를 바르게 하는 것이 곧 성誠이다. 따라서 성의라 할 때는 그 의미가 의意를 '참답게' 한다는 뜻이다. '참답게' 하는 것은 '생각에 거짓(邪)'이 없는 것을 말한다. 따라서 의意의 작용이 상량, 계교의 능력이기 때문에 이때 사물에 즉해서 상량·계교가 사심私心이 없고 거짓이 없게 될 때, 그것은 실심實心으로서 곧 실리實理와의 일치一致에 이른다는 것이다.

율곡에게 명사名辭로서의 성誠은 천도天道로 인간이 추구하는 목적이 되지만, 이 성誠이 성의와 같이 사용될 때는 형용사로서 성실현誠實現의 방법이 되고 있는 것이다. 따라서 목적으로서의 성誠은 천도실리天道實理요, 방법으로서의 성誠은 성지자誠之者인 인도로서 실심하고자 하는 인간이다. 그러나 이 목적으로서의 성誠은 방법으로서의 성誠이 없이는 이루어지지 않는다. 여기에 율곡의 성의의 뜻이 뚜렷하게 부각되는 것이다.

전통적으로 위기지학으로서의 유학은 수기의 내면성을 경敬에 두어 왔다. 그러나 율곡은 경敬보다 성誠을 중점을 두어 말하고 있다. 그 이유는 어디에 있는가?

율곡은 이미 말한 바와 같이 "경敬은 용공지요用功之要요 성誠은 수공지지收功之地"라고 하였다. 여기에서 공功은 어떤 의미인가가 문제이다. 이때의 공功은 노력, 면강勉强, 정성으로 볼 수 있을 것이다. 따라서 '용공지요'란 노력, 면강, 정성을 하는 데 긴요한 것으로 행위에 있어서 동기적인 측면이 강하고, '수공지지'라 할 때는 노력, 면강, 정성을 거두어들이는 바탕이기 때문에 그것은 결과를 고려하는 측면이 강하다. 이와 같이 율곡의 실천은 동기주의와 결과주의를 조화하여 동기의 순수성을 키우는 경敬을 중요시하면서도, 사사물물事事物物에 즉면卽面하여 성誠을 말함으로써 결과를 고려하고 거두어들이는 면을 함께 요구하고 있는 것이다. 그러나 그 방법은 성인즉 그 마음을 다하되 거짓이 없는 행위로 실사實事에의 적용을 강조하게 되는 것이다.

여기에서 율곡의 거경은 성誠이며, 이는 다시 성의정심으로 나타나고, 동시에 그의 무실적 수기와 관계가 있다.

율곡의 리기론에서 기발리승의 주장은 결국 그로 하여금 '심心은 기氣이다'라는 사상을 낳게 되었고, 심心은 '기氣'이기 때문에 미발처未發處의 성性보다 발처發處인 정情과 의意를 더욱 중요시하게 되는 것이다. 그것은, 리理는 무위무형인 리가 유형유위인 기氣를 통하여 개명되기 때문이다. 따라서 도체道體는 무위이기 때문에 인간의 성의와 정심을 통하여 성誠을 실현할 때 도체는 드러난다. 여기에 인간의 주체적 창조성이 나오게 된다.

율곡이 "도道는 고원高遠한 데 있지 않고, 다만 일용사간日用事間에 있다"[125]라고 말하는 것을 보면 그는 도道를 초월적 신비적神秘的인 직관으로 파악하려는 것이 아니라, 곧 여기 생생하게 살아 있는 구체적 현실 속에서 찾고자 하는 것이다. 따라서 그의 성의정심은 무실적 수기론으로 연계되게 마련이다.

실공實功, 실효實效를 중하게 보는 무실務實은 그렇다고 무조건 효과와 결과 위주만은 아니다. 율곡의 실공實功, 실효實效란 성리性理와 실사實事와의 일치一致요, 이는 또한 실심實心과 실리實理의 합일合一이 되는 것이다. 그러나 실리實理는 실심實心을 통하여 나타나는 것이기 때문에 먼저 실심實心을 갖는 성의정심을 강조하는 것이다. 여기에 율곡의 위기지학으로서의 수기론의 특징이 있으며, 동시에 그의 독자성이 있다. 결코 주관적 내면성으로 성리性理만을 고수하는 독단에 치우치지 않고, 그렇다고 객관적 사실성만을 내세우는 실재론적 사상에만도 치우치지 않는다. 오히려 그는 이 양자를 조화, 극복하는 데서 독창성과 독자성을 부각시키게 된다.

율곡은 이러한 면에서 전통적 성리학으로부터 독자적인 실학적 성격을 크게 나타내게 되는 것이다.

한국의 실학이 실사구시實事求是, 이용후생利用厚生, 경세치용經世致用의 성격에 의하여 정의 내려진다면, 율곡의 실사구시적實事求是的 측면인 경험적, 합리성合理性의 존중은 실학적이라고 할 수 있을 것이다. 그러나 실학이 성리학적 내면성과 수기론을 비판한 점에 있어서는 율곡은 오히

125) 『栗谷全書』, 권6, 「應旨論事疏」, "道非高遠. 只在日用."

려 전통적인 성리학의 수기론을 기반하면서 이의 사실적 합리성의 보완에 의하여 조화극복調和克復함으로 해서 율곡 이후의 순실학파純實學派들과는 다른 위치에 서게 되는 것이다.

율곡이 무실적 수기론을 그의 위기지학의 특징으로 삼고 있으면서도 성의정심을 통한 실공實功·실효實效의 무실務實을 주장한 것은 그가 지향하는 바 성학인 도학으로서 성인의 내성외왕內聖外王을 가장 바람직한 인간상人間象으로 보았고, 그것은 곧 율곡이 경세안인經世安人의 업적業績에 많은 공헌을 한 근거가 되기도 하는 것이다.

결국 율곡에게 있어서 그의 리기론에 의하여 발發하는 것은 기氣이기 때문에, 성의가 중요시되고 실사實事가 중요한 것이었다. 그의 모든 수기론은 그의 리기론의 일관一貫된 이론에 의하여 체계화되었다.

율곡이 경敬보다 성誠을 더욱 중요시한 것이 관념적 동기보다 경험적 결과로 추구하였다 하여, 그를 한갓 경험론자로 오인할 수도 있다. 그러나 그는 동기적인 면인 의리의 측면과 결과인 실리를 함께 조화하고자 하였다.

율곡은 다음과 같이 말하며, 실리實理와 의리義理의 조화를 주장한다.

> 한갓 실리만 따지는 데 급급하고 옳고 그름을 돌아보지 않는다면, 일을 처리함에 있어서 그 의義로움을 어긋나게 한다. 또 마찬가지로 한갓 옳고 그름만 따지고 이해利害의 소재所在를 밝히지 않는다면 응변應變의 권능權能에 어긋난다.[126]

---

126) 『栗谷全書』 拾遺, 권5, 「時弊七條策」, "道之不可竝者, 是與非也, 事之不可俱者, 利與害也, 徒

율곡은 구체적 사사물물에 성의를 하는 것, 여기에서 성리性理와 실사의 일치가 이루어지는 것이요, 동시에 무실적 수기가 전개되는 것이다.

以利害爲急, 而不顧是非之所在, 則乖於制事之義, 徒以是非爲意, 而不究利害之所在, 則乖於應變之權."

제5장 결론

우리는 이제까지 율곡의 철학사상의 중심적인 근본 문제에 대하여 그 가치와 실천의 가능근거可能根據에 초점을 맞추어 천착穿鑿하여 왔다.

율곡은 전통적인 성리학자로 우주와 인생의 전반을 리기의 구조상에서 논하고 있다. 따라서 그의 리기론도 정주의 리기론을 기초로 하여 전개된다.

특히 태극太極에 대한 개념정의概念定義는 리理로써 주자朱子의 리기불상리理氣不相離, 불상잡不相雜을 근간으로 하고, 음양陰陽의 논의는 정명도程明道의 음양무시陰陽無始 동정무단動靜無端의 순환불이循環不已의 사상을 받아들여 태극과 음양의 관계를 정립한다.

태극은 리理로서 만화만품萬化萬品의 추뉴樞紐와 근저根柢라 이해하고 있으며, 음양陰陽은 기氣로서 응결취산의 질료적 성질로 보고 있다. 그리고 리理와 기氣는 불상리不相離로 음양도 본유해 있는 것이요, 리理는 이 음양의 변역지중變易之中에 태극의 리理로 실재하는 것이다. 기氣가 실연이라면 리理는 바로 이 기氣의 음양동정의 소이연으로 기氣를 주재한다고 보았던 것이다. 따라서 음양이 있기 전에 태극의 리理만 홀로 있는 것도 아니요, 그렇다고 리理 없이 음양만 홀로 있는 것도 아니다. 이들은 이미 서로 합한 때가 없기 때문에 떨어진 적도 없다. 리理와 기氣는 혼융무간하여 서로 떨어질 수도 없고, 그렇다고 하나도 아니다.

리理의 관념성과 기氣의 질료성을 일치시키려는 '관념과 사실의 일치'를 시도하는 데서 소위 리통기국의 독자성이 전개되었던 것이다. 이 사상은 리理의 무한, 영원성과 기氣의 유한, 국한성으로 인하여, 현상의 다양한 개체個體, 즉 특수가 전개된다는 것이다. 현상세계란 능동적인 기氣

의 활동에 의하여 전개되는 듯하지만, 그 소이는 리理가 언제나 주재하고 있다는 것이다. 여기에서 그는 리기理氣의 성격을 규정하게 되는 것이다. 그것이 곧 리理는 무형무위로 형이상자요, 기氣는 유형유위로 형이하자라는 것이다. 그리고 무형무위의 리理는 유형유위의 주재主宰가 되며, 유형유위의 기氣는 무형무위의 기器가 된다는 소위 일이이一而二요 이이일二而一이며, 리理는 기氣의 근저요 기氣는 리理의 의착처라는 리기관계理氣關係의 철칙鐵則을 고수하게 되는 것이다. 따라서 그는 음양미분陰陽未分시의 어떤 실체적인 존재를 부정하게 되며, 따라서 화담花潭의 기일원론氣一元論에 대하여서는 리통기국의 일절一節이 있음을 모른다고 비판하게 되고, 한편 퇴계의 리발기수理發氣隨에 대하여서는 기발리승을 주장하게 된다.

율곡은 기氣의 동정은 이미 그 스스로 있다고 하여 '기자이機自爾'라고 하였다. 이 '기자이機自爾'란 화담花潭의 독창적인 용어인데, 이를 차용하여 기氣를 설명하고 있으면서도, '담일청허지기'의 우주근원성宇宙根源性에 대하여서는 부정하는 것이다. 그것은 기氣가 모든 활동과 소연의 질료적인 성질이 있으나, 이것의 동정의 소이는 바로 리理이기 때문이었다. 따라서 율곡은 오히려 기氣의 능동성, 활동성을 그 자신의 속성으로 돌리면서도, 그의 능동성, 활동성은 이미 리理의 주재에 의한다고 보고 있는 것이다. 여기에서 리理의 관념적인 비실체적 요소와 기氣의 질료적인 요소의 불가분리성不可分離性을 말하게 된다. 그는 기일원론氣一元論이나 그 밖의 리理만이 고유한 실재라 하여, 기氣를 초월한 리理만을 주장하려는 양설兩說을 비판하고, 이것을 종합, 지양, 극복하려 하였다.

이와 같이 리기理氣의 성격을 규정함으로써 그의 리통기국에 있어서 리理의 무소불재無所不在가 가능하며, 기氣는 국한성이기 때문에 기氣의 본연인 담일청허지기의 다유불재多有不在가 되는 것이다. 기氣가 비록 국한성局限性으로 인하여 개체는 일기一氣(氣의 局限性에 依하여 一定한 個體가 된 것)의 소유라 하지만, 기자체氣自體가 없는 것은 아니다. 이미 기氣는 생생불식生生不息하여 그 본연을 잃어버릴 수도 있고, 잃지 않을 수도 있다는 것임을 말하는 것이다. 그러나 이때 리통理通의 의착처인 기氣가 다유불재多有不在하다고 함으로써 리기理氣의 상호근저相互根柢와 의착관계依着關係에 의한 논리적 난점이 있다는 것을 보기도 하였다. 즉 기氣의 본연인 담일청허지기가 다유불재多有不在하다면, 리理의 본연本然인 리일理一의 의착처는 어디에 있는가 하는 것이었다.

율곡이 리통기국을 통하여 근본 존재의 '관념과 사실의 일치'를 도모했던 것은 그의 독자성임은 틀림이 없는 것이다.

율곡은 리理의 무위, 무형, 기氣의 유위, 유형성을 고수함으로써 결국 그는 리理의 활동성 내지 능동성을 부정하게 된다. 따라서 우주의 리理는 모든 기氣의 활동의 소이가 되고, 그 자신은 활동하지 않을 뿐만 아니라 무형이기 때문에 사사물물事實物物에 통하여 있다. 그러나 그 리理의 본연은 자약自若하다 하더라도 기氣의 국한성에 의하여 리理도 변화되니, 여기에 본연지리本然之理와 유행지리流行之理의 구별이 있게 된다. 따라서 본연지리本然之理는 리일理一로 불변하지만, 유행지리流行之理는 기氣의 국한성의 참치부제로 인하여 다양하게 변화하며, 그 변화 속에 리理가 있다. 다만 그 리理는 기氣의 승강비양에 의하여 본연의 기氣가 그 본연을 실하면 역시 리理도 그 본연을 잃어버린다는 것이다. 그것은 어디까지나 리理의 본연이 아닐 뿐이요, 리理가 없는 것은 아니다. 본래 리理 자체는 조금도 변함이 없다. 그것은 스스로 무위무형이기 때문이다. 다만 기氣를 타서 변화된 것이다. 따라서 기氣의 편偏과 전全은 기자체氣自體이지 리理는 아닌 것이다.

율곡은 리理의 본래적 개명성開明性이 기氣의 엄폐로 인하여, 그 리理 본연이 개명되지 않는다고 말한다. 그러므로 우리의 진정한 공부는 이러한 기氣의 엄폐성으로 인하여 리理가 개명되지 않음을 알아서, 기氣의 용사用事를 잘 정찰해야 한다는 실천론實踐論, 즉 수기론이 나오게 된다.

리기의 존재론적 해명은 마침내 리기지묘로 극치를 이룬다. 즉 이러한 '관념과 사실의 일치'로서의 리통기국은 리기의 혼융무간한 일이이一而二, 이이일二而一의 관계에서 전개되는 것인데, 이 리기의 불상리는 '난견역난설'이라는 것이다.

따라서 이 리기지묘는 곧 극단론極端論의 화쟁和諍의 논리요, 그것은 논리적 차원을 한 단계 높인 새로운 화쟁和諍의 차원에서 이념理念과 현실現實을 매개해야 한다는 것이다. 이 리기지묘를 체험한 사람은 '천인합일天人合一'의 경지에서 '활연관통豁然貫通'한 성인이 된다. 율곡철학이 '성학聖學'으로서의 특징을 가지는 것도 바로 이러한 점에서이다.

율곡은 극단極端을 가장 배격한다. 기일원론氣一元論이나 리일원론理一元論의 어느 하나만 주장하게 되면 그것은 도道를 모른다는 것이다. 왜냐하면 리理와 기氣가 리理만이 아니요, 기氣만이 아닌 불가리성不可離性이요, 그렇다고 일물一物도 아니기 때문이다.

이러한 율곡의 리기理氣에 대한 종합과 조화의 이론은 곧 율곡 리기론의 근본 구조라고 볼 수 있다. 따라서 리기론의 근본적인 사상으로 그는 인간의 구체적인 개별자의 심성心性의 문제까지 해명하게 되는 것이다. 그는 먼저 우리의 '마음이 곧 기氣'(心是氣)라고 말하는 데서 그의 특징적인 심성론을 보여 준다. 그는 이 우주자연의 조화는 모두 기화氣化라는 것이다. 따라서 우리의 마음의 작용도 기화氣化에 리승理乘한 것이라고 본다. 여기에서 율곡의 심성론心性論은 퇴계의 호발론互發論에 대하여 기발리승을 주장하게 되는 것이다.

이것은 율곡이 인간의 모든 도덕적 인식능력인 마음을 밝히는 데 있어서 그의 준칙을 자연에 두고 있는 증거가 되기도 한다. 따라서 우리의 마음도 기발리승으로 이해한다. 율곡은 기氣는 유위요, 유형이지만, 리理는 무위무형이기 때문에 리理가 발發할 수 없고 동시에 우리의 마음도 유위인 기氣가 발發하여, 거기에 리理가 동시동소同時同所로 주재한다는 것이다. 한편 도덕적 근원인 천리로서의 성체性體는 그 자신은 변함이 없으면서 우리의 구체적인 행위의 근거가 된다는 주장이 성립된다는 것이었다.

여기에 우리의 '천인합일로서의 성학'의 수기공부는 전적으로 이 기氣의 공부에 있다는 것이다. 왜냐하면 이 기氣가 리理의 본연인 개명성開明性을 엄폐했기 때문에, 리理의 본연이 드러나지 않는다는 것이다. 이 점에서 그의 '위기지학'으로서 도덕적 가치의 실현방법인 '성의정심'의 문제가 제기되는 것이다.

율곡은 인간이면 누구나 성인이 될 수 있다는 천인합일天人合一의 이념을 실현할 수 있는 근거로 인생에 있어서 리理는 순선純善이나 기氣의 청탁수박淸濁粹駁에 의하여 리理의 본연이 엄폐되었으므로, 우리는 '성의정심'을 통하여 이 기氣의 엄폐를 개명開明해야 한다는 데서 발견한다. 왜냐하면 심心은 기氣이기 때문에 성의정심공부를 할 수밖에 없다는 것이다. 이 성의정심의 공부야말로 곧 수기修己의 근본이 된다. 율곡은 성리학이 결코 이론적 지식에만 안주하고 있는 학문이 아니라, 성리의 연구는 오히려 행동을 바르게 하는 데 있다고 하였다.

> 행동을 바르게 하고자 하는 자는 반드시 성리性理를 정밀하게 하는 것이다. 성리를 정밀하게 연구함은 행동을 바르게 하기 위함이다. 그런데도 도리어 행동을 불문不問에 붙여 놓는 것은 무슨 까닭이냐.[1)]

성리학은 결코 단순한 사변적思辨的 공론이나 관념적인 허구가 아니라, 진실로 '관념과 사실을 일치一致'시키는 실천에 그 목적이 있음을 역설하고 있는 것이다. 그리고 도체道體는 무위이기 때문에 인간의 수위력修爲力에 의하여 도체道體가 개현開現된다고 보았던 것이다. 따라서 율곡은 공자의 말을 인용하여 "도道가 사람을 넓히는 것이 아니고, 사람이 도道를 넓히는 것이다"라고 하였다. 그렇기 때문에 율곡은 리理는 무위라고 하였지만, 사실 전혀 죽어 있는 사물死物은 아니다. 그 리理는 유위인 기氣의 주재主宰가 되기 때문에 기氣와 함께 살아 있는 것이다.

율곡이 『성학집요』를 편찬하고 도道를 높이는 데는 바로 이러한 이

---

1) 『栗谷全書』, 권21, 「聖學輯要2」, "正躬行者, 必精性理, 精性理, 爲正躬行設也, 反置躬行於不問, 何爲耶."

유가 있었던 것이다. 그러므로 현실 속에 생생히 살아 있는 도체를 보고, 이 도체를 인간에 의하여 실현할 수 있음을 강조하여, 인간의 도덕적 주체성을 확립하려는 데에 그의 성리학의 주제가 있었던 것이다.

율곡이 기氣의 본연本然을 '호연지기浩然之氣'라 하여 기氣만을 치중置重하는 것으로 오해하나 그의 호연지기에 관한 이해도 결국 리기불상리理氣不相離의 입장에 지나지 않는다.

율곡은 "본연本然의 성性을 가리어지게 한 것은 기氣이고, 돌아오게 하는 것도 기氣이다"[2]라고 하였다. 그리고 다시 "호연浩然의 기氣는 도의道義가 이루는 것이 아니라 도의로 말미암아 생기는 것이다"[3]라고 하여 리理와 '호연浩然의 기氣'의 관계를 밝히기도 하였다. 이미 리理와 기氣는 서로 불상리不相離이기 때문에 기氣를 검속檢束하여 그 본연을 회복하면, 리理의 순선이 그대로 나오고, 또한 우리 스스로 '도의심道義心'을 확충해 가면 거기에 '호연浩然의 기氣'가 자생自生하는 것이라 한다. 다시 말하면 기氣의 본연이 자생自生한다는 것이다. 여기에 그의 '본연지기本然之氣는 도심道心'이라는 말의 진의眞意가 드러나게 된다.

율곡은 도심道心과 인심人心의 관계에 있어서도 인심의 선善이 곧 도심이라 하여, 인심을 악惡으로 보진 않았다. 다만 인심은 기氣의 엄폐에 의한 것이기 때문에 '성의'로 이 기氣의 용사用事를 정찰하여 도심을 청명聽命하게 되면, 곧 인심도 도심이 된다고 하였다. 이러한 율곡의 주장은

---

2) 『栗谷全書』, 권31, 「語錄上」, "問, 本然之性, 使之蔽者氣也, 使之復者亦氣也耶, 曰, 理無爲, 氣有爲, 君言亦然也."

3) 『栗谷全書』, 권31, 「語錄上」, "問, 浩然之氣, 初間則道義成之也. 旣成之後, 氣還配道義而爲之助耶. 曰, 浩然之氣, 非道義成之, 由道義而生也."

인심을 악惡으로 보려는 도덕적 경건주의敬虔主義와 도심道心을 초월적 절대성으로 보려는 일부의 주장에 대하여 인심과 도심의 상정전환相井轉換을 말함으로써 근대적 인간관의 한 모습을 엿볼 수 있는 것이다.

율곡이 기氣에 관심을 두고 기氣의 능동성과 활동성을 리理의 무위성에 상대적으로 깊이 분석하고 설명한 것은, 그가 인간의 감성적 존재임을 강조하고 실제적인 데 관심을 두어 도심의 세계를 약화시킨 듯하다고 비판할 수도 있겠지만, 오히려 율곡의 의도는 도의는 무위이기 때문에 유위인 기氣를 검속檢束하여 본래적인 성性의 회복을 강조한 데 있음을 이해하여야 한다.

기氣를 중요시하는 것은 리理의 순수성純粹性을 간과하는 것이 아니라, 실제적으로 이러한 리理인 도道를 체험하고 실천하기 위하여 무엇이 그 도道의 방해자인지를 밝혀내기 위함이었다. 여기에 율곡의 실천론이 전통적인 '거경, 궁리, 역행'의 수기공부를 강조하면서 '경敬'으로부터 '성誠'을 더욱 주중主重하게 취급하는 이론적 근거가 있다.

'성誠'이란 고정적인 관념의 대상이 아니다. '심'의 작용作用 중의 '의意'를 통하여 사사물물事事物物에 즉면卽面하여 치중화가 이루어지는 데서 나타나는 가치의 절대성인 것이다. 율곡의 '성誠'은 결코 관념적인 것만이 아니라, '관념사觀念事와 실實'의 실현으로서의 '성誠'인 것이다. 여기에 성자誠者인 천도天道로서의 실리實理와 성지자誠之者인 인도人道로서의 실심實心의 일치一致가 요구되는 것이요, 이것이 곧 천인합일天人合一의 실제적 내용이 된다.

오늘날 율곡을 이해하는 데 주기적主氣的인 데에만 치중置重한다면,

그는 확실히 현실론자로 폄칭貶稱되고 말 소지가 있다. 그리고 그의 사상은 비성리학자로 오인될 수도 있다. 그러나 율곡은 주기론자도 아니요, 비성리학자도 아니다. 오히려 성리학의 공소성空疏性을 극복克服하고 주기주리를 초월하여 도체道體의 진실을 드러내, 그 도체道體의 실현자인 인간의 주체적 창조성을 확인시켜 준 점에서 그의 독자성이 발견된다.

그는 생생불식生生不息하는 자연에서 인간이 본래부터 함장含藏하고 있는 도체를 보았고, 그 도체를 엄폐하고 있는 기氣의 용사用事를 성의정심을 통하여 검속檢束시켜 도체를 개명開明시키는 데서, 그의 성리철학의 중심을 정초定礎시켰던 것이다. 여기에서 율곡이 '천인합일'의 실현으로서 수기의 방법인 성의정심을 논구하게 되는 이론적 근거가 있게 된다.

'의意'는 심心의 상량계교商量計較하는 기능을 말한다. 따라서 '거경'이 '용공지요用功之要'로 행위의 동기가 되지만, '성誠'은 '수공지지收功之地'로서 노력의 결과結果, 즉 행위의 결과가 되는 것이다. 율곡은 바로 이 '성誠'인 결과의 면을 중요시한다.

그렇다고 율곡은 '동기'의 면이 강한 '경敬'을 무시하는 것은 아니다. '거경'은 수기공부의 처음이요 끝으로, 그것은 정좌靜坐가 매개되는 정적인 것이지만 '성誠'은 사사물물事事物物을 접하여 분석하고 따지는 '의意'와 종합하므로 관념적 명상적冥想的 무위가 아니라 보다 적극적이고 현실적인 것이다. '성誠'은 천도天道로서의 '성誠' 자체와 '성지자誠之者'로서 인도人道로 나누어 볼 수 있다. 인도人道로서의 '성지誠之'함은 곧 행위에 있어서 '최선을 다함'과 일치한다. 율곡은 실심즉실리實心卽實理이기 때문에 '천인합일'의 근거로 실리實理인 천도天道의 실현은 곧 인간이 실심實心을 갖는 데 있다. 실심實心으로 실리實理와 일치한 사람이 곧 '활연관통豁然貫通'한 성인이다. 성인은 곧 실심을 매개로 천도에 합일된 인간의 이상적 존재이다. 그런데 이 실심의 심心 속에는 성性, 정情, 의意의 작용이 있다. 이때 성性은 곧 실리로 실심이지만, 인간은 이 성性을 무위로서 유지하지 못한다. 언제나 대상에 의하여 작용되어 정情이 일어난다. 이 정情의 일어남을 정찰精察하는 것이 의意이다. 따라서 이 의意의 정찰작용精察作用을 '사심邪心 없이' 할 때 그것이 곧 '성의'인 것이요, '정심'인 것이다. '성誠'이란 말(言語)과 '행위'가 일치하는 것이다. 여기에서 율곡의 '성의정심'의 수기 방법이 그의 주기적 경향과 일치하게 되는 것이다.

율곡은 성인의 경지를 '불사이득不思而得', '불면이중不勉而中'에 두었다. 그렇다고 그것은 무위가 아니다. 무위 속의 유위이다. 즉 '생각하지 않고도 얻는다'(不思而得)라는 뜻은 처음부터 아무 것도 하지 않음이 아니라, '생각을 극진히 하여 더 생각할 필요 없이 저절로 얻어지는 경지'를 말하고, 또 '노력하지 않고 중中에 일치一致함'(不勉而中)이란 노력하지 않고도 중中에 일치되는 것이 아니라, '노력을 극진히 하여 저절로 중中에 일치하는 것'을 말한다.

여기에 율곡철학이 '성誠'을 중요시하고 따라서 '성의'와 '정심'을 그의 수기론의 근본으로 삼게 되는 근거가 있게 되는 것이다. 그는 이러한 면에서 인간의 자주적 주체적 의지의 실현을 중요시하였고, 한편 그 실현을 행위의 척도인 '동기動機'의 순수성과 함께 결과에까지 포괄하려는 데서 찾고 있다. 이 점이 한국적 근대 실학에 영향을 미칠 수 있었고, 동시에 율곡의 '성誠' 철학이 무실務實의 '실제적'인 것에의 힘씀에 연결

되는 기반이 있는 것이다. 율곡의 '성의정심'과 '무실務實'은 곧 직관적 독단의 공허성空虛性을 도덕행위道德行爲에서 일단 부정하는 것이다. 어디까지나 '관념과 사실'의 일치一致에서 윤리적 행위의 타당성을 찾고자 하는 것이었다. 따라서 율곡의 실천론인 수기론은 종교적 체험보다는 인간의 본래성과 현실성의 지양을 통하여 행위의 준칙을 발견하고자 하였음을 알 수 있다.

율곡의 '성誠' 철학은 이와 같이 '심心'의 '의意' 작용을 정찰하는 데 있었고, 그 척도를 '사무사思無邪'에 두었다. 즉 '생각에 거짓(邪)'이 없음에 기반을 두고 있다. 그러나 우리에게 남는 것은 '생각에 거짓됨'이 없다는 표준을 어디에 두느냐 하는 것이다. 물론 율곡은 '정심'을 말하여 무위인 리理와의 일치一致, 그리고 마음의 성성惺惺, 담연湛然을 주장하지만, 이것을 어떻게 실제로 현실화하는가 하는 문제는 아직 남는다.

율곡에게 근대 실학적 사고에 선도적先導的 이론의 전개의 실마리가 있고, 그것에 깊은 관심을 두어 경세經世에까지 적용하였으나, 그는 아직도 성리학자로서 '사변성思辨性의 우위'를 지키고 있다는 비판을 면할 수는 없다. 적어도 실학에 있어서 '경세치용經世致用', '이용후생利用厚生' '실사구시實事求是' 등의 목표가 율곡에게 있어서는 전통적 차원에서 그의 리기론의 독자성에 나온 것이지, 실학적 목적에서 전개된 것은 아니다. 그는 위와 같은 실학적 목표는 유학이 '내성외왕內聖外王'의 '수기修己, 안인安人'의 측면에서 '안인'의 전통적 경세학經世學의 차원을 넘어선 것은 아니다. 그가 '무실역행務實力行'을 중요시하였지만, 역시 그는 '천인합일'로서의 '성학'의 수기를 더욱 중요시하였다.

율곡철학은 그 당시 성리학의 공리공론성空理空論性의 경향에 대하여 '실사實事'와 '성리性理'를 일치시키려 했던 점, 그리고 그것이 그의 리기론의 철학적 체계의 이론적 귀결로 나왔다는 점에서, 그의 성리학은 한국성리학의 새로운 좌표를 제시하였으며, 동시에 윤리와 도덕의 사회적 구현을 수기와 직결하여 '성의정심'으로 구체화하게 된 것은, 율곡의 독자성과 함께 성리철학의 장래를 조선조의 실학으로 발전시키는 계기를 약속하였던 것이라 보이는 것이다.

율곡은 경험과 직관의 조화를 통하여 행위의 선한 결과를 드러내는 데에 무실務實의 실實을 강조하고, '성誠'을 그의 철학적 기초로 삼고, 그것의 실현을 '성의정심'에 두었음을 상기할 때, 오늘날 윤리도덕적 회의론을 극복하는 하나의 희망적인 시사가 발견되리라 믿는다. 여기에 율곡 수기론의 현대적 가치를 인정할 수 있지 않을까 생각된다.

참고문헌

『荀子』.
『性理大全』.
孔穎達 疏, 『周易』(『十三經注疏』 1), 臺北: 藝文印書館, 1965.
________, 『尙書』(『十三經注疏』 1), 臺北: 藝文印書館, 1965.
________, 『禮記』(『十三經注疏』 5), 臺北: 藝文印書館, 1965.
揚雄, 『法言』.
黎靖德, 『朱子語類』(欽定四庫全書 本).
張載, 『張子全書』(欽定四庫全書 本).
程顥・程頤, 『二程全書』(同治求我齋叢書 本).
周敦頤, 『周子全書』, 台灣商務印書館, 1978.
朱熹, 『論語集註』.
____, 『孟子集註』.
____, 『朱子大全』, 臺灣中華書局, 1965.
____, 『中庸章句』.
韓愈, 『昌黎集』.

『宣祖實錄』.
奇正鎭, 『蘆沙集』.
徐敬德, 『花潭集』.
李珥, 『栗谷全書』, 成均館大學校 大東文化院, 1971.
李滉, 『退溪文集』, 成均館大學校 大東文化院.
任聖周, 『鹿門集』.

李丙燾, 『(國譯)栗谷全書精選』, 栗谷先生紀念事業會刊, 1955.
長志淵, 『朝鮮儒學淵源』.

金敬琢, 『栗谷의 硏究』(『韓國硏究叢書』 第七輯), 한국연구원, 1960.
______, 『栗谷硏究』, 韓國硏究圖書館, 1960.
朴鍾鴻, 『韓國의 思想的方向』, 博英社, 1968.
______, 『韓國思想史論巧』, 서울: 瑞文堂, 1977.

裵宗鎬,『韓國儒學史』, 서울: 延世大學校出版部, 1978.
______,『韓國儒學의 課題와 展開』 Ⅰ, 서울: 汎學圖書, 1979.
______,『韓國儒學의 課題와 展開』 Ⅱ, 서울: 汎學圖書, 1979.
孫仁珠,『栗谷의 教育思想』, 서울: 博英社, 1976.
柳正東,『退溪의 哲學思想研究』, 成均館大學校大學院, 1975.
尹絲淳,『韓國儒學論究』, 서울: 玄岩社, 1980.
李東俊,『十六世紀韓國性理學派의 歷史意識에 關한 研究』, 成均館大學教大學院.
李丙燾,『栗谷의 生涯와 思想』, 서울: 瑞文文庫, 1973.
蔡茂松,『退栗性理學의 比較研究』, 成均館大學校大學院, 1974.
玄相允,『朝鮮儒學史』, 서울: 民衆書館, 檀紀4282年.

勞思光,『中國哲學史』 上3, 臺灣三民書局印行, 民國70年.
唐君毅,『中國哲學原論(導論篇)』, 臺灣學生書局印行, 1978.
牟宗三,『心體與性體』, 正中書局印行, 民國六十八年.
蔡仁厚,『宋明理學: 北宋篇』, 台北: 學生書局, 1977.

柳承國,「栗谷哲學의 根本精神」,『儒教學論叢』, 東喬 閔泰植 博士 古稀紀念, 1973.
尹絲淳,「퇴계의 인간과 사상」,『퇴계학보』 5·6집, 퇴계학연구원, 1975.
李相殷,「李滉의 哲學」,『韓國哲學研究』 中卷, 한국철학회, 서울: 동명사, 1978.

송석구宋錫球

충남 대전 출생. 동국대학교 철학과를 졸업하고 동 대학원에서 석사 및 박사학위를 취득했다. 국립대만대학교 철학연구소에서 수학하였다. 동국대학교 철학과 교수, 한국철학회 회장을 지냈다. 또한 동국대학교 · 동덕여자대학교 · 가천의과학대학교 총장, 사회통합위원회 위원장을 역임했다. 현재는 삼성꿈장학재단 이사장을 맡고 있다.
저서로는 『불교와 유교』, 『율곡의 철학사상 연구』, 『무상을 넘어』, 『지혜의 삶 믿음의 삶』, 『바람이 움직이는가 깃발이 움직이는가』, 『한국의 유불사상』, 『대통합』 등 다수가 있다.